土地矿产
法律实务操作指南

第九辑（不动产登记专辑）

国土资源部不动产登记中心
（国土资源部法律事务中心） 编著

中国法制出版社
CHINA LEGAL PUBLISHING HOUSE

编委会

主　　任：何　平
副 主 任：佟绍伟　张建华　吴智慧　李　炜
委　　员：卢　静　朴　英　邹谢华　刘燕萍　石　珩
　　　　　钟京涛　蔡卫华　胡卉明　王　忠　张东芹
　　　　　张　晶　尚晓萍
执行主编：蔡卫华
执行副主编：尚晓萍　张　颖
编写人员（按姓氏笔画排序）：
　　　　　于丽娜　刘让云　朱进姝　刘志强　许雪霏
　　　　　华　琳　朱　繁　李小兵　张云松　吴永高
　　　　　李志华　张南西　陈　敦　李洪涛　张　倩
　　　　　张　颖　肖　攀　周　玥　尚晓萍　罗　琛
　　　　　周嘉诺　胡卉明　姜武汉　钟京涛　郭佑宁
　　　　　黄欣晖　程世超　蓝天宇　蔡卫华　翟国徽
　　　　　滕恩荣
统　　稿：蔡卫华　张　颖

目 录

第一部分　各种不动产权利登记

一、集体土地所有权登记

问题 1　集体土地所有权主体如何确定 …………………………（1）
问题 2　集体土地所有权主体代表如何确定 ……………………（2）
问题 3　集体土地所有权的范围及界线如何确定 ………………（4）
问题 4　集体土地所有权能否只登记造册不发证 ………………（6）
问题 5　对于 20 世纪 90 年代已形成的不规范登记成果如何完善 ……（8）
问题 6　集体土地所有权确权登记发证到村还是到组 ……………（9）
问题 7　合村并组和乡镇合并中的集体土地所有权主体如何确定 ……（10）
问题 8　曾被拒登或漏登的集体土地权利现在如何登记 …………（11）

二、宅基地使用权登记

问题 9　宅基地超面积的如何登记发证 …………………………（14）
问题 10　宅基地超面积的如何绘制宗地图 ………………………（17）
问题 11　登记过程中如何处理"一户多宅"的问题 ………………（19）
问题 12　通过继承房屋占用宅基地的，能否登记发证 ……………（21）
问题 13　进城打工落户城镇的农民原在农村取得的宅基地能否登记发证 ……………………………………………………（24）
问题 14　退休返乡人员能否取得宅基地 …………………………（26）
问题 15　农村空房宅基地如何确权登记 …………………………（27）
问题 16　宅基地能否登记给其他集体经济组织农民 ……………（29）
问题 17　宅基地能否登记给非农业户口的城镇居民 ……………（31）
问题 18　城镇居民因受遗赠取得的农村老宅应如何进行登记 ……（33）

问题 19　农村住宅在集体经济组织内部转让应如何登记 …………（35）
问题 20　出嫁女能否继承取得父母的宅基地 ……………………（37）
问题 21　村民进城后能否继续拥有原宅基地使用权 ……………（38）
问题 22　宅基地变更登记是否须经政府批准 ……………………（40）
问题 23　受理第二宗宅基地登记申请的有哪些情形 ……………（41）
问题 24　如何判断宅基地的取得时间 ……………………………（43）

三、抵押权登记

问题 25　是否可以以学校教学楼为标的办理抵押登记 …………（45）
问题 26　宅基地上房屋抵债能否办理变更登记 …………………（47）
问题 27　宅基地能否抵押 …………………………………………（48）
问题 28　土地抵押登记是否应审查抵押金额 ……………………（51）
问题 29　能否办理土地的分割抵押登记 …………………………（53）
问题 30　抵押期限变更或者届满的土地登记机构如何处理 ……（55）
问题 31　授权经营国有土地使用权发生转让或者抵押的如何办理
　　　　　登记 …………………………………………………………（59）
问题 32　如何办理划拨国有建设用地使用权的抵押登记 ………（61）
问题 33　房屋和土地分别抵押，效力如何 ………………………（66）
问题 34　国有农场的农用地能否抵押 ……………………………（68）
问题 35　保险公司的资金投资抵押合同能否予以登记 …………（70）
问题 36　典当土地能否办理抵押登记 ……………………………（72）
问题 37　委托贷款能否办理不动产抵押登记 ……………………（74）
问题 38　因政府原因造成闲置的土地抵押的能否办理抵押登记 …（76）
问题 39　已办理抵押登记的土地，还能否办理用途变更 ………（78）
问题 40　矿业权抵押未经管理部门备案，是否受法律保护 ……（80）
问题 41　矿业权抵押与建设用地使用权抵押有哪些不同 ………（82）
问题 42　公司以不动产为担保办理抵押登记，需要股东会决议吗 …（84）
问题 43　民间借贷申请办理不动产抵押登记的，登记机构应否受理 …（86）
问题 44　抵押双方不同时间申请土地抵押登记，可否做顺位抵押 …（88）
问题 45　办理储备土地抵押登记应当注意哪些事项 ……………（90）
问题 46　如何办理储备用地的抵押登记 …………………………（92）

四、其他权利登记

问题 47　电网塔杆用地如何办理土地登记 …………………………（94）

问题 48　储备土地使用权如何办理登记 ……………………………（96）

问题 49　个人以土地出资入股应如何登记 …………………………（100）

问题 50　未办理土地使用证是否影响房屋所有权 …………………（102）

问题 51　建设用地上建有房屋的可否单独办理建设用地使用权登记 ……（104）

第二部分　各种类型不动产登记

一、首次登记

问题 52　权利人主动申请是不是不动产登记启动的前提条件 ……（106）

问题 53　如何对待权利人申请相邻关系保护 ………………………（108）

问题 54　办理土地登记是否必须提交建设用地规划许可证 ………（110）

问题 55　办理不动产登记是否需要提供婚姻登记记录证明 ………（112）

问题 56　如何确定土地的登记用途 …………………………………（115）

问题 57　登记机构是否可以对申请登记的不动产进行实地查看 …（117）

二、转移登记

问题 58　股权转让导致公司法人或名称变更的如何办理土地登记 ………（119）

问题 59　一方当事人不配合办理不动产登记的如何处理 …………（124）

问题 60　持离婚协议能否单方申请办理不动产转移登记 …………（126）

问题 61　不动产登记能否以共同申请为原则单方申请为例外 ……（128）

问题 62　经法院判决取得房屋权利的能否将占用范围内土地一并登记 ……………………………………………………………（129）

问题 63　父母处分未成年人名下房产如何办理登记 ………………（131）

问题 64　登记在未成年子女名下的不动产如何办理转移登记 ……（134）

问题 65　委托书无效是否导致转让合同无效 ………………………（136）

问题 66　母子公司间变更建设用地使用权的如何办理登记 ………（138）

问题 67　因公司分立导致土地转移是否适用《城市房地产管理法》第三十九条的规定 ………………………………………（140）

问题 68　以土地作价入股的，是否适用《城市房地产管理法》第三十九条的规定 …………………………………………（143）

问题 69　一人有限责任公司申请将其名下的土地变更到股东名下，如何办理登记 ………………………………………（145）

问题 70　继子女继承不动产，登记机构如何办理登记 ……………（148）

问题 71　继承不动产的登记如何办理 ………………………………（150）

问题 72　未缴纳出让金的已登记国有土地能否办理转移登记 ……（153）

问题 73　土地登记用途与房屋登记用途不一致，应以何者为准 …（155）

问题 74　房屋多次转让的土地使用权如何转移登记 ………………（157）

问题 75　继承经济适用房是否需要补交土地出让金 ………………（159）

三、查封登记

问题 76　公司合并前被查封的土地能否转移登记给合并后的公司 …（162）

问题 77　土地查封对象错误应当如何处理 …………………………（164）

问题 78　查封的期限到底是多长 ……………………………………（166）

问题 79　轮候查封中登记机构如何协助法院执行土地权利 ………（169）

问题 80　轮候查封期限应何时起算 …………………………………（171）

问题 81　登记机构如何协助公安、检察机关查封土地权利 ………（174）

问题 82　登记机构能否协助公安、检察机关执行土地权利 ………（176）

问题 83　登记机构因协助人民法院执行登记错误的是否应承担赔偿责任 …………………………………………………（177）

四、其他类型登记

问题 84　申请产权证书遗失补证的，登记机构怎么处理 …………（181）

问题 85　房屋买卖但未办理过户卖方私下申请补证的，登记机构能否办理 ……………………………………………（183）

问题 86　存在异议登记的不动产可否进行转移登记 ………………（185）

问题 87　未申请更正登记可否直接申请异议登记 …………………（187）

问题 88　夫妻一方擅自处理房产，权利人如何保障自身权益 ……（189）

问题 89　商品房预售合同登记备案行为是否具有物权公示效力 …（191）

问题 90　宅基地登记错误的如何处理 ………………………………（197）

问题 91　利害关系人对土地权利证书遗失声明提出异议应如何处理 ……………………………………………………………（199）

第三部分　其他与登记有关的问题

问题 92　直辖市、设区的市不动产登记机构如何设立 …………（201）
问题 93　土地登记代理机构能否开展权属调查代理业务 ………（203）
问题 94　取得建设用地批准书是否就是取得了土地的使用权 …（208）
问题 95　对土地进行承包管护等行为能否作为确权登记的依据 …（210）
问题 96　存在尚未解决的权属争议能否登记 ……………………（212）
问题 97　合伙份额转让所得不动产如何办理登记 ………………（213）
问题 98　建设用地使用权未到期能否提前办理续期 ……………（215）
问题 99　民事案件当事人能否查询对方当事人房屋登记信息 …（217）
问题 100　夫妻一方能否查询配偶名下的不动产登记信息 ……（219）
问题 101　权利人、利害关系人如何查询不动产登记资料 ……（221）
问题 102　不服国土部门行政行为的能否直接向法院提起行政诉讼 …（223）
问题 103　公证机构因公证错误导致房屋错误登记如何担责 …（225）
问题 104　地籍调查表中签字造假能否导致登记行为被撤销 …（228）
问题 105　不动产登记错误应当由谁承担赔偿责任 ……………（230）
问题 106　登记后产生的不动产权纠纷能否争议调处 …………（232）
问题 107　依嘱托登记行为是否属于复议和诉讼范围 …………（234）
问题 108　不动产重复登记如何处理 ……………………………（236）
问题 109　同一宗土地存在两本权属证书的，登记机构能否办理转移登记 ………………………………………………（239）
问题 110　双方共同出资，但登记在一方名下的不动产归谁所有 …（240）
问题 111　不动产权属证书遗失补证怎么处理 …………………（242）
问题 112　不动产登记机构在何种情况下颁发集成版《不动产权证书》 ……………………………………………………（244）
问题 113　宗地合并或者分割的，不动产单元代码如何编制 …（245）
问题 114　执行裁决书涉及转移闲置土地，不动产登记机构如何处理 ……………………………………………………（247）

附 录

不动产登记暂行条例 ………………………………………………（249）
　　（2014 年 11 月 24 日）
不动产登记暂行条例实施细则 ……………………………………（253）
　　（2016 年 1 月 1 日）
不动产登记操作规范（试行）………………………………………（271）
　　（2016 年 5 月 30 日）
最高人民法院关于适用《中华人民共和国物权法》若干问题的
　　解释（一）……………………………………………………（329）
　　（2016 年 2 月 22 日）

后 记 …………………………………………………………………（333）

第一部分 各种不动产权利登记

一、集体土地所有权登记

问题 1
集体土地所有权主体如何确定[①]

【问题】

在农村土地确权登记实践中，农民集体土地的所有权主体到底是村、村民小组还是乡镇集体？在土地登记簿中如何填写？

【解答】

我国法律规定，集体土地所有权的主体只能是农民集体，根据农民集体形式的不同，可以将集体土地所有权划分为不同类型。在农村土地确权登记实践中，依法确定集体土地所有权主体是一项基础工作。根据《物权法》等法律规定和有关政策文件，农民集体土地所有权主体有三种形式：

（一）村农民集体所有，即原来实行人民公社时期以生产大队为核算单位的农民集体所有。

（二）村内两个以上农民集体所有。主要是指原来实行人民公社时期以生产队

[①] 本部分内容曾发表于《土地矿产典型案例评析与法律实务操作指南》（第六辑），中国法制出版社 2013 年 6 月版，第 126 页。

为核算单位的农民集体所有。实践中，主要体现为村民小组一级农民集体。

（三）乡（镇）农民集体所有，即原来实行人民公社时期以人民公社为基本核算单位的农民集体所有。实践中，这一级农民集体虚化，大部分地区找不到相应的组织。

上述三种形式的农村集体土地所有权主体在法律地位上是平等的，不存在隶属关系，在农村集体土地确权登记发证中要按照三类所有权主体的真实情况，将农村集体土地所有权确认到每一个具有所有权的农民集体。实践中，相当一部分人将农民集体土地所有权的主体误认为"村委会"、"集体经济组织"和"村民小组"等，各地在登记发证中填写也不规范。针对这一问题，2011年国土资源部、中央农村工作领导小组办公室、财政部、农业部联合下发的《关于农村集体土地确权登记发证的若干意见》（国土资发〔2011〕178号，以下简称国土资源部178号文）明确规定，在土地登记簿的"权利人"和土地证书的"土地所有权人"一栏，集体土地所有权主体按"××组（村、乡）农民集体"填写，而不是"××组（村、乡）"或"××组（村、乡）集体经济组织"，进一步规范了集体土地所有权主体的内涵和形式，纠正了实践中的不规范做法。

（钟京涛）

问题 2
集体土地所有权主体代表如何确定[①]

【问题】

实践中，各地行使农民集体土地所有权的有村委会、村民小组、合作社和乡镇

[①] 本部分内容曾发表于《土地矿产典型案例评析与法律实务操作指南》（第六辑），中国法制出版社2013年6月版，第127页。

政府等不同的组织和形式,在农村土地确权登记发证中如何准确把握和确定集体土地所有权主体代表?

【解答】

农民集体所有权主体代表,是指能够代表农民集体行使土地所有权的组织或机构。农民集体作为集体土地所有权的主体,在当前法律上是一个抽象的概念,农民集体土地所有权主要由作为所有权主体的代表来行使。在农村土地确权登记发证中,如何确定农民集体土地所有权主体代表,是一个突出的问题。关于集体土地所有权主体代表,在《土地管理法》、《物权法》等法律中对此作了相应规定。《物权法》第六十条规定,属于村农民集体所有的,由村集体经济组织或者村民委员会代表集体行使所有权;分别属于村内两个以上农民集体所有的,由村内各该集体经济组织或者村民小组代表集体行使所有权;属于乡镇农民集体所有的,由乡镇集体经济组织代表集体行使所有权。

因此,农民集体土地所有权行使代表,可分为三种情况:(1)村农民集体土地所有权行使代表为村集体经济组织或村委会;(2)村民小组农民集体土地所有权的行使代表为村民小组农民集体或村民小组;(3)乡农村集体土地所有权的行使代表为乡农民集体经济组织。

在法律中,农民集体土地所有权行使代表虽然规定很明确,但是,在农村土地确权登记实际工作中仍存在突出问题:

(1)农村集体经济组织如何界定难以把握。实践中,农村集体经济组织形式不一,各地也有不同规定,例如:《湖北省农村集体经济组织管理办法》规定,乡(含镇)经济联合总社、村经济联合社、组经济合作社等是集体经济组织;《广东省农村集体经济组织管理规定》规定,经济联合总社、经济联合社、经济合作社和股份合作经济联合总社、股份合作经济联合社、股份合作经济社等,但农村集体经济组织改制为公司的不适用;北京市《乡村集体经济组织登记办法》明确:包括乡镇集体经济组织、村集体经济组织、农民专业合作经济组织、乡村集体经济组织下属的独立核算的事业单位。

(2)对于集体经济组织与村委会或村民小组同时存在的应当由谁代表。这一问题相当普遍,有的地方因此也产生了纠纷。

(3)属于乡镇农民集体所有的土地,没有乡镇集体经济组织的如何操作。乡镇无相应集体经济组织的现象在各地普遍存在。

从当前实践来看，界定集体经济组织超出了国土资源主管部门职责，但是，在农村集体土地确权登记工作中必须要确定哪种类型的组织可以作为集体土地所有权主体代表，因为这是确权登记发证工作的前提，否则，弄不清登记发证对象，就会给工作带来风险，影响工作质量；但是又不能因此阻碍农村集体土地确权登记发证工作进展。根据国土资源部178号文件等规定，有关问题可以从以下方面来处理：

（1）集体经济组织的具体要求和形式，可以由各省（区、市）根据本地有关规定和实际情况依法确定。

（2）对于集体经济组织与村委会或村民小组同时存在的，应当按照"政经分开"的原则，农村集体经济组织优先代表行使集体土地所有权。

（3）没有乡镇集体经济组织，乡（镇）集体土地所有权由乡（镇）政府代管。

（钟京涛）

问题3
集体土地所有权的范围及界线如何确定[①]

【问题】

实践中，由于各种原因，农村各农民集体之间的土地使用情况非常复杂，互换、交叉使用等情况普遍，在农村集体土地确权登记发证中如何准确确定集体土地所有权的范围和界线？

【解答】

农村集体土地所有权确权登记发证，首先要依法确定集体土地所有权的范围和

---

① 本部分内容曾发表于《土地矿产典型案例评析与法律实务操作指南》（第六辑），中国法制出版社2013年6月版，第129页。

界线。目前，集体土地所有权确权的依据，在法律层面主要有《宪法》、《民法通则》、《物权法》、《土地管理法》等法律规定；在政策层面主要有原国家土地管理局1995年发布的《确定土地所有权和使用权的若干规定》、2001年国土资源部发布的359号文等政策文件。

（一）农民集体所有土地的范围。根据我国有关法律规定，农民集体所有土地的范围包括两大部分：（1）除由法律规定属于国家所有以外的农村和城市郊区的土地。也就是说，农村和城市郊区的土地原则上属于集体所有。如果法律规定属于国家所有的，则属于国家所有；没有规定属于国家所有的，就应属于农民集体所有。这里所讲的"法律"应是全国人大及其常委会通过的具有法律约束力的规范性文件，包括宪法和其他法律。（2）宅基地和自留地、自留山。农民集体所有的宅基地，主要是指农民用于建造住房及其附属设施的一定范围内的土地；自留地是指我国农业合作化以后农民集体经济组织分配给本集体经济组织成员（村民）长期使用的土地；自留山是指农民集体经济组织分配给其成员长期使用的少量的柴山和荒坡。

（二）农民集体土地的所有权界线确定。根据有关政策文件，农民集体土地的所有权界线确定，按以下原则进行：

（1）农民集体所有的土地，按目前该农民集体实际使用的本集体土地所有权界线确定所有权。农民集体之间发生的土地权属争议，不能依法证明土地归属的，按照土地使用现状确认所有权主体。由于地理、历史、风俗习惯等原因，集体之间的土地相互交叉，你中有我，我中有你，有的虽然相互之间的界线清楚，但一个集体的土地很难形成一个由土地权属界址线所封闭的地块，很难按照一宗土地登记发证。另外，集体之间不仅存在着插花地，而且还存在着飞地，对于飞地应当单独立宗，单独登记发证。对于有争议的土地，应当依法调解、处理、确权后，再进行登记发证。

（2）按20年的时效取得期间确定。农民集体连续使用其他农民集体所有的土地已满20年的，确定为现使用者所有（虽满20年，但在20年期满之前所有者曾向现使用者或有关部门提出归还的除外）。在我国法律中，时效取得制度虽然没有明确规定，但是在集体土地所有权的确权实践中，集体土地所有权时效取得制度是得到司法部门认可的。实践中要掌握以下三点：一是主体是农民集体；二是时间上具有连续性；三是不存在明确的租用和借用关系。

（3）将土地承包经营权发包时是否打破村民小组的权属界限作为确定村与村民小组间土地所有权的标准。2001年国土资源部359号文规定，凡是土地家庭联产承包中未打破村民小组（原生产队）界线，不论是以村的名义还是以组的名义与农户签订承包合同，土地应确认给村民小组农民集体所有。……对于已经打破了村民小组农民集体土地界线的地区，应本着尊重历史，承认现实的原则，对这部分土地承认现状，明确由村农民集体所有。

（4）乡（镇）农民集体与村农民集体发生土地所有权争议，不能依法证明争议土地属于乡（镇）农民集体所有的，确定为村农民集体所有；村农民集体与村民小组农民集体发生土地所有权争议，不能依法证明属于村农民集体所有的，确定为村民小组所有。这一原则的确立，主要是考虑到历史上和现实中集体土地主要为村民小组农民集体所有，村或乡镇农民集体所有的是少数而且基本上能说清来源。

（5）法律另有规定的除外，下列土地可以确定为农民集体所有：一是土地改革时分给农民并颁发了土地所有证的土地；二是实施1962年《农村人民公社工作条例修正草案》（以下简称《六十条》）时确定为农民集体所有的土地；三是原属于国有或者农民集体所有的土地，经带地入社和实施《六十条》时固定为生产队范围内的土地。

（钟京涛）

问题4
集体土地所有权能否只登记造册不发证[①]

【问题】

某市大部分地区在农村集体土地确权登记发证过程中，对于集体土地所有权只登记不发证，请问这一做法是否符合法律规定？

---

① 本部分内容曾发表于《土地矿产典型案例评析与法律实务操作指南》（第六辑），中国法制出版社2013年6月版，第131页。

【解答】

在农村集体土地确权登记工作中，部分地方登记机构为了避免收回土地权利证书的麻烦和便于地方政府征收土地，对于集体土地所有权只进行登记造册而不发放土地权利证书，或者将证书由国土所保管，而不颁发给土地所有权人。从法律规定看，实践中的这种只造册不发证的做法，是不规范的，应当予以纠正。2011年国土资源部60号文规定，土地权利证书要发放到权利人手中，严禁以统一保管等名义扣留、延缓发放土地权利证书。各地根据当地实际，可以要求凡被征收的农村集体所有土地，在办理征地手续之前，必须完成农村集体土地确权登记发证，在征地拆迁时，要依据农村集体土地所有证和农村集体土地使用证进行补偿；凡是依法进入市场流转的经营性集体建设用地使用权，必须经过确权登记，做到产权明晰、四至清楚、没有纠纷；没有经过确权登记的集体建设用地使用权一律禁止流转；农用地流转需与集体土地所有权确权登记工作做好衔接，确保承包地流转前后的集体所有性质不改变，土地用途不改变，农民土地承包权益不受损害。

因此，实践中这种只登记造册不发证的做法，无法发挥土地登记的公示作用，违背了土地登记制度建立的初衷，影响了土地登记的严肃性和权威性，也影响了土地登记的公信力，应当及时纠正。

（钟京涛）

问题 5
对于 20 世纪 90 年代已形成的不规范登记成果如何完善[①]

【问题】

某县在农村土地确权登记中发现，20 世纪 90 年代形成的登记资料不齐全，填写也不规范，有的甚至存在错误，对此应如何处理？

【解答】

在 20 世纪 90 年代初期开展的集体土地所有权登记工作中，由于受技术条件、人员经费和政策等因素影响，许多登记成果质量不高。有的权利证书填写不规范，如土地所有权人一栏填写为"××村委会"；有的变更登记没有跟上，导致土地登记资料缺乏时效性；有的档案资料缺乏管理，未建数据库、未及时归档、成果破损丢失；有的因技术手段落后，误差较大等等。这些登记发证不规范问题在相当一部分地区存在。从完善和规范整个土地管理的角度看，在农村土地确权登记颁证工作中，各地应当对各类土地登记资料进行清理，发现存在上述问题的，要予以彻底纠正和解决。否则，随着时间的推移，这些问题将逐步暴露出来，引发一些纠纷，对土地管理秩序造成一定影响，而且解决的难度也将逐步加大。

目前，解决这类问题已有明确的政策和要求。2011 年国土资源部 60 号文针对实践中这些历史形成的突出问题做出了明确的规定：

（一）凡是农村集体土地所有权证没有确认到具有所有权的农民集体经济组织的，应当确认到具有所有权的农民集体经济组织；

（二）已经登记发证的宗地缺失档案资料以及不规范的，尽快补正完善；已经

[①] 本部分内容曾发表于《土地矿产典型案例评析与法律实务操作指南》（第六辑），中国法制出版社 2013 年 6 月版，第 132 页。

登记的宗地测量精度不够的，及时进行修补测量；

（三）对于发现登记错误的，及时予以更正。

（钟京涛）

问题 6
集体土地所有权确权登记发证到村还是到组[①]

【问题】

某县大部分地区村民小组机构不健全，有的小组之间土地相互交叉，调查起来难度非常大，在农村土地确权登记发证中能否直接登记发证到村？

【解答】

实践中，集体土地所有权确权登记发证到村还是到组是争议较大的一个问题，从部分地区实际情况来看，由于工作基础等各方面因素限制，将农村集体土地所有权登记发证到村民小组一级农民集体，确实存在较大困难。由于一次土地详查和二次调查中的集体土地调查只到村一级，没有细化到小组，现有调查成果不能满足登记到村民小组的需要，而且还面临着村民小组组织机构不健全，不能满足登记发证的主体需要，可能引发大量纠纷，以及工作量、工作经费和工作时间都将成倍增加等问题。对于这一问题，今后将不再是可争议的问题，中央已做出明确要求，即：把农村集体土地所有权确认到每一个具有所有权的农民集体。而且从法律上看，无论是乡镇农民集体、村农民集体还是村民小组农民集体的，都是平等所有权主体，应当受到法律的平等确认和保护，将集体土地所有权确认到每个所有权主体，即

---

① 本部分内容曾发表于《土地矿产典型案例评析与法律实务操作指南》（第六辑），中国法制出版社 2013 年 6 月版，第 133 页。

"是谁的就发给谁",应是确权登记工作应遵循的基本法律规则。在考虑这些综合因素的基础上,2011年国土资源部178号文件提出了以下处理原则:

(一)以中央1号文件"把全国范围内的农村集体土地所有权证确认到每个具有所有权的集体经济组织"为基本要求。

(二)凡是村民小组(原生产队)土地权属界线存在的,土地应确认给村民小组农民集体所有,发证到村民小组农民集体。

(三)对于村民小组(原生产队)土地权属界线不存在、并得到绝大多数村民认可的,应本着尊重历史、承认现实的原则,明确由村农民集体所有。

(四)允许对于村民小组组织机构不健全的,可以由村民委员会代为申请登记、保管土地权利证书。

(钟京涛)

问题 7
合村并组和乡镇合并中的集体土地所有权主体如何确定[①]

【问题】

近来,某县开展了大规模的乡镇和村组合并,相当一部分村组在名称和组织上已改变或不存在,这种情况下如何确定集体土地所有权主体?

【解答】

合村并组、撤村建居、挂钩试点是近年来的新情况,其中都涉及土地所有权主体的变化,有的导致集体土地所有权主体的消失,有的导致集体土地所有权主体的

---

① 本部分内容曾发表于《土地矿产典型案例评析与法律实务操作指南》(第六辑),中国法制出版社2013年6月版,第134页。

合并，在农村集体土地所有权确权登记中如何操作，是农村土地确权登记中遇到的一个突出问题。

从各地实践来看，大多数地方的原小组或原自然村的土地权属并没有打乱，相互之间的界限清楚，其土地所有权应当得到尊重和保护，但是由于原小组或自然村被合并导致申请登记的主体缺失，土地无法登记发证到合并之前的小组或自然村。对此，要根据具体情况处理。

（一）"合村并组"、"乡镇撤并"中土地所有权保持不变的，所有权仍然确权给原农民集体。

（二）"合村并组"、"乡镇撤并"后土地所有权主体发生变化、并得到绝大多数村民认可的，履行集体土地所有权变更的法定程序后，按照变化后的主体确定集体土地所有权，并在土地登记簿和土地证书上备注各原农民集体的土地面积。

（三）涉及依法开展城乡建设用地增减挂钩试点和农村土地整治的，原则上应维持原有土地的所有权不变；涉及依法调整土地的，按照经县级以上人民政府批准的调整协议确定集体土地权利归属。

（钟京涛）

问题 8
曾被拒登或漏登的集体土地权利现在如何登记[①]

【问题】

现在基层正在开展农村集体土地"三权"（集体土地所有权、集体建设用地使用权、宅基地使用权）确权登记发证工作，一些历史遗留问题困扰着基层国土资

---

① 本部分内容曾发表于《土地矿产典型案例评析与法律实务操作指南》（第六辑），中国法制出版社 2013 年 6 月版，第 135 页。

源管理人员，其中包括土地权属来源问题。某地在1986年进行土地清理时，按照尊重历史、照顾现实的原则，只要是清理到的土地，都发放了《集体土地使用证》。1992年又开展了一次土地登记，是依据1986年发放的土地证进行登记的。在这个过程中，一些土地在1986年清理时被遗漏，在1992年登记时被拒登或漏登。这些被拒登或漏登的土地，有的什么证也没有，有的可以拿出一张1952年的土地房产所有证。在农村"三权"登记中，1952年的土地房产所有权证能作为农村宅基地使用权登记权源吗？这些被拒登或漏登的土地现在如何办理登记？

【解答】

　　1952年的土地房产所有权证不能等同于集体土地使用证，但是可以作为农村宅基地使用权登记的权源证明材料；原来拒登或漏登的土地现在应该依法办理登记。

　　土地证书是证明当事人享有土地权属有效的法律凭证，各类土地权属审核，都必须以土地证书作为土地权利的唯一证明材料。根据《国家土地管理局对浙江省土地管理局关于土地确权登记发证中有关问题的批复》（国土批〔1995〕63号），"土改时颁发的土地证只能作为农民个体或集体当时曾经拥有该土地所有权的证据"，土改时的土地证等土地权属证明不能代替土地证书。

　　1952年的土地房产所有权证尽管失去法律效力，但对于宅基地确权登记发证仍然具有证据效力。根据《国土资源部、中央农村工作领导小组办公室、财政部、农业部关于农村集体土地确权登记发证的若干意见》（国土资发〔2011〕178号）的规定："1982年《村镇建房用地管理条例》实施前，农村村民建房占用的宅基地，在《村镇建房用地管理条例》实施后至今未扩大用地面积的，可以按现有实际使用面积进行确权登记。"同时根据国土批〔1995〕63号规定和1950年颁布实施的《土地改革法》的规定："土地改革完成后，由人民政府发给土地所有证。"1952年的土地房产所有权证，是当时人民政府颁发的有效的土地权属证明，应可作为现在农村村民证明其1982年《村镇建房用地管理条例》实施前建房占用该宅基地的证据。

　　在将1952年的土地房产所有权证作为证据依法进行宅基地确权登记发证时，还应该注意两个问题：是否有扩大用地面积情形和是否符合"一户一宅"政策。1952年土地房产所有权证的土地面积和房产面积与村民当前使用的土地、房屋面积应该相符合，没有扩大用地面积，否则对于扩大的用地面积要重新提出土地权属来源证明。依据1952年土地房产所有权证确认的宅基地使用权，应当是一户一宅，除非有合法购买、继承房屋取得宅基地情形，否则对于超出一户一宅的土地不予确认宅基地使用权。

对于1992年登记时被拒登或漏登的土地使用权可根据权属来源的具体情况，有明确权属来源证明材料的，可按照《土地登记办法》、《确定土地所有权和使用权的若干规定》等有关规定申请办理土地确权登记发证。对无法提交相关权属来源证明材料的，应按照国土资发〔2011〕178号文的规定，查明土地历史使用情况和现状，由村委会出具证明并公告30天无异议，经乡镇人民政府审核，报县级人民政府审定，属于合法使用的，确定宅基地使用权或集体建设用地使用权。

（肖攀）

二、宅基地使用权登记

问题 9
宅基地超面积的如何登记发证[①]

【问题】

在农村集体土地登记发证过程中，特别是进行宅基地使用权登记发证时，农村村民的宅基地超面积的现象比较普遍，请问应当如何处理？

【解答】

根据《土地管理法》第六十二条第一款的规定："农村村民一户只能拥有一处宅基地，其宅基地的面积不得超过省、自治区、直辖市规定的标准。"《国土资源部关于进一步完善农村宅基地管理制度切实维护农民权益的通知》要求严格宅基地面积标准。要求"各地要结合本地资源状况，按照节约集约用地的原则，严格确定宅基地面积标准。要充分发挥村自治组织依法管理宅基地的职能。加强对农村宅基地申请利用的监管。农民新申请的宅基地面积，必须控制在规定的标准内"。

由于中国面积大，各地的人均土地数量以及质量不均，因此国家对宅基地的面积没有规定统一的标准，而是授权各省、自治区、直辖市进行规定。目前，除极少数省、自治区、直辖市外，绝大多数省、自治区、直辖市都通过地方法规如地方实施《土地管理法》办法或者土地管理条例对宅基地面积标准进行了规定。

但是在具体实践中，由于种种原因，农村村民超占宅基地的现象非常普遍。如何进行确权登记发证，在实践中是一个难题。1995 年 3 月 11 日国家土地管理局印

[①] 本部分内容曾发表于《中国土地》，2014 年 7 月刊，第 55 页。

发的《确定土地所有权和使用权的若干规定》（〔1995〕国土〔籍〕字第 26 号）、2008 年 7 月 8 日《国土资源部关于进一步加快宅基地使用权登记发证工作的通知》（国土资发〔2008〕146 号）、2011 年 11 月 2 日《国土资源部、中央农村工作领导小组办公室、财政部、农业部关于农村集体土地确权登记发证的若干意见》（国土资发〔2011〕178 号）、《国土资源部关于规范土地登记的意见》（国土资发〔2012〕134 号）都对这个问题作出了规定。

其中，1995 年《确定土地所有权和使用权的若干规定》第四十五条规定："一九八二年二月国务院发布《村镇建房用地管理条例》之前农村居民建房占用的宅基地，超过当地政府规定的面积，在《村镇建房用地管理条例》施行后未经拆迁、改建、翻建的，可以暂按现有实际使用面积确定集体土地建设用地使用权"；第四十六条规定："一九八二年二月《村镇建房用地管理条例》发布时起至一九八七年一月《土地管理法》开始施行时止，农村居民建房占用的宅基地，其面积超过当地政府规定标准的，超过部分按一九八六年三月中共中央、国务院《关于加强土地管理、制止乱占耕地的通知》及地方人民政府的有关规定处理后，按处理后实际使用面积确定集体土地建设用地使用权"；第四十九条规定："接受转让、购买房屋取得的宅基地，与原有宅基地合计面积超过当地政府规定标准，按照有关规定处理后允许继续使用的，可暂确定其集体土地建设用地使用权。继承房屋取得的宅基地，可确定集体土地建设用地使用权"；第五十一条规定："按照本规定第四十五条至第四十九条的规定确定农村居民宅基地集体土地建设用地使用权时，其面积超过当地政府规定标准的，可在土地登记卡和土地证书内注明超过标准面积的数量。以后分户建房或现有房屋拆迁、改建、翻建或政府依法实施规划重新建设时，按当地政府规定的面积标准重新确定使用权，其超过部分退还集体"。

2008 年《国土资源部关于进一步加快宅基地使用权登记发证工作的通知》的规定是："（三）严格执行宅基地面积标准。宅基地面积不得超过省（区、市）规定的标准，对宅基地超占面积的，在办理登记时按下列情况处理：（1）1982 年《村镇建房用地管理条例》实施前，农村村民建房占用的宅基地，在《村镇建房用地管理条例》实施后至今未扩大用地面积的，可以按现有实际使用面积进行登记。（2）1982 年《村镇建房用地管理条例》实施起至 1987 年《土地管理法》实施时止，农村村民建房占用的宅基地，超过当地规定的面积标准的，超过部分按当时国家和地方有关规定处理后，可以按实际使用面积进行登记。（3）1987 年《土地管理法》实施后，农村村民建房占用的宅基地，超过当地规定的面积标准的，按照实际批准面积进行登记。其面积超过各地规定标准的，可在土地登记簿和土地权利证书记事栏内注明超过标准的面积，待以后分户建房或现有房屋拆迁、改建、翻建、政府依法实施规划重新建设时，按有关规定作出处理，并按照各地规定的面积标准重新进行登记。"

2011年《国土资源部、中央农村工作领导小组办公室、财政部、农业部关于农村集体土地确权登记发证的若干意见》规定："七、按照不同的历史阶段对超面积的宅基地进行确权登记发证。1982年《村镇建房用地管理条例》实施前，农村村民建房占用的宅基地，在《村镇建房用地管理条例》实施后至今未扩大用地面积的，可以按现有实际使用面积进行确权登记；1982年《村镇建房用地管理条例》实施起至1987年《土地管理法》实施时止，农村村民建房占用的宅基地，超过当地规定的面积标准的，超过部分按当时国家和地方有关规定处理后，可以按实际使用面积进行确权登记；1987年《土地管理法》实施后，农村村民建房占用的宅基地，超过当地规定的面积标准的，按照实际批准面积进行确权登记。其面积超过各地规定标准的，可在土地登记簿和土地权利证书记事栏内注明超过标准的面积，待以后分户建房或现有房屋拆迁、改建、翻建、政府依法实施规划重新建设时，按有关规定作出处理，并按照各地规定的面积标准重新进行确权登记。"

以上三个文件，主要是根据不同的时间段对超面积问题分别规定了相应的处理方法，实践中，地方可以针对具体情况，根据以上三个文件中的有关规定，开展具体的登记发证工作。

（蔡卫华）

问题 10
宅基地超面积的如何绘制宗地图[①]

【问题】

2005 年《国土资源部关于进一步加快宅基地使用权登记发证工作的通知》和 2011 年《国土资源部、中央农村工作领导小组办公室、财政部、农业部关于农村集体土地确权登记发证的若干意见》都规定,对 1987 年《土地管理法》实施以后,农村村民占用的宅基地,超过当地规定的面积标准的,按照实际批准面积进行登记。超过批准的部分可分别在土地登记簿和土地证书记事栏中加以注明。但是,在实际工作中对于如何确定宗地权属界址位置却存在着不同的认识。一种意见认为,应按本宗地与邻宗地之间的实际界址来确定,界址调查表中填写的界址长度为本宗地的实际长、宽,界址调查表中也由实际的邻界人签字盖章,并据此测绘制作宗地图。另一种意见认为,应按登记面积结合宗地利用现状来划定界址,界址调查表中填写的界址长、宽之积应为本宗地的登记面积,宗地与超占部分相接的一方,由村主任或受托人在界址调查表中签字盖章,并据此测绘制作宗地图。实际工作中究竟应按哪种意见办理?

【解答】

在这两种意见中,应当按照宗地的实际界址进行调查,绘制宗地图。超占的部分应当在地籍调查表和宗地图中加以注明,并由申请人和实际的邻界人签字。理由如下:

根据《国土资源部关于进一步加快宅基地使用权登记发证工作的通知》和

[①] 本部分内容曾发表于《土地矿产典型案例评析与法律实务操作指南》(第六辑),中国法制出版社 2013 年 6 月版,第 139 页。

《国土资源部、中央农村工作领导小组办公室、财政部、农业部关于农村集体土地确权登记发证的若干意见》，1987年《土地管理法》实施后，农村村民建房占用的宅基地，超过当地规定的面积标准的，按照实际批准面积进行登记。其面积超过各地规定标准的，可在土地登记簿和土地权利证书记事栏内注明超过标准的面积，待以后分户建房或现有房屋拆迁、改建、翻建、政府依法实施规划重新建设时，按有关规定作出处理，并按照各地规定的面积标准重新进行登记。宅基地面积超占的，在土地登记簿和土地权利证书记事栏内注明超过标准的面积，目的在于以后"按有关规定作出处理"。按照实际界址进行调查，绘制宗地图，将超占的部分在地籍调查表和宗地图中加以注明，显示当事人所超占面积数量和具体位置，可以为以后"按有关规定作出处理"提供依据。

这种观点在2012年《国土资源部关于规范土地登记的意见》（国土资发〔2012〕134号）中得到体现，该文件之"六、进一步明晰有关超面积宅基地登记政策"明确规定："对1987年《土地管理法》实施后，农村村民建房占用的宅基地登记发证，应按照批准面积填写使用权面积。实际占用面积超过批准面积的，可在《集体土地使用证》'记事栏'内注明超过批准的面积，宗地图按实际占用范围绘制，能确定超占范围的，要在宗地图上用虚线标注超占部分。"这为实践中地方办理此类事项提供了明确的政策文件依据。

（蔡卫华）

问题 11
登记过程中如何处理"一户多宅"的问题[①]

【问题】

根据《土地管理法》第六十二条的规定,农村村民一户只能拥有一处宅基地,即"一户一宅",但由于各种原因,在实践中存在着不少"一户多宅"的现象。产生这种现象的原因有很多,具体原因包括:一是历史原因,法律法规不健全,管理松懈造成的。二是建新不拆旧,近年来随着规划调整和村民为改善居住条件而异地拆建户,新房建成,旧房未拆,造成了事实上的一户多宅。三是由于继承造成一户多宅。四是由于接受赠与造成一户多宅。五是村民由于购买住宅造成一户多宅。六是其他原因。因此,在上述情形下,一户村民申请第二宗宅基地登记的,能否受理?如何登记发证?

【解答】

土地登记机构在登记发证过程中,应当以现有的法律政策为基础,根据"一户多宅"产生原因的不同分别进行处理:

对于历史原因造成的"一户多宅",村民申请第二宗宅基地登记的,土地登记机构可以根据原国家土地管理局所颁布的《确定土地所有权和使用权的若干规定》(〔1995〕国土〔籍〕字第26号)的有关规定办理。如果一户村民的两处宅基地面积合并,没有超过所在地省级人民政府规定面积标准的,土地登记机构可以受理其第二宗宅基地登记申请。

对于因建新不拆旧造成"一户多宅",村民申请第二宗宅基地登记的,在村民

---

① 本部分内容曾发表于《土地矿产典型案例评析与法律实务操作指南》(第六辑),中国法制出版社2013年6月版,第141页。

拆除其旧宅之前，土地登记机构暂不受理。

对于因继承造成"一户多宅"，村民申请第二宗宅基地登记的，土地登记机构可以受理。宅基地使用权能否作为遗产依法继承，我国《继承法》没有明确的规定。实践中通常认为宅基地使用权可以作为遗产继承，因继承申请第二宗宅基地登记的，可以受理。理由为：一是因为宅基地使用权是一种重要的用益物权，是农民一项重要的财产权，应当允许继承；二是我国《继承法》明文规定房屋可以继承。继承人继承房屋便自然对房屋所占范围的土地进行了使用，不允许宅基地使用权继承，客观上也没有可能；三是《通知》明确规定"除继承外，农村村民一户申请第二宗宅基地使用权登记的，不予受理"；四是《确定土地所有权和使用权的若干规定》第四十九条明确规定"继承房屋取得的宅基地，可确定集体土地建设用地使用权"；五是《国土资源部、中央农村工作领导小组办公室、财政部、农业部关于农村集体土地确权登记发证的若干意见》（国土资发〔2011〕178号）也作出了明确的规定。

对于因接受赠与造成"一户多宅"，村民申请第二宗宅基地登记的，土地登记机构不得受理。否则，将容易导致大量名为赠与实为有偿转让，以此规避法律的现象出现。

对于村民购买住宅造成"一户多宅"，村民申请第二宗宅基地登记的，在国家规范宅基地流转的法律或政策出台之前，土地登记机构不得受理。

对于其他原因造成"一户多宅"，村民申请第二宗宅基地登记的，在国家出台明确的规定之前，土地登记机构一般不得受理。

但是，如果通过购买房屋或者接受赠与取得的两处或者两处以上宅基地面积总和没有超过所在区、县（市）政府规定宅基地面积标准的，可以登记发证。如果超过当地政府规定标准，按照有关规定处理后允许继续使用的，也可以登记发证。因为原国家土地管理局所颁布的《确定土地所有权和使用权的若干规定》（〔1995〕国土〔籍〕字第26号）第四十九条规定："接受转让、购买房屋取得的宅基地，与原有宅基地合计面积超过当地政府规定标准，按照有关规定处理后允许继续使用的，可暂确定其集体土地建设用地使用权……"

（蔡卫华）

问题 12
通过继承房屋占用宅基地的，能否登记发证[①]

【问题】

根据《土地登记办法》第四十五条[②]的规定，因继承、受遗赠取得土地使用权，当事人申请登记的，应当持死亡证明、遗嘱等相关证明材料，申请土地使用权变更登记。但是，农民宅基地使用权能不能继承？能不能登记发证呢？

【解答】

在《国土资源部、中央农村工作领导小组办公室、财政部、农业部关于农村集体土地确权登记发证的若干意见》（国土资发〔2011〕178号）作出明确规定之前，地方曾经有不同的意见。不少人认为宅基地不能继承，通过继承取得的宅基地，不能登记发证，主要是担心造成一户多宅违反土地管理法一户一宅的规定或者城镇居民在农村取得宅基地。关于此问题，目前《国土资源部、中央农村工作领导小组办公室、财政部、农业部关于农村集体土地确权登记发证的若干意见》已经给出了很明确的答案：已拥有一处宅基地的本农民集体成员、非本农民集体成员的农村或城镇居民，因继承房屋占用农村宅基地的，可按规定登记发证，在《集体土地使用证》记事栏应注记"该权利人为本农民集体原成员住宅的合法继承人"。

关于这个问题，一般认为宅基地能够继承，对通过继承取得的宅基地可以登记发证。理由如下：

[①] 本部分内容曾发表于《土地矿产典型案例评析与法律实务操作指南》（第六辑），中国法制出版社2013年6月版，第143页。

[②] 《不动产登记暂行条例实施细则》第二十七条规定，"因下列情形导致不动产权利转移的，当事人可以向不动产登记机构申请转移登记：……（五）继承、受遗赠导致权利发生转移的；……"

一、当事人申请通过继承取得的宅基地使用权登记的，土地登记机构可以受理

宅基地使用权人去世，宅基地使用权能否作为遗产依法继承？土地登记机构能否登记发证？根据我国《继承法》第三条的规定："遗产是公民死亡时遗留的个人合法财产，包括：（一）公民的收入；（二）公民的房屋、储蓄和生活用品；（三）公民的林木、牲畜和家禽；（四）公民的文物、图书资料；（五）法律允许公民所有的生产资料；（六）公民的著作权、专利权中的财产权利；（七）公民的其他合法财产。"由于《继承法》没有明确将宅基地使用权纳入遗产的范畴，因此，有的人提出宅基地使用权不能继承。但宅基地使用权作为农民一项重要的用益物权，完全可以作为遗产继承。当事人申请登记的，土地登记机构可以为其办理登记发证手续。理由如下：

一是《继承法》之所以没有明确将宅基地使用权列举为遗产，主要是因为《继承法》出台时，土地权利还没有被当作财产权。《继承法》于1985年4月10日由第六届全国人民代表大会第三次会议通过，1985年10月1日起施行。那时《民法通则》、《土地管理法》都还没有颁布，土地没有被当作财产。1988年《宪法》的修订，删除了土地不得出租的规定，增加了土地使用权可以依法转让的规定。土地才开始有偿使用，成为财产。《继承法》颁布至今一直也没有进行修改，因此不可能将宅基地使用权纳入遗产的范畴。

二是宅基地使用权是农民的重要财产，完全可以继承。2003年《中共中央关于完善社会主义市场经济体制若干问题的决定》要求"建立健全现代产权制度"，并指出"产权是所有制的核心和主要内容，包括物权、债权、股权和知识产权等各类财产权"。2007年3月16日颁布的《物权法》将宅基地使用权明确规定为用益物权。2008年的《中共中央关于推进农村改革发展若干重大问题的决定》明确要求"依法保障农户宅基地用益物权"。如何保障农户宅基地用益物权，首先应当允许宅基地使用权这项农民的重要的财产权可以继承。

三是公民因继承房屋而自然对房屋所占土地享有使用权。即使宅基地使用权不能继承，但是《继承法》明文规定房屋可以继承。继承人继承房屋便自然对房屋所占范围的土地进行了使用，因此，至少在房屋的存续期间，继承人通过继承房屋便自然对房屋所占范围的土地具有了使用权。不允许宅基地使用权继承，客观上也没有可能。

四是《确定土地所有权和使用权的若干规定》第四十九条明确规定"继承房屋取得的宅基地，可确定集体土地建设用地使用权"。

五是宅基地使用权发生继承的，继承人不登记也发生效力。因为根据《物权法》第二十九条的规定，"因继承或者受遗赠取得物权的，自继承或者受遗赠开始时发生效力"。

六是根据《国土资源部关于进一步加快宅基地使用权登记发证工作的通知》（国土资发〔2008〕146 号）"除继承外，农村村民一户申请第二宗宅基地使用权登记的，不予受理"的规定，因继承申请第二宗宅基地登记的应当予以受理，符合登记条件的应当登记发证。

二、办理通过继承取得的宅基地使用权登记的操作建议

有的地方对办理通过继承取得的宅基地使用权登记存在质疑，主要是存在以下两点顾虑：一是有可能造成一户二宅或者多宅，违反国家关于宅基地一户一宅的规定；二是有可能导致城镇居民因继承而取得宅基地使用权。

按照目前国家关于宅基地管理的法律法规和政策，地方土地登记机构的顾虑确实情有可原。根据上述分析，宅基地使用权可以因房屋继承而发生继承，土地登记机构可以受理通过继承取得的宅基地使用权的登记申请。但是为了不违反目前国家关于宅基地管理的法律法规和政策，有必要将通过继承从已去世的宅基地使用权人处继受取得的宅基地使用权与通过合法审批直接从土地所有权人即农民集体处取得的宅基地使用权进行区分。两者之间的区别主要在于权利的存续期间不同。直接从所有权人处取得的宅基地使用权没有使用期限的限制，而通过继承取得的宅基地使用权的期限应仅限于房屋的存续期间，因为继承人是因为继承房屋而取得宅基地使用权。因此，该宅基地使用权应当受到相应的限制：即继承人不得改建、翻建房屋，房屋倒塌灭失，房屋的所有权消灭，宅基地使用权也随之消灭，土地所有权人即农民集体便可以收回该宅基地使用权。这样不仅可以有效地消除地方土地登记机构的顾虑和担心，而且没有违反国家管理宅基地的政策法规。

因此，建议土地登记机构在办理通过继承取得的宅基地使用权登记时，在土地权利证书及土地登记簿上注明该土地权利是通过继承取得，该土地权利的期限为房屋的存续期间，以便于今后在国家出台明确的政策后进行区别处理。2011 年《国土资源部、中央农村工作领导小组办公室、财政部、农业部关于农村集体土地确权登记发证的若干意见》中也明确规定，在《集体土地使用证》记事栏应注记"该权利人为本农民集体原成员住宅的合法继承人"，这在某种程度上也印证了上述的观点。

（蔡卫华）

问题 13
进城打工落户城镇的农民原在农村取得的宅基地能否登记发证[1]

【问题】

宅基地使用权的主体具有特殊性，只有本集体经济组织的成员才能取得宅基地。但是当农村集体经济组织的成员取得宅基地之后，因为种种原因落户城镇，其原先取得的宅基地能否登记发证呢？

【解答】

上述问题是实践中经常遇到的问题。在农民进城打工并落户城镇的现象越来越普遍的今天，这个问题应当予以明确。

对此情况应当予以登记发证。理由如下：

一是户籍的改变不能改变财产权的归属。2008年10月12日《中共中央关于推进农村改革发展若干重大问题的决定》明确规定"依法保障农户宅基地用益物权"。只要是农民合法取得的宅基地，都应当予以保护。宅基地使用权是农民的财产权，其户籍改变了，不影响其已经取得的财产权的归属。

二是国务院办公厅的文件予以了明确规定。《国务院办公厅关于积极稳妥推进户籍管理制度改革的通知》（国办发〔2011〕9号）规定："（六）农民的宅基地使用权和土地承包经营权受法律保护。现阶段，是否放弃宅基地和承包的耕地、林地、草地，必须完全尊重农民本人的意愿，不得强制或变相强制收回。引导农民进城落户要遵守法律法规和国家政策，充分考虑农民的当前利益和长远生计，不能脱离实际，更不能搞强迫命令。"根据此通知的精神，农民工落户城镇仍然可以拥有

---

[1] 本部分内容曾发表于《土地矿产典型案例评析与法律实务操作指南》（第六辑），中国法制出版社2013年6月版，第146页。

宅基地，仍然对承包的耕地、林地、草地享有承包经营权。因此可以对其宅基地进行登记发证。

三是可以适用《国土资源部、中央农村工作领导小组办公室、财政部、农业部关于农村集体土地确权登记发证的若干意见》（国土资发〔2011〕178号）中关于非农业户口居民（含华侨）原在农村合法取得的宅基地及房屋，房屋产权没有变化的，经该农民集体出具证明并公告无异议的，可依法办理土地登记，在《集体土地使用证》记事栏应注记"该权利人为非本农民集体成员"的规定。

四是不少地方出台了类似的规定，实践中已经给落户城镇的农民原在农村取得的宅基地进行了登记发证。如《杭州市人民政府办公厅关于加快推进宅基地使用权登记发证工作的通知》（杭政办函〔2009〕173号）规定："原集体经济组织成员经审批取得宅基地，后因集体经济组织机构调整而转到其他集体经济组织，或因工作、学习等原因离开本集体经济组织或转为城镇户口，其宅基地仍在继续使用并符合相关规定的，可确定宅基地使用权。宅基地面积超出相关规定的，对超出部分不予登记"；《重庆市国土房管局关于解决新一轮农村土地房屋登记发证工作若干问题的指导意见（试行）》（渝国土房管发〔2010〕86号）规定："城镇居民原在农村合法取得的宅基地及房屋，其房屋产权没有变化的，可依法确定其宅基地使用权和房屋所有权，其《房地产权证》记事栏应注记'该权利人为非农业户口居民'。"

（蔡卫华）

问题 14
退休返乡人员能否取得宅基地[①]

【问题】

我国历来有告老还乡的习俗。如今,一些城里人退休后选择回老家养老,那么,就要兴建住宅。这种行为是否合法,有何利弊?在申请农村宅基地时,要不要退掉在城镇的住房?实践中有不少争论。

【解答】

要回答这个问题,首先要解决退休人员的范围问题。外出打工退休返乡的农民是不是退休人员?从乡镇企业退休的农民是不是退休人员?由于经济社会快速发展,退休人员范围很难界定。但一般来说,我们认为退休人员是城镇居民,并且其退休以前是机关、企事业单位、社会组织和团体等单位的工作人员。如果将退休人员界定为从机关、企事业单位、社会组织和团体等单位退休的城镇居民,那么退休人员不得取得宅基地。

第一,退休人员取得宅基地不符合我国法律法规和相关宅基地管理政策的规定。退休人员属于城镇居民,不是农村村民。我国《土地管理法》明确规定,只有农村村民才能拥有宅基地,并且一户只能拥有一处宅基地。由于宅基地取得主体具有特殊性,只有本集体成员才能取得宅基地,非本集体成员不得取得宅基地,因此国家禁止城镇居民在农村取得宅基地。对此,《国务院关于深化改革严格土地管理的决定》、《国务院办公厅关于严格执行有关农村集体建设用地法律和政策的通知》、国土资源部《关于加强农村宅基地管理的意见》也都有明确的规定。

[①] 本部分内容曾发表于《土地矿产典型案例评析与法律实务操作指南》(第六辑),中国法制出版社 2013 年 6 月版,第 147 页。

第二，退休人员取得宅基地违反情理。宅基地是农民集体拨给本集体内符合条件的成员用于建造住宅及其附属设施的土地。宅基地均为无偿取得，带有福利性质。因为目前农民基本上没有任何社会保障，只有通过无偿取得宅基地才能解决住处问题。而退休人员一般都有退休金，其住房问题国家有相应的配套政策予以解决。因此，如果允许退休人员取得宅基地，不仅违反情理，属于与农民争福利，而且将导致大量的耕地被占，致使 2020 年 18 亿亩的耕地保护目标无法顺利实现。

实践中，有些地方对经批准回乡落户定居的离退休国家工作人员经批准取得的宅基地进行确权登记发证，如《杭州市人民政府办公厅关于加快推进宅基地使用权登记发证工作的通知》（杭政办函〔2009〕173 号）规定"为经批准回乡落户定居的离退休国家工作人员、职工、军人等安排的宅基地，按宅基地批准文件确定宅基地使用权。对超出批准文件规定的部分不予登记"。这一文件应限于适用历史问题的解决，仅限于历史上已经批准回乡落户定居的离退休国家工作人员且经过合法批准取得的宅基地。对于新占的宅基地，不得登记发证。

（蔡卫华）

问题 15
农村空房宅基地如何确权登记[①]

【问题】

由于种种原因，目前在农村出现了很多空房，具体情形如农村父母双故后遗留的闲置房屋；已经取得城市户口的原村民在农村的旧房等。这些房屋一般没有人居

---

① 本部分内容曾发表于《土地矿产典型案例评析与法律实务操作指南》（第六辑），中国法制出版社 2013 年 6 月版，第 149 页。

住，逐渐破旧，不仅影响规划，而且占用了农民集体宝贵的宅基地，实践中无法收回。对这部分空房宅基地如何确权登记呢？

【解答】

对于上述两种情形的空房的土地如何确权，国家有明确的规定：对于第一种情形，应当按照原国家土地管理局发布的《确定土地所有权和使用权的若干规定》第四十九条关于"继承房屋取得的宅基地，可确定集体土地建设用地使用权"的规定，将土地权利确定给合法的继承人；对于第二种情形，应当根据《确定土地所有权和使用权的若干规定》第四十八条"非农业户口居民（含华侨）原在农村的宅基地，房屋产权没有变化的，可依法确定其集体土地建设用地使用权。房屋拆除后没有批准重建的，土地使用权由集体收回"的规定，将土地权利确定给原房屋所有权人。

但需要注意的是，这些当事人因此而享有的土地权利并不是无期限的，而仅限于房屋的存续期间。因为严格按照我国《土地管理法》有关宅基地的管理规定，这些当事人不应当取得或者再享有宅基地使用权，他们是基于房屋所有权而对土地享有权利。如果房屋灭失，他们对土地的权利也将不再存在。因此实践中如果这些空房坍塌、拆除，则不应当确定宅基地使用权。已经确定登记使用权的，应当由农民集体报经县级人民政府批准后，收回土地，并向登记机关申请注销土地登记。

另外，这些空房的存在，实践中确实导致了大量土地的闲置和浪费。国家应当研究建立宅基地的有偿退出机制，尽快出台相应的管理办法，激励村民主动退出空置的宅基地，以促进土地的集约、节约利用。

（蔡卫华）

问题 16
宅基地能否登记给其他集体经济组织农民[①]

【问题】

在农村土地发证工作实践中,有些宅基地因各种原因目前正由非本集体经济组织的农民使用,请问能否登记发证给其他集体经济组织的农民?如能,哪些情形下才能够登记发证?

【解答】

根据现行的法律法规和政策规定,只有本农村集体经济组织的成员才能取得宅基地使用权。非本集体经济组织成员不得取得宅基地,尤其禁止城镇居民在农村取得宅基地。但是在一些特殊情形下,宅基地可以登记给其他集体经济组织的农民(非本农民集体的成员)。具体有如下情形:

(一) 非本农民集体的农民因特殊原因集中迁建而取得的宅基地

2011 年,《国土资源部、中央农村工作领导小组办公室、财政部、农业部关于农村集体土地确权登记发证的若干意见》(国土资发〔2011〕178 号)明确规定:"非本农民集体的农民,因地质灾害防治、新农村建设、移民安置等集中迁建,在符合当地规划的前提下,经本农民集体大多数成员同意并经有权机关批准异地建房的,可按规定确权登记发证。"

(二) 非本农民集体成员的农民继承房屋占用的农村宅基地

《国土资源部、中央农村工作领导小组办公室、财政部、农业部关于农村集体土地确权登记发证的若干意见》(国土资发〔2011〕178 号)规定:已拥有一处宅

---

① 本部分内容曾发表于《土地矿产典型案例评析与法律实务操作指南》(第六辑),中国法制出版社 2013 年 6 月版,第 150 页。

基地的本农民集体成员、非本农民集体成员的农村或城镇居民，因继承房屋占用农村宅基地的，可按规定登记发证，在《集体土地使用证》记事栏应注记"该权利人为本农民集体原成员住宅的合法继承人"。

实践中，在国家出台相关的规定前，地方已经开始这样的操作。如《重庆市国土房管局关于解决新一轮农村土地房屋登记发证工作若干问题的指导意见（试行）》（渝国土房管发〔2010〕86号）规定：1. 非本集体经济组织的农村居民，因地质灾害防治、新农村建设、高山移民等集中迁建，经有权机关批准异地建房，可按规定登记发证。2. 非本集体经济组织的农村居民，原有宅基地面积不足，符合建房条件而未建，跨集体经济组织购买他人住房的，房屋所在地集体经济组织出具经该集体经济组织2/3以上成员或2/3以上村民代表同意的证明，可按规定登记发证。3. 非本集体经济组织的农村或城镇居民，因法定继承、分户或司法判决方式取得农村住宅的，可按规定登记发证。对因继承取得申请登记的，应收取继承公证文书，或经镇、村、社三级证明并公示无异议。4. 城镇居民原在农村合法取得的宅基地及房屋，其房屋产权没有变化的，可依法确定其宅基地使用权和房屋所有权，其《房地产权证》记事栏应注记"该权利人为非农业户口居民"。5. 农村土地房屋自建成投入使用以来，未办理土地房屋初始登记，后因买卖、交换、继承、分割等致使其权属发生转移，符合登记条件的，由集体经济组织出具相关证明后，以现在房屋的实际权利人为申请人办理初始登记，并在登记簿中记载历史沿革。

需要注意的是，按照我国目前的法律和政策规定，宅基地只允许转让给本集体内符合申请宅基地条件的成员，不能转让给本集体经济组织成员以外的人员。因此，非本经济组织的农民通过买卖等形式受让取得的宅基地，不得登记发证。

（蔡卫华）

问题 17
宅基地能否登记给非农业户口的城镇居民[①]

【问题】

在农村土地发证工作实践中,有些宅基地因历史原因目前正由城镇居民使用,请问能否给其登记发证?如能,需要满足哪些条件?

【解答】

根据现行的法律法规和政策规定,只有本农村集体经济组织的成员才能取得宅基地使用权。非本集体经济组织成员不得取得宅基地,尤其禁止城镇居民在农村取得宅基地。《国务院关于深化改革严格土地管理的决定》(国发〔2004〕28 号)、国土资源部《关于加强农村宅基地管理的意见》(国土资发〔2004〕234 号)明文禁止城镇居民在农村购置宅基地,严禁为城镇居民在农村购买和违法建造的住宅发放土地使用证。《国务院办公厅关于严格执行有关农村集体建设用地法律和政策的通知》(国办发〔2007〕71 号)特别强调"农村住宅用地只能分配给本村村民,城镇居民不得到农村购买宅基地、农民住宅或小产权房"等。

因此一般来说,宅基地不能登记给城镇居民,但是符合以下特殊情形的可以登记给城镇居民:

(一)非农业户口居民(含华侨)原在农村合法取得的宅基地及房屋

按照 1986 年《土地管理法》第四十一条关于"城镇非农业户口居民建住宅,需要使用集体所有的土地的,必须经县级人民政府批准,其用地面积不得超过省、自治区、直辖市规定的标准,并参照国家建设征用土地的标准支付补偿费和安置补

[①] 本部分内容曾发表于《土地矿产典型案例评析与法律实务操作指南》(第六辑),中国法制出版社 2013 年 6 月版,第 152 页。

助费"的规定,城镇非农业户口居民也可以依法在农村取得集体土地建造住房。对于城镇非农业户口居民依法取得的宅基地能否办理登记呢?

对于城镇非农业户口居民依法取得的宅基地可以登记发证。理由和依据如下:一是原国家土地管理局1995年3月11日印发的《确定土地所有权和使用权的若干规定》第四十八条就明确规定:"非农业户口居民(含华侨)原在农村的宅基地,房屋产权没有变化的,可依法确定其集体土地建设用地使用权。房屋拆除后没有批准重建的,土地使用权由集体收回。"二是2011年《国土资源部、中央农村工作领导小组办公室、财政部、农业部关于农村集体土地确权登记发证的若干意见》(国土资发〔2011〕178号)也明确规定"非农业户口居民(含华侨)原在农村合法取得的宅基地及房屋,房屋产权没有变化的,经该农民集体出具证明并公告无异议的,可依法办理土地登记,在《集体土地使用证》记事栏应注记'该权利人为非本农民集体成员'"。三是实践中,在国家出台相关的法律规定前,地方已经开始这样的操作。如《重庆市国土房管局关于解决新一轮农村土地房屋登记发证工作若干问题的指导意见(试行)》(渝国土房管发〔2010〕86号)规定"城镇居民原在农村合法取得的宅基地及房屋,其房屋产权没有变化的,可依法确定其宅基地使用权和房屋所有权,其《房地产权证》记事栏应注记'该权利人为非农业户口居民'"。另外广东省国土资源厅、广东省人民政府侨务办公室2011年1月4日发布的《广东关于切实维护华侨在农村的宅基地权益的若干意见》对华侨在农村的宅基地确权登记作出了专门规定。

（二）城镇居民因继承房屋占用农村宅基地的

《国土资源部、中央农村工作领导小组办公室、财政部、农业部关于农村集体土地确权登记发证的若干意见》(国土资发〔2011〕178号)明确规定:已拥有一处宅基地的本农民集体成员、非本农民集体成员的农村或城镇居民,因继承房屋占用农村宅基地的,可按规定登记发证,在《集体土地使用证》记事栏应注记"该权利人为本农民集体原成员住宅的合法继承人"。在此之前,《杭州市人民政府办公厅关于加快推进宅基地使用权登记发证工作的通知》(杭政办函〔2009〕173号)以及《重庆市国土房管局关于解决新一轮农村土地房屋登记发证工作若干问题的指导意见(试行)》(渝国土房管发〔2010〕86号)都有类似的规定。

（三）因法院判决取得农村住宅的

《重庆市国土房管局关于解决新一轮农村土地房屋登记发证工作若干问题的指导意见(试行)》(渝国土房管发〔2010〕86号)规定:非本集体经济组织的农村或城镇居民,因法定继承、分户或司法判决方式取得农村住宅的,可按规定登记发证。对因法定继承取得申请登记的，应收取继承公证文书，或经镇、村、社三级证明并公示无异议。

需要注意的是，除了以上情形之外，不得将宅基地登记发证给城镇居民。

（蔡卫华）

问题18
城镇居民因受遗赠取得的农村老宅应如何进行登记[①]

【问题】

某村村民张某在宅基地上建有房屋并长期居住，因无法定继承人，张某订立遗嘱决定在其去世后将该房屋赠与其好友李某（城镇居民）。张某去世后，李某拿到该房屋钥匙并时常下乡居住。现该村正在开展宅基地确权登记发证工作，请问这种情况应如何处理？

【解答】

一、受遗赠人对遗嘱人合法所有的房屋依法享有受遗赠权，其因受遗赠取得的房屋所有权应当依法予以登记

农村居民在合法取得的宅基地上建造的房屋属于其合法财产。在农村居民死亡时，该房屋属于《继承法》第三条所规定的遗产。《继承法》第十六条第三款规定，"公民可以立遗嘱将个人财产赠给国家、集体或者法定继承人以外的人"，法律上将此称为"遗赠"。据此，李某有权取得张某遗赠的农村房屋的所有权。不过应当注意的是，《继承法》第二十五条第二款规定："受遗赠人应当在知道受遗赠

[①] 本部分内容曾发表于《土地矿产法律实务操作指南》（第八辑），中国法制出版社2016年6月版，第14页。

赠。"如果李某在知悉受遗赠后两个月内未表示接受遗赠，那么就不享有受遗赠权，也就不能取得房屋所有权。

本案中，李某在张某去世时即完全取得该房屋的所有权，登记机构应当依法予以登记，切实保护李某的合法权益。应当指出的是，必须把遗赠与"借赠与之名行买卖之实"的行为区分开来，后者在本质上违反了国家禁止城镇居民到农村购房的规定，因此是无效的。

二、根据"房地一体"的原则与规定，宅基地使用权应当一并进行确权登记

我国原则上禁止宅基地使用权流转，即宅基地使用权的买卖、赠与、出资入股、抵押等原则上均不允许。但是，宅基地上所建房屋与宅基地事实上不可分割，承认和依法保护城镇居民因受遗赠而取得的农村宅基地上房屋的所有权，就必然要肯定其继续使用宅基地的事实。《物权法》第一百四十七条规定，建筑物、构筑物及其附属设施赠与的，该建筑物、构筑物及其附属设施占用范围内的建设用地使用权一并处分。这表明，在房屋所有权遗赠的同时，房屋占用范围内的宅基地使用权也一并移转。尽管现行规定未对城镇居民受遗赠农村房屋所占用宅基地使用权的登记问题予以明确，但考虑到继承权和受遗赠权都是《继承法》所规定的同类型权利，两者除了权利人在是否具有法定继承人资格这一点不同外，并无其他本质区别，故本案也应参照国土资源部等部门出台的《关于农村集体土地确权登记发证的若干意见》（国土资发〔2011〕178号）中"已拥有一处宅基地的本农民集体成员、非本农民集体成员或城镇居民因继承房屋占用农村宅基地的，可按规定登记发证"的规定，对李某受遗赠房屋占用范围内的宅基地使用权进行确权登记。

三、加强对城镇居民因受遗赠取得的宅基地使用权的管理

城镇居民虽有权依法继承或受遗赠而取得农村宅基地使用权，但毕竟不具备农村集体经济组织成员身份，这与宅基地使用权的福利保障性质存在一定冲突，必须加强管理。登记时应当参照国土资发〔2011〕178号文件的规定，在不动产登记簿和不动产权证书"附记"栏中注明"该权利人为本农民集体原成员住宅的合法受遗赠人"等内容。宅基地上房屋自然损毁的，应当依法收回宅基地使用权。此外，各地可以根据有关政策探索实行宅基地有偿使用制度，对于符合《土地管理法》第六十五条规定情形的，可以依法收回宅基地使用权。

（郭佑宁）

问题19
农村住宅在集体经济组织内部转让应如何登记[①]

【问题】

某村村民甲原有一处宅基地,后因继承取得该村另一处宅基地的使用权及宅基地上房屋的所有权,但一直闲置。后同村村民乙与甲协商,出资购买该闲置宅基地上的房屋。现该村正在开展宅基地确权登记发证工作,请问对于该处宅基地应如何登记?

【解答】

一、宅基地使用权原则上禁止流转,对于宅基地使用权非法流转的,不得予以登记

宅基地使用权是农民基于集体经济组织成员身份而享有的福利保障,是农民的安身之本。国家对新设宅基地使用权采取审批方式,申请人需满足身份、户数、面积等条件,同时需经过申请、乡(镇)人民政府审核和县级人民政府批准三项程序。对于农民依法取得的宅基地使用权,国家原则上禁止流转,即宅基地使用权的买卖、赠与、出资入股、抵押等原则上均不允许,尤其是国家严令禁止城镇居民到农村购置房屋或宅基地。对于宅基地及其上建筑物、构筑物及其附属设施非法流转的,不得对宅基地使用权及房屋等所有权予以登记。

二、宅基地使用权按照法律规定移转的,应当依法直接予以登记

现行法规政策规定在因继承和宅基地上房屋所有权合法转让时,例外地允许宅基地使用权移转。对于因房屋转让而移转宅基地使用权的,必须满足我国宅基地管

[①] 本部分内容曾发表于《土地矿产法律实务操作指南》(第八辑),中国法制出版社2016年6月版,第15页。

理制度的规定：第一，房屋买受人必须是本集体经济组织成员，如果要转让给本集体经济组织以外的人员，该受让人必须先在本集体经济组织中落户并符合申请宅基地的条件；第二，房屋买受人必须符合"一户一宅"的规定，即房屋买受人在本村没有宅基地，也不存在出卖、出租宅基地上住房后，又购买宅基地上房屋的情形。本案中，乙符合第一个条件，还需审查其是否符合第二个条件，如果不符合则不得向乙登记发证，对于其占用的宅基地应当依法收回。

如果乙满足上述两个条件，在这种情况下的宅基地使用权移转是否需要单独审批，现行法规政策尚无明确规定，可以从两个方面把握这个问题：第一，宅基地审批应该严格依法进行，法律未作明文规定的，不得作为审批事项；第二，应当看到宅基地审批制度是严格落实土地用途管制规定，切实保护土地资源的有效途径，因此它的对象主要是新设立的宅基地使用权。本案中，甲、乙之间移转的宅基地使用权业已存在，故不涉及农村建设用地增量和耕地保护等问题，没有审批的必要性。因此，登记人员在核实乙具有受让资格后，应当予以确权登记。

三、对依法受让的宅基地使用权及宅基地上房屋所有权进行确权登记的注意事项

对此类宅基地的确权登记应当按照《不动产登记暂行条例》和国土资源部等部门发布的《关于农村集体土地确权登记发证的若干意见》（国土资发〔2011〕178号）、《关于规范土地登记的意见》（国土资发〔2012〕134号）、《关于进一步加快推进宅基地和集体建设用地使用权确权登记发证工作的通知》（国土资发〔2014〕101号）等文件规定与精神开展，须要注意的是：1. 应当对出让人（本案中为甲）的权属来源予以查证，如果出让人占用的宅基地无权属来源或来源违法，则受让人（本案中为乙）应当依法申请宅基地使用权，对符合土地利用总体规划与村镇规划以及有关用地政策的，在依法补办用地批准手续后进行登记发证；2. 应当以受让人为标准确定宅基地面积是否符合当地规定，对于超规定的面积部分应按照国土资发〔2011〕178号文件的相关规定予以登记；3. 对于进行农村宅基地制度改革试点的地区，宅基地确权登记发证工作按照改革试点要求开展。

（郭佑宁）

问题 20
出嫁女能否继承取得父母的宅基地[①]

【问题】

李父、李某父女系甲村村民。李某母亲不幸去世后,李父一直没有再娶,父女俩相依为命。1998 年,李某与外出打工时结识的男友结婚,远嫁外乡。两年后,随着李父年龄增大,李某便将父亲接到自己家中同住。2005 年,李父的侄子李甲结婚没有新房,李父便将自己名下的住房借给侄子暂住。2012 年春天李父去世,李某作为唯一的继承人,希望将其在甲村的房屋和宅基地登记在自己名下,却遭到甲村村委会拒绝。甲村认为,李某远嫁他乡后不再为本村村民,也就不再具有使用本村宅基地的资格。于是,李某向县人民政府提出申请,要求将李父在甲村的房屋和宅基地登记在自己名下。李某可否取得父母的宅基地使用权?李某取得父母的宅基地使用权后可以如何处置?

【解答】

本案的实质为非本集体经济组织成员能否继承宅基地及其房屋,以及如何继承的问题。

《国土资源部关于进一步完善农村宅基地管理制度切实维护农民权益的通知》(以下简称《通知》)规定,宅基地是指农民依法取得的用于建造住宅及其生活附属设施的集体建设用地。宅基地使用权基于集体成员身份无偿取得,是农民重要的财产权之一。农村宅基地的取得具有很强的身份性,即只有本集体经济组织成员才有资格申请本集体经济组织所有的建设用地作为宅基地。

[①] 本部分内容曾发表于《土地矿产典型案例评析与法律实务操作指南》(第六辑),中国法制出版社 2013 年 6 月版,第 126 页。

本案中，李某早年远嫁他乡，若是在甲村重新申请一处宅基地，显然不符合有关条件。根据《确定土地所有权和使用权若干规定》规定，继承房屋取得的宅基地，可确定集体建设用地使用权。因此，作为李父的独生女儿，李某可以依法继承其父李父的房屋所有权，进而随之取得宅地基使用权。《国土资源部、中央农村工作领导小组办公室、财政部、农业部关于农村集体土地确权登记发证的若干意见》（国土资发〔2011〕178号）明确规定："已拥有一处宅基地的本农民集体成员、非本农民集体成员的农村或城镇居民，因继承房屋占用农村宅基地的，可按规定登记发证，在《集体土地使用证》记事栏应注记'该权利人为本农民集体原成员住宅的合法继承人'。"因此可以对李某因继承房屋而占用农村宅基地登记发证。

（于丽娜）

问题 21
村民进城后能否继续拥有原宅基地使用权[①]

【问题】

刘大爷原是某行政村的村民，依法申请取得了一块宅基地并建造了房屋，后进城工作取得城镇户籍，但是农村的房屋一直闲置。退休后刘大爷想回村里住，请问刘大爷是否可以继续拥有原宅基地使用权？

【解答】

一、宅基地使用权一般只有农民集体成员才能取得

《物权法》和《土地管理法》规定了宅基地使用权的取得主体和限制条件。根

[①] 本部分内容曾发表于《土地矿产法律实务操作指南》（第八辑），中国法制出版社2016年6月版，第73页。

据《物权法》第一百五十三条、第一百五十四条和《土地管理法》第六十二条的规定，原则上来说，宅基地使用权的主体是本村集体经济组织成员，需遵循"一户一宅"原则，宅基地的面积不得超过省、自治区、直辖市规定。农村村民建住宅，应符合乡（镇）土地利用总体规划，并尽量使用原有的宅基地和村内空闲地。农村村民出卖、出租住房后，再申请宅基地的，不予批准。

二、非本村集体经济组织成员取得宅基地使用权的情形

由于宅基地使用权具有福利性质，其初始取得具有无偿性，因而其原则上仅惠及本村村民，但实践中有很多原因会造成非本村村民实际占有宅基地的情形。因此，《国土资源部、中央农村工作领导小组办公室、财政部、农业部关于农村集体土地确权登记发证的若干问题》（国土资发〔2011〕178号）规定，非本农民集体的农民，因地质灾害防治、新农村建设、移民安置等集中迁建，在符合当地规划的前提下，经本农民集体大多数成员同意并经有权批准机关批准异地建房的，可按规定确权登记发证。已拥有一处宅基地的本农民集体成员、非本农民集体成员的农村或城镇居民，因继承房屋占用农村宅基地的，可按规定登记发证，在《集体土地使用证》记事栏应注记"该权利人为本农民集体原成员住宅的合法继承人"。可见，集中迁建、继承都可以产生非本村集体经济组织成员取得宅基地使用权的情形。

三、户籍的改变不影响已经取得的财产权的归属

我国宪法第十三条规定："公民的合法私有财产不受侵犯。国家依照法律规定保护公民的私有财产权和继承权。"根据我国《民法通则》的现有理念及表述，当事人依民事法律行为设立、变更、终止民事权利，因而包括宅基地使用权在内的财产权的权属不因户籍的变化而发生变更。《国土资源部、中央农村工作领导小组办公室、财政部、农业部关于农村集体土地确权登记发证的若干问题》（国土资发〔2011〕178号）明确规定，非农业户口居民（含华侨）原在农村合法取得的宅基地及房屋，房屋产权没有变化的，经该农民集体出具证明并公告无异议的，可依法办理土地登记，在《集体土地使用证》记事栏应注记"该权利人为非本农民集体成员"。可见，包括落户城镇的农民工在内的非农业户口居民（含华侨）可以继续享有原来合法取得的宅基地使用权和房屋所有权。

综上，如果刘大爷事先合法拥有的房屋所有权和宅基地使用权未曾消灭，则可以继续拥有；如果刘大爷出卖、出租住房后，再申请宅基地的话，应不予批准。

（张南西）

问题 22
宅基地变更登记是否须经政府批准[①]

【问题】

因依法继承、交换、分割、买卖宅基地上的房屋涉及土地使用权转移的，在办理变更登记时是否必须凭有关人民政府的批准文件？

【解答】

宅基地使用权变更登记应当严格审查。因为宅基地使用权只是农民集体经济组织成员基于其特定的身份而无偿取得的一种带有福利性质的土地权利，因此其权利受到相应的限制，如《物权法》只规定了宅基地使用权人依法对集体所有的土地享有占有和使用的权利，有权依法利用该土地建造住宅及其附属设施，而没有规定宅基地使用权人对宅基地有处分的权利。另外，《物权法》还规定宅基地使用权的取得、行使和转让适用《土地管理法》等法律和国家有关的规定。

根据《土地管理法》第六十二条的规定，农村村民只能拥有一处宅基地，并且面积不得超过省、自治区、直辖市规定的标准；宅基地的取得应当经过乡（镇）人民政府审核，由县级人民政府批准；农村村民出卖、出租住房后，再申请宅基地的不予批准。而对宅基地使用权能否发生移转？如果能，哪些情况下能移转？哪些情况下不能移转？是否需要经过批准？应当由谁进行批准？目前找不到相应的、明确的法律规定。

由于宅基地上房屋的所有人对房屋享有完整的所有权，因此其可以对房屋进行处分，比如可以交换、买卖房屋等。房屋所有权发生流转将导致宅基地使用权发生

[①] 本部分内容曾发表于《土地矿产典型案例评析与法律实务操作指南》（第六辑），中国法制出版社 2013 年 6 月版，第 154 页。

变更。对于符合条件的，如在本集体经济组织内部流转并且不违反"一户一宅"规定的，国土资源部门应当及时办理变更登记。但是对于有的房屋转让，就不能办理宅基地使用权的变更登记，如国土资源部《印发〈关于加强农村宅基地管理的意见〉的通知》（国土资发〔2004〕234号）明确规定"严禁为城镇居民在农村购买和违法建造的住宅发放土地使用证"。因此在办理宅基地使用权变更登记时，应当对受让主体是否是本集体经济组织的成员、是否另有宅基地等情况进行审查，应当要求当事人提供相应的证明材料，有条件的还应当到宅基地所在的农民集体经济组织进行公告，公告无异议的，再办理变更登记。

要求必须凭有关人民政府的批准文件才能进行宅基地使用权变更登记没有明确的法律依据，也没有必要。实践中登记机构只要尽到上述审查义务，在确保登记结果的合法性、准确性的基础上即可办理变更登记。

（蔡卫华）

问题23
受理第二宗宅基地登记申请的有哪些情形[①]

【问题】

按照《土地管理法》第六十二条的规定，农村村民一户只能拥有一处宅基地。"一户一宅"的观念已经深入人心。但是实践中合法取得的第二宗宅基地应当登记发证，这些情形有哪些呢？

【解答】

合法取得第二宗宅基地进行登记主要有以下两种情形：

[①] 本部分内容曾发表于《土地矿产典型案例评析与法律实务操作指南》（第六辑），中国法制出版社2013年6月版，第155页。

一、因继承地上房屋，农村村民申请第二宗宅基地登记的

对此，明确的规定有：一是《国土资源部关于进一步加快宅基地使用权登记发证工作的通知》（国土资发〔2008〕146号）规定"除继承外，农村村民一户申请第二宗宅基地使用权登记的，不予受理"，因此，因继承申请第二宗宅基地登记的应当予以受理，符合登记条件的应当登记发证。二是《国土资源部、中央农村工作领导小组办公室、财政部、农业部关于农村集体土地确权登记发证的若干意见》（国土资发〔2011〕178号）明确规定："已拥有一处宅基地的本农民集体成员、非本农民集体成员的农村或城镇居民，因继承房屋占用农村宅基地的，可按规定登记发证，在《集体土地使用证》记事栏应注记'该权利人为本农民集体原成员住宅的合法继承人'。"

二、两处或两处以上宅基地，但面积总和未超过所在省级人民政府所规定的宅基地面积标准的

原国家土地管理局所颁布的《确定土地所有权和使用权的若干规定》（〔1995〕国土〔籍〕字第26号）虽然没有作出明确的规定，但是其第四十七条"符合当地政府分户建房规定而尚未分户的农村居民，其现有的宅基地没有超过分户建房用地合计面积标准的，可按现有宅基地面积确定集体土地建设用地使用权"，以及第四十九条"接受转让、购买房屋取得的宅基地，与原有宅基地合计面积超过当地政府规定标准，按照有关规定处理后允许继续使用的，可暂确定其集体土地建设用地使用权。继承房屋取得的宅基地，可确定集体土地建设用地使用权"，隐含着两处或两处以上宅基地，但面积总和未超过所在区、县（市）政府规定宅基地面积标准的可以登记发证的含义。

地方在实践中也是如此进行操作的。如《杭州市人民政府办公厅关于加快推进宅基地使用权登记发证工作的通知》（杭政办函〔2009〕173号）明确规定："严格落实农村村民一户只能拥有一处宅基地的法律规定。除下列情形外，对农村村民一户申请第二宗宅基地使用权登记的不予受理：1. 因继承地上房屋，农村村民申请第二宗宅基地登记的；2. 一户村民虽有两处或两处以上宅基地，但面积总和未超过所在区、县（市）政府规定宅基地面积标准的。"

（蔡卫华）

问题 24
如何判断宅基地的取得时间[①]

【问题】

《国土资源部关于进一步加快宅基地使用权登记发证工作的通知》和《国土资源部、中央农村工作领导小组办公室、财政部、农业部关于农村集体土地确权登记发证的若干意见》针对宅基地超面积的问题，均规定了三个不同的历史阶段，即1982年《村镇建房用地管理条例》实施前、1982年《村镇建房用地管理条例》实施起至1987年《土地管理法》实施时止、1987年《土地管理法》实施后。但是实践中，许多村民占用宅基地并没有相应的手续，无法提供相应的证明材料，特别是1982年前村民占用的宅基地，村民无法证明其建房的时间，实践中如何判断建房时间是一个难题。

【解答】

对此问题，《国土资源部、中央农村工作领导小组办公室、财政部、农业部关于农村集体土地确权登记发证的若干意见》没有作出明确的规定。但《海南省国土环境资源厅关于宅基地确权登记发证工作中有关问题的指导意见（二）》（琼土环资籍字〔2010〕3号）就关于如何核定宅基地范围与使用起始时间的问题作出了规定，其中关于使用起始时间，规定"要依据各历史时期的航片、土地利用现状图等资料，对农户主张的用地时间进行核实。如果某住宅用地位置，不在1986年拍摄航片和依据该航片调绘土地利用现状图上的村庄建设范围界线之内，就不能认定该处宅基地是1982年以前才开始使用的"。

[①] 本部分内容曾发表于《土地矿产典型案例评析与法律实务操作指南》（第六辑），中国法制出版社2013年6月版，第157页。

实践中，估计很多地方没有拍摄航片，因此很难参照海南的规定加以操作。对此可以按照《国土资源部、中央农村工作领导小组办公室、财政部、农业部关于农村集体土地确权登记发证的若干意见》中"对于没有权属来源证明的宅基地，应当查明土地历史使用情况和现状，由村委会出具证明并公告30天无异议，经乡（镇）人民政府审核，报县级人民政府审定，属于合法使用的，确定宅基地使用权"的规定，充分发挥村民自治的作用，当宅基地使用权人无法证明其使用宅基地的时间时，由村委会以及两位年长的村民出具证明并公告30天无异议的，且无其他相反的证据，就可以按照宅基地使用权主张的时间确定其使用宅基地的时间。需要注意的是，上述建议只是针对历史久远的宅基地，不适用新占或者新批的宅基地。

（蔡卫华）

三、抵押权登记

问题 25
是否可以以学校教学楼为标的办理抵押登记

【问题】

某学校希望以校内某教学楼作为抵押,向银行申请贷款,筹集学校建设资金。这种情况登记机构是否可为其办理不动产抵押登记?

【解答】

该问题的核心在于是否能以学校的教学楼为标的物办理抵押登记,这就涉及可以办理抵押权登记的不动产范围问题。

对于不动产抵押登记的范围,《不动产登记暂行条例实施细则》第六十五条规定,对下列财产进行抵押的,可以申请办理不动产抵押登记:(一)建设用地使用权;(二)建筑物和其他土地附着物;(三)海域使用权;(四)以招标、拍卖、公开协商等方式取得的荒地等土地承包经营权;(五)正在建造的建筑物;(六)法律、行政法规未禁止抵押的其他不动产。据此可知,除本条列举的六项不动产之外,只要法律、行政法规没有明确禁止抵押的不动产都可以进行抵押登记。

对于禁止抵押的不动产,《担保法》第三十七条进行了明确规定,下列财产不得抵押:……(三)学校、幼儿园、医院等以公益为目的的事业单位、社会团体的教育设施、医疗卫生设施和其他社会公益设施;……《物权法》第一百八十四条也作出了类似规定,下列财产不得抵押:……(三)学校、幼儿园、医院等以公益为目的的事业单位、社会团体的教育设施、医疗卫生设施和其他社会公益设施;……如此规定的原因在于,学校、幼儿园、医院等以公益为目的的事业单位、社会团体的教育设施、医疗卫生设施和其他社会公益设施是国家基础设施，具有为社会公益服务的功能，如果允许此类设施进行抵押，很有可能出现学生失学，医疗服务不能正常提供的状况，甚至会影响国家正常功能运转和社会稳定。学校教学楼是学校开展日常教学活动的场所，是为了满足社会公众受教育的需求而建设的，具有公益性，因此国家对此类以公益为目的的社会公益设施的抵押明确作出了禁止性规定。

需要注意的是，《担保法》第三十七条和《物权法》第一百八十四条并没有区分公办学校和民办学校，这是因为无论公办学校还是民办学校，其设立目的都是服务于社会公益。《民办教育促进法》第三条也明确，民办教育事业属于公益性事业，是社会主义教育事业的组成部分。《全国人民代表大会常务委员会法制工作委员会对关于私立学校、幼儿园、医院的教育设施、医疗卫生设施能否抵押的请示的意见》（法工办发〔2009〕231号）中也同意住房和城乡建设部办公厅提出的"私立学校、幼儿园、医院和公办学校、幼儿园、医院，只是投资渠道上的不同，其公益属性是一样的。私立学校、幼儿园、医院中的教育设施、医疗卫生设施也属于社会公益设施，按照《物权法》第一百八十四条规定，不得抵押"。可见，不论是公办学校还是民办学校，其教育设施都不得抵押，登记机构不应当为该学校办理抵押登记。

（张颖）

问题 26
宅基地上房屋抵债能否办理变更登记[①]

【问题】

A村甲欠B村乙人民币5万元，甲无力偿还，当时也未提供担保。乙向人民法院提起诉讼，人民法院对甲的房屋以底价5万元对外进行拍卖。但因甲建的房屋在农村，位置偏僻，没人愿意购买，法院就将房屋判决给乙用作抵偿欠款。乙持民事判决书到国土部门办理土地转移登记手续，请问国土部门能否为其办理？

【解答】

本案涉及行政权与司法权冲突时的法律适用问题。

首先，关于法院生效判决的执行力问题。《最高人民法院、国土资源部、建设部关于依法规范人民法院执行和国土资源房地产管理部门协助执行若干问题的通知》（法发〔2004〕5号）规定，人民法院办理案件时，需要国土资源、房地产管理部门协助执行的，国土资源、房地产管理部门应当按照人民法院的生效法律文书和协助执行通知书办理协助执行事项，不对生效法律文书和协助执行通知书进行实体审查。也就是说，国土资源管理部门对人民法院的生效法律文书是必须执行的。但是，也有除外条款，即"对处理农村房屋涉及集体土地的，人民法院应当与国土资源管理部门协商一致后再行处理"。因此，本案中，该法院未与当地国土资源管理部门协商达成一致意见，就做出民事判决，对房屋进行抵债处理的做法，明显不妥。

其次，关于宅基地的法律问题。宅基地使用权是农村村民基于其农村集体经济组织成员的身份而享有的一种专属权利，现行法律对宅基地的使用、转让等做出了严格的限制性规定。《土地管理法》第六十二条规定："农村村民出卖、出租住房

[①] 本部分内容曾发表于《土地矿产典型案例评析与法律实务操作指南》（第七辑），中国法制出版社2015年4月版，第98页。

后，再申请宅基地的，不予批准。"《国务院办公厅关于严格执行有关农村集体建设用地法律和政策的通知》（国办发〔2007〕71号）明确规定："农村住宅用地只能分配给本村村民，城镇居民不得到农村购买宅基地、农民住宅或'小产权房'。"可见，无论是城镇居民还是外村村民，都无权取得本村宅基地的使用权。

第三，关于宅基地上房屋的归属问题。宅基地的所有权是属于集体经济组织的，集体经济组织成员仅享有宅基地的使用权。但是，对于宅基地上建造的房屋，其所有权是属于村民的。因此，虽然宅基地不能分配给城镇居民或者外村村民，但是对于建造于其上的房屋，则经常由于继承、赠与等原因转入城镇居民或者外村村民的手中，为此，国土资源管理部门只能通过一种特殊的管理来对待这部分宅基地，即，合法取得宅基地上房屋的同时取得了宅基地的使用权，但这种权利是受限的，仅在房屋不改建不扩建不翻建保持原状时拥有，一旦房屋改扩建或翻建，则当地国土资源管理部门应当收回该宅基地。

综上，本案中乙的债权是合法有效受到法律保护的，为保护乙的合法权益，同时维护国土资源管理法律法规的权威，对本案中的宅基地不宜办理转移登记手续，但在房屋不改建不扩建不翻建保持原状时，乙拥有宅基地上房屋所有权的同时拥有该宅基地的使用权；如果为明确权利关系一定要办理转移登记，也应当在登记簿上加备注，注明这种宅基地使用权是受限的。

（尚晓萍）

问题 27
宅基地能否抵押[①]

【问题】

2013年11月12日，中国共产党第十八届中央委员会第三次全体会议通过的

[①] 本部分内容曾发表于《中国土地》，2014年10月刊，第59页。

《中共中央关于全面深化改革若干重大问题的决定》要求："保障农户宅基地用益物权，改革完善农村宅基地制度，选择若干试点，慎重稳妥推进农民住房财产权抵押、担保、转让，探索农民增加财产性收入渠道。"现在农民扩大再生产融资很难，主要原因是没有抵押物，银行不放贷。请问，中央的文件出台之后是否意味着农民可以拿自己的宅基地抵押融资？

【解答】

目前一系列的中央文件都规定可以农民住房财产权抵押搞试点，如十八届三中全会决定规定要"选择若干试点，慎重稳妥推进农民住房财产权抵押、担保、转让"，2014年中央的1号文件《关于全面深化农村改革加快推进农业现代化的若干意见》也明确要求"改革农村宅基地制度，完善农村宅基地分配政策，在保障农户宅基地用益物权前提下，选择若干试点，慎重稳妥推进农民住房财产权抵押、担保、转让"等，但是，笔者认为，目前中央文件允许试点的只是农民"住房"财产权的抵押，而不是"住宅"财产权的抵押。农民"住房"财产权不应包括宅基地，住房可以抵押并不意味着宅基地可以抵押。

一、我国法律目前明确禁止宅基地抵押

虽然房屋所有权和宅基地使用权都是农民的财产权，农民对房屋享有所有权，享有占有、使用、收益、处分的权利，但是按照《物权法》第一百五十二条的规定"宅基地使用权人依法对集体所有的土地享有占有和使用的权利，有权依法利用该土地建造住宅及其附属设施"，农民对宅基地没有收益和处分的权利。而且我国法律明确禁止宅基地的抵押，如《物权法》第一百八十四条明确规定"下列财产不得抵押：（一）土地所有权；（二）耕地、宅基地、自留地、自留山等集体所有的土地使用权，但法律规定可以抵押的除外……"，《担保法》第三十七条规定"下列财产不得抵押：（一）土地所有权；（二）耕地、宅基地、自留地、自留山等集体所有的土地使用权……"另外，我国出台的其他相关法律、法规、规章以及规范性文件也从来没有允许宅基地可以抵押。

二、住房可以抵押并不意味着宅基地可以抵押

有观点认为房地一体，不可分割，认为"房随地走"或者"地随房走"，因此房屋所有权抵押的，土地权利应当一并抵押，或者说土地权利抵押的，房屋所有权应当一并抵押。这种观点从法理上是正确的，但是不符合我国目前房地分离管理的体制，不适用于宅基地。相关法律对房、地一并抵押的规定并不包括宅基地。如

《担保法》第三十六条规定"以依法取得的国有土地上的房屋抵押的,该房屋占用范围内的国有土地使用权同时抵押。以出让方式取得的国有土地使用权抵押的,应当将抵押时该国有土地上的房屋同时抵押。乡(镇)、村企业的土地使用权不得单独抵押。以乡(镇)、村企业的厂房等建筑物抵押的,其占用范围内的土地使用权同时抵押",可以看出该条规定的只是针对国有土地使用权及经营性的集体建设用地使用权,不包括宅基地使用权。再如《物权法》第一百八十二条规定"以建筑物抵押的,该建筑物占用范围内的建设用地使用权一并抵押。以建设用地使用权抵押的,该土地上的建筑物一并抵押。抵押人未依照前款规定一并抵押的,未抵押的财产视为一并抵押"。该条也只是规定了建设用地使用权及其上的建筑物一并抵押,并不包括宅基地使用权。①

(蔡卫华)

---

① 2015年8月10日,《国务院关于开展农村承包土地的经营权和农民住房财产权抵押贷款试点的指导意见》(国发〔2015〕45号)明确规定:"农民住房财产权设立抵押的,需将宅基地使用权与住房所有权一并抵押。"2016年3月15日,中国人民银行中国银行业监督管理委员会中国保险监督管理委员会财政部国土资源部住房和城乡建设部关于印发《农民住房财产权抵押贷款试点暂行办法》的通知第二条规定:"本办法所称农民住房财产权抵押贷款,是指在不改变宅基地所有权性质的前提下,以农民住房所有权及所占宅基地使用权作为抵押、由银行业金融机构(以下称贷款人)向符合条件的农民住房所有人(以下称借款人)发放的、在约定期限内还本付息的贷款。"因此,农民住房财产权抵押,包括宅基地使用权的抵押。但是需要注意的是,在实现抵押权时,国务院的上述文件明确规定"对农民住房财产权抵押贷款的抵押物处置,受让人原则上应限制在相关法律法规和国务院规定的范围内",七个部门的文件也明确规定,"变卖或拍卖抵押的农民住房,受让人范围原则上应限制在相关法律法规和国务院规定的范围内"。可见,实现抵押权时,农民住房所有权和宅基地使用权的受让人范围受到严格限制,严格来说,也就是本集体内符合宅基地申请条件的人才能受让,这是跟我们宅基地的严格管理政策是保持一致的。

问题 28
土地抵押登记是否应审查抵押金额[①]

【问题】

《物权法》第十三条第一项明确规定不动产登记机构不得要求对不动产进行评估，但是《担保法》第三十五条规定"抵押人所担保的债权不得超出其抵押物的价值。财产抵押后，该财产的价值大于所担保债权的余额部分，可以再次抵押，但不得超出其余额部分"，因此，在实践中，土地登记机构在办理土地抵押登记时，对是否审查抵押金额和是否审查抵押物的价值等，存在疑惑。

【解答】

根据《物权法》、《担保法》和其他相关规定以及担保物权的有关理论，土地登记机构不应当审查抵押物的价值及抵押金额。理由如下：

一是《物权法》没有要求登记机构审查抵押金额。首先，虽然《担保法》第三十五条要求抵押人所担保的债权不得超出其抵押物的价值，但是《物权法》没有对此作出规定；其次，《物权法》第十三条第一项明确规定登记机构不得要求对不动产进行评估，其中隐藏着登记机关不得干预抵押物价值及抵押金额之含义；最后，《物权法》第一百七十八条明确规定，在《担保法》与《物权法》的规定不一致时，要适用《物权法》。

二是抵押物的价值由抵押双方当事人确定，只需要当事人认可即可，不需要登记机构审查。根据建设部、中国人民银行、中国银行业监督管理委员会《关于规

[①] 本部分内容曾发表于《土地矿产典型案例评析与法律实务操作指南》，中国法制出版社 2012 年 1 月版，第 148 页。

范与银行信贷业务相关的房地产抵押估价管理有关问题的通知》（建住房〔2006〕8号），"商业银行在发放房地产抵押贷款前，应当确定房地产抵押价值。房地产抵押价值由抵押当事人协商议定，或者由房地产估价机构进行评估。房地产抵押价值由抵押当事人协商议定的，应当向房地产管理部门提供确定房地产抵押价值的书面协议；由房地产估价机构评估的，应当向房地产管理部门提供房地产抵押估价报告。房地产管理部门不得要求抵押当事人委托评估房地产抵押价值，不得指定房地产估价机构评估房地产抵押价值"。

三是《担保法》第三十五条要求抵押人所担保的债权不得超出其抵押物的价值的规定不合理。抵押的土地价值受房地产市场的影响较大，会出现较大的波动。土地在设定抵押时和实现抵押时的价值很难完全一致。实践中，很有可能出现这样的情形：在设定抵押时，抵押人所担保的债权超出其抵押物的价值，但是实现抵押时，却因为土地价格的上涨而低于其抵押物的价值，从而使抵押权人的债权都能得到优先受偿。实践中也有可能出现这样的情形：在设定抵押时，抵押人所担保的债权没有超出其抵押物的价值，但是实现抵押时，却因为土地价格的下跌而使其抵押物的价值低于其所担保的债权，使抵押权人的债权无法完全得到清偿。比如说，甲向银行贷款150万元，以其评估价值为100万元的土地使用权作为抵押，按照《担保法》的规定，办理抵押登记时，抵押金额只能登记为100万元，但如果抵押期满，甲的土地升值为200万元，那么银行也仅能以100万优先受偿，其余部分银行则无法享有优先受偿权，只能与其他债权人一起按照比例受偿，抵押权人的权益就无法得到充分有效的保护。

四是《担保法》第三十五条"财产抵押后，该财产的价值大于所担保债权的余额部分，可以再次抵押，但不得超出其余额部分"的规定也不合理。对于后一债权人来说，有抵押总比没有抵押好。因为办理抵押登记后，一是抵押物有可能增值，从而使后一债权人的债权得到优先受偿。还是以前述的案例为例，甲将其土地使用权抵押给银行后，向乙购买200万元的货物，但只能支付100万元，乙为了担保货款能够实现，要求甲以土地使用权作担保，并申请将乙登记成为第二顺位的抵押权人，当抵押权实现时，土地升值为200万元，银行的150万元贷款只能有100万元优先受偿，剩下的100万元则应当由乙优先受偿；二是前一抵押顺位的抵押权人可能放弃抵押权，或因其债权得到履行而使后一顺位的抵押权人变为前一顺位的抵押权人，从而使后一顺位的抵押权人的债权能够优先受偿。因为根据《物权法》第一百九十四条的规定，抵押权人可以放弃抵押权或者抵押权的顺位。抵押权人与抵押人可以协议变更抵押权顺位以及被担保的债权数额等内容。在前述案例中，即使土地的价值没有上涨，但是如果甲偿还了银行的贷款，则乙就变成了第一顺位的抵押权人，从而使其债权全部得到优先受偿。

（李志华　蔡卫华）

问题 29
能否办理土地的分割抵押登记[1]

【问题】

实践中，不少地方出现了所谓的"土地的分割抵押"，即只抵押一宗地的一部分面积。具体做法如企业将其土地的一部分抵押给一家银行，将其中的另外一部分抵押给另外一家银行。有的地方土地登记机构按照抵押的面积为当事人办理了土地抵押登记。土地登记机构究竟能否办理"土地的分割抵押"登记？

【解答】

根据《物权法》和《土地登记办法》的相关规定，登记机构不能办理"土地的分割抵押登记"，理由如下：

一是"土地的分割抵押"与相关法律的立法宗旨不符。根据《物权法》第一百八十二条"以建筑物抵押的，该建筑物占用范围内的建设用地使用权一并抵押。以建设用地使用权抵押的，该土地上的建筑物一并抵押。抵押人未依照前款规定一并抵押的，未抵押的财产视为一并抵押"的规定，《物权法》所倡导的是抵押物的整体抵押。目前由于行政管理体制等原因，房屋和土地的分别抵押登记已经造成许

---

[1] 本部分内容曾发表于《土地矿产典型案例评析与法律实务操作指南》，中国法制出版社 2012 年 1 月版，第 150 页。

多纠纷,产生了很多弊端,严重影响了交易安全。人为地将土地按面积分割抵押,只会造成更多的纠纷。

二是"土地的分割抵押"与相关法律的规定不符。根据《担保法》第三十五条规定"抵押人所担保的债权不得超出其抵押物的价值。财产抵押后,该财产的价值大于所担保债权的余额部分,可以再次抵押,但不得超出其余额部分",抵押物可以再次抵押的部分是其价值大于所担保债权的余额,指的是抵押物的价值,而不是抵押物的面积。

三是"土地的分割抵押登记"违反了土地以宗地为单位进行登记的原则。土地抵押登记也应当以宗地为单位进行,土地抵押登记的效力及于整宗土地。同一宗地多次抵押的,应当按照《土地登记办法》第三十六条第二款的规定,以抵押登记申请先后为序办理抵押登记。

四是"土地的分割抵押"影响当事人的利益。人为地分割土地抵押,不仅会影响抵押土地的变现能力和造成抵押土地价值的降低,更重要的是将影响后一抵押权人的利益。因为《物权法》第一百九十九条的规定,同一财产向两个以上债权人抵押的,抵押权实现时,拍卖、变卖抵押财产所得的价款并非按照分割的面积各自进行清偿,而是按照登记的先后顺序清偿。抵押登记办理在先的抵押权人完全可以要求以整宗土地的价值优先受偿,抵押登记在后的抵押权人只能就抵押登记办理在先的抵押权人受偿完毕后的土地价值余额部分进行优先受偿,而不能就其所抵押的那一部分土地面积进行优先受偿。如果因土地价格的波动导致土地的价值减少,后一抵押权人的债权就存在无法完全受偿的风险。

实践中,对同一宗土地抵押给两个以上债权人的,土地登记机构必须按照《土地登记办法》第三十六条的规定,以抵押登记申请先后为序办理抵押登记,不得办理所谓的"土地的分割抵押登记"。如果抵押宗地的面积确实较大,宗地内的地块之间界限清晰且当事人有分别抵押意愿的,土地登记机构应当先办理土地的分宗登记,分别发放土地证书之后再分别办理土地的抵押登记。[1]

(蔡卫华)

---

[1] 《国土资源部关于规范土地登记的意见》(国土资发〔2012〕134号)"五、规范土地抵押登记"中明确规定:"以部分宗地申请土地使用权抵押登记的,不予受理。"

问题 30
抵押期限变更或者届满的土地登记机构如何处理[①]

【问题】

办理抵押登记时,关于抵押期限应当注意哪些事项?抵押期限如果发生变更或者期限届满,土地登记机构应如何处理?

【解答】

一、办理土地抵押权登记时,关于土地抵押期限应当注意的事项

在办理土地抵押登记时,土地登记申请书和土地登记审批表上有抵押期限一栏,土地他项权利证明书上有存续期限一栏需要填写。抵押期限应当如何确定?如何填写?根据《物权法》和《土地登记办法》的相关规定,关于抵押期限,应当注意以下几点:

按照《土地登记办法》第三十六条的规定,当事人申请抵押登记应当提交主债权债务合同、抵押合同。办理抵押登记时,如果当事人提交的合同对抵押期限进行了约定,则按照合同的约定期限填写。

如果当事人提交的合同对抵押期限没有进行约定,则抵押期限按照当事人约定的债权期限填写。

如果申请登记的抵押为最高额抵押,应当按照当事人所提交的最高额抵押合同记载土地所担保的最高额抵押的期间填写。由于最高额土地抵押是当事人就土地对一定期间内将要连续发生的债权所提供的担保,在办理登记时,所担保的债权有可能尚未发生,无法确定债权和抵押权的期限,因此只需要记载最高额抵押期间即

[①] 本部分内容曾发表于《土地矿产典型案例评析与法律实务操作指南》,中国法制出版社 2012 年 1 月版,第 151 页。

可，土地他项权利证明书上的"存续期限"一栏可以不填写。

一般土地抵押的期限不得超过所抵押宗地的剩余使用年限，最高额抵押的期间不得超过所抵押宗地的剩余使用年限。

二、土地抵押期限发生变更，土地登记机构办理登记的方法

实践中，经常出现土地抵押期限发生变更特别是抵押贷款延期的情形。对此如何办理登记，《土地登记办法》没有明确的规定。实践中一般有两种做法：第一种做法是要求抵押权人提供原抵押资料及终止原抵押的证明，收回原土地他项权利证明书，注销原抵押登记，然后再重新办理抵押登记，发放新的土地他项权利证明书；第二种做法是直接办理抵押期限变更登记，将土地他项权利证明书"存续期限"一栏加盖变更印章后予以变更或者在记事栏予以注明，同时在土地登记簿上予以记载。

银行等抵押权人不认同第一种做法，认为解除原抵押权后至重新办理抵押权登记期间，银行的权利处于真空状态，没有任何保障，存在较大的法律风险，因此主张应当直接办理期限的变更登记。而地方土地登记机构大多则认为没有期限变更登记这样一种登记类型，不能直接办理。

笔者认为如果因主债权延期导致土地抵押期限延期，被抵押的宗地上只有一个抵押权或者有多个抵押权而需要延期的抵押权期限变更之后不影响其他抵押权的顺位，建议登记机构按照第二种做法直接办理抵押期限的变更登记。理由如下：一是虽然《土地登记办法》没有明确规定，但抵押期限变更也应当属于变更登记的内容；二是不仅为当事人提供了便利，而且提高了登记的效率；三是可以避免给银行带来不必要的法律风险。

但如果因主债权延期导致土地抵押期限延期，宗地上有多个抵押权且需要延期的抵押权的期限变更之后影响其他抵押权的顺位，建议土地登记机构一般采取第一种做法，即注销原抵押权之后，再登记为后一顺位的抵押权。或者采取第二种做法直接办理抵押期限变更登记，同时办理抵押权顺位的变更登记。

三、土地抵押期限届满，土地登记机构不能主动注销抵押登记

一是土地登记应当遵循依申请登记的原则。注销土地抵押登记不仅需要当事人申请，而且需要抵押人、抵押权人双方共同申请。如果基于特殊原因仅有抵押人一方申请，则抵押人应当提供有关证明材料，如已还款的证明、法院的裁决等证明债权已经实现或消灭或者抵押权人同意解除的证明等。在仅有抵押人一方申请时，为防止出现伪造材料等虚假行为，登记机关应当审慎审查，必须查证属实后才能进行

注销登记。因此土地抵押期限届满，土地登记机构不仅不能主动注销抵押登记，而且在仅有一方申请的情形下也不得擅自办理。

二是土地抵押期限届满并不能表明债权和抵押权消灭。抵押权与其担保的债权同时存在。根据《物权法》第一百七十七条"有下列情形之一的，担保物权消灭：（一）主债权消灭；（二）担保物权实现；（三）债权人放弃担保物权；（四）法律规定担保物权消灭的其他情形"的规定，土地抵押权一般因主债权消灭、抵押权实现、债权人放弃等情形而消灭。土地他项权利证明书上记载的抵押期限一般是根据抵押合同约定的债权期限记载，债权期限或抵押合同约定的抵押期限届满，不表明债权消灭，也不表明抵押权的消灭。

三是根据《最高人民法院关于适用〈中华人民共和国担保法〉若干问题的解释》第十二条的规定，"当事人约定的或者登记部门要求登记的担保期间，对担保物权的存续不具有法律约束力。担保物权所担保的债权的诉讼时效结束后，担保权人在诉讼时效结束后的二年内行使担保物权的，人民法院应当予以支持"，表明司法实践也不认可登记的抵押期间届满抵押权就失去效力的观点。

四是国土资源部办公厅对贵州省国土资源厅《关于注销土地他项权利登记有关问题的复函》（国土资厅函〔2007〕162号）以及《土地登记办法》第五十五条都明确规定，土地抵押期限届满，当事人未申请土地使用权抵押注销登记的，除设定抵押权的土地使用权期限届满外，国土资源行政主管部门不得直接注销土地使用权抵押登记。

四、土地所担保的债权的诉讼时效已过，土地登记机构不宜主动注销抵押登记

既然土地抵押期限届满，土地登记机构不能主动注销抵押登记。那么如果土地所担保的债权的诉讼时效已过，土地登记机构能否主动注销抵押登记呢？

实践中，有的同志认为，如果土地所担保的债权的诉讼时效已过，土地所担保的债权以及抵押权不再受保护，因为《物权法》第二百零二条明确规定"抵押权人应当在主债权诉讼时效期间行使抵押权；未行使的，人民法院不予保护"。土地登记机构便可以主动注销抵押登记；也有的同志认为在诉讼时效结束后的二年之后，土地登记机构才可以主动注销，因为《最高人民法院关于适用〈中华人民共和国担保法〉若干问题的解释》第十二条第二款的规定："担保物权所担保的债权的诉讼时效结束后，担保权人在诉讼时效结束后的二年内行使担保物权的，人民法院应当予以支持。"根据《民法通则》和最高法院的相关解释，土地登记机构不宜以土地抵押所担保的债权的诉讼时效已过为由，主动注销土地抵押登记。

理由如下：

一是诉讼时效制度比较复杂。不同类型的案件诉讼时效期间不同，有的为1年，有的为2年，最长的为20年。根据《民法通则》第一百三十五条的规定，向人民法院请求保护民事权利的诉讼时效期间一般为2年。而根据第一百三十六条的规定，因身体受到伤害要求赔偿的、出售质量不合格的商品未声明的、延付或者拒付租金的、寄存财物被丢失或者损毁的诉讼时效期间为1年。并且《民法通则》第一百三十七条明确规定"诉讼时效期间从知道或者应当知道权利被侵害时起计算。但是，从权利被侵害之日起超过二十年的，人民法院不予保护。有特殊情况的，人民法院可以延长诉讼时效期间"，实践中很难判断"知道或者应当知道权利被侵害"的时间，再加上第一百三十八条规定"超过诉讼时效期间，当事人自愿履行的，不受诉讼时效限制"，地方从事登记工作的同志很难判断诉讼时效是否失效。

二是土地登记机构不宜主动援用诉讼时效制度。《最高人民法院关于审理民事案件适用诉讼时效制度若干问题的规定》（法释〔2008〕11号）第三条"当事人未提出诉讼时效抗辩，人民法院不应对诉讼时效问题进行释明及主动适用诉讼时效的规定进行裁判"的规定，人民法院不得对诉讼时效问题进行释明及主动适用诉讼时效的规定进行裁判。因为诉讼时效制度虽具有督促权利人行使权利的立法目的，但其实质并非否定权利的合法存在和行使，而是禁止权利的滥用，以维护社会交易秩序的稳定，进而保护社会公共利益。因此，在实际工作中，土地登记机构也不得主动援用诉讼时效制度注销抵押登记。

（蔡卫华）

问题 31
授权经营国有土地使用权发生转让或者抵押的如何办理登记[①]

【问题】

授权经营的土地使用权到底是一种什么权利？实践中，如果其发生转让或者抵押，土地登记机构应当如何办理？

【解答】

授权经营国有土地使用权转让或者抵押，可以参照划拨国有建设用地使用权办理登记。

授权经营国有土地使用权是国有企业改革过程中出现的一种特殊的土地权利。根据《国有企业改革中划拨土地使用权管理暂行规定》（原国家土地管理局令第8号）、《国土资源部关于加强土地资产管理促进国有企业改革和发展的若干意见》等相关规定，授权经营国有土地使用权具有以下特点：

一是权利主体具有特殊性。取得授权经营国有土地使用权的主体为经国务院批准设立的国家控股公司、作为国家授权投资机构的国有独资公司和集团公司。这些公司一般都是特大型的国有企业。中小国有企业、外资企业、民营企业等都不可能成为授权经营国有土地使用权的权利主体。

二是被授权经营的企业在其企业集团内部代表国家经营管理土地。被授权经营的企业对土地的权利主要表现为可以将土地租赁给其直属企业、控股企业、参股企业使用或以作价出资（入股）等方式配置土地；经被授权经营的企业同意，被授权经营的土地可以在其直属企业、控股企业、参股企业之间进行转让等。被授权经

---

① 本部分内容曾发表于《土地矿产典型案例评析与法律实务操作指南》，中国法制出版社2012年1月版，第146页。

营企业的义务主要表现为必须接受授权部门的监督管理，须对土地资产保值、增值情况提供年度报告，对企业土地股权的年度变化情况以及对土地资产处置的文件及时报授权部门备案等。

三是权利客体一般为国有建设用地。

四是权利性质类似划拨土地使用权。主要表现为被授权经营的土地向集团公司以外的单位或个人转让时，应报经土地行政主管部门批准，并补缴土地出让金。

《土地登记办法》只是对授权经营土地使用权的初始登记，进行了规定，但对其转让或者抵押如何登记没有进行规定。授权经营土地使用权是国有企业改革过程中出现的一种极为特殊的土地权利类型，其权利内涵以及所具有的权能等内容都缺乏明确的规定。笔者建议土地登记机构在实践中办理授权经营土地使用权转让或者抵押的登记时，参照划拨国有建设用地使用权办理，并关注以下问题：

一是被授权经营的企业将土地租赁给其直属企业、控股企业、参股企业使用时，后者取得的土地权利类型应当如何登记？是仍然登记为授权经营还是登记为国有土地使用权租赁？笔者认为应当登记为国有土地使用权租赁。因为被授权的企业其实是在代表国家将土地使用权租赁给其直属企业或控股企业、参股企业使用，收取相应的租金。

二是被授权经营的企业将土地以作价出资（入股）方式进行配置时，被入股的企业获得的土地权利类型应当如何登记？实践中，有的地方仍然登记为授权经营，有的地方登记为作价出资（入股）。笔者认为应当登记为作价出资（入股），因为土地已经转化为国家股股权由被授权经营的企业持有。

三是根据《国土资源部关于加强土地资产管理促进国有企业改革和发展的若干意见》规定，授权经营国有土地使用权"向集团公司以外的单位或个人转让时，应报经土地行政主管部门批准，并补缴土地出让金"。如果被授权经营的企业已经将土地通过作价出资（入股）投入其直属企业或控股企业、参股企业的，其直属企业或控股企业、参股企业转让土地，是否适用该规定？是否还应当缴纳土地使用权出让金？笔者认为如果直属企业或控股企业、参股企业取得的土地使用权登记的权利类型为作价出资（入股），则不适用这一规定，不须再缴纳土地使用权出让金，因为土地使用权出让金已经转化为股权为被授权经营的企业所持有。

四是由于目前没有文件对授权经营土地使用权抵押做出规定，因此对其能否进行抵押存在争议。由于授权经营的土地使用权经土地行政主管部门批准并补缴土地使用权出让金之后可以向集团公司以外的单位或个人转让，因此笔者认为授权经营土地使用权也可以进行抵押，但前提是要经过经土地行政主管部门批准，并在抵押权实现时要将土地拍卖所得价款先用于补缴土地出让金，剩余部分抵押权人才能优先受偿。

（李志华　蔡卫华）

问题 32
如何办理划拨国有建设用地使用权的抵押登记[①]

【问题】

随着经济社会的发展，土地价值的显现，市场机制对土地资源配置基础性作用的逐步加强，对于划拨国有建设用地使用权，由于其特殊性，实践中在办理初始登记和抵押登记时存在许多疑义。办理划拨国有建设用地使用权登记及抵押登记应当注意什么问题？

【解答】

划拨国有建设用地使用权是指土地使用者通过各种方式依法无偿取得的国有建设用地使用权，除依法缴纳税费等费用外，划拨国有建设用地使用权由土地使用者无偿取得，具有无使用期限、流转受限制等特点。划拨是国家凭借行政权力进行土地资源配置、依法设立国有建设用地使用权的重要方式之一。办理划拨国有建设用地使用权登记及抵押登记应当从以下几个方面把握：

一、准确把握划拨国有建设用地使用权的特性

一是从划拨国有建设用地使用权性质看，具有以下特点。第一，无偿性。《城

[①] 本部分内容曾发表于《土地矿产典型案例评析与法律实务操作指南》，中国法制出版社2012年1月版，第159页。

镇国有土地使用权出让和转让暂行条例》（国务院第 55 号令）规定，划拨土地使用权是指除依法缴纳税费等费用外，土地使用者通过各种方式依法无偿取得的土地使用权。第二，无使用期限性。除法律、行政法规另有规定外，划拨国有建设用地使用权一般没有使用期限限制。第三，无流转性。正因为划拨国有建设用地使用权由土地使用者无偿取得、无使用限期限制，因此对其处分法律有严格限定，管理十分严格。《城镇国有土地使用权出让和转让暂行条例》（国务院第 55 号令）第四十四条规定："划拨土地使用权，除本条例第四十五条规定的情况外，不得转让、出租、抵押"，第四十七条规定："无偿取得划拨土地使用权的土地使用者，因迁移、解散、撤销、破产或者其他原因而停止使用土地的，市、县人民政府应当无偿收回其划拨土地使用权，并可依照本条例的规定予以出让。"

二是从设立方式看，划拨区别于批准拨用。划拨是国家凭借行政权力进行土地资源配置的方式，划拨的客体只能是国有土地。实践中还有一个与划拨国有建设用地使用权容易混淆的概念——批准拨用宅基地使用权，尽管宅基地使用权与划拨国有建设用地使用权都具有需要经过审核批准、无偿取得使用、没有使用期限和流转受到限制等特点，但是两者存在巨大差异：第一，两者的权利客体不同。批准拨用宅基地使用权是在集体土地上设立的，而划拨国有建设用地使用权只有在国有土地上才可以设立。对此《划拨土地使用权管理暂行办法》（国家土地管理局〔1992〕第 1 号令）对划拨土地使用权作了明确的限定："划拨土地使用权，是指土地使用者通过除出让土地使用权以外的其他各种方式依法取得的国有土地使用权"，也就是说在集体土地上不存在划拨建设用地使用权。第二，两者的权利主体也不同。宅基地使用权的主体一般是农民集体经济组织的成员，一般是个人；而划拨国有建设用地使用权的权利主体一般是符合划拨条件的国家机关、企事业单位等，一般是单位，而不是个人；个人只有在购买保障性住房等特殊情况下才能取得划拨国有建设用地使用权。

三是划拨国有建设用地使用权须依法经县级以上人民政府批准，有严格适用范围。首先《物权法》第一百三十七条第三款做了原则性的规定："严格限制以划拨方式设立建设用地使用权。采取划拨方式的，应当遵守法律、行政法规关于土地用途的规定"；其次《土地管理法》第五十四条详细规定："建设单位使用国有土地，应当以出让等有偿使用方式取得；但是，下列建设用地，经县级以上人民政府依法批准，可以以划拨方式取得：（一）国家机关用地和军事用地；（二）城市基础设施用地和公益事业用地；（三）国家重点扶持的能源、交通、水利等基础设施用地；(四)法律、行政法规规定的其他用地。"按照以上规定，以划拨方式取得的建设用地使用权必须是以上四种类型。

另外，2001年国土资源部根据《土地管理法》和《土地管理法实施条例》的规定专门制定了《划拨用地目录》，以严格规范限制划拨国有建设用地使用权的适用范围；并且《划拨用地目录》随着经济社会的发展不断地调整完善，目前《划拨用地目录》正在修订中。2008年国务院下发了《国务院关于促进节约集约用地的通知》(国发〔2008〕3号)，该文件明确要求：深入推进土地有偿使用制度改革。国土资源部要严格限定划拨用地范围，及时调整划拨用地目录。今后除军事、社会保障性住房和特殊用地等可以继续以划拨方式取得土地外，对国家机关办公和交通、能源、水利等基础设施(产业)、城市基础设施以及各类社会事业用地要积极探索实行有偿使用，对其中的经营性用地先行实行有偿使用。其他建设用地应严格实行市场配置，有偿使用。国土资源部《关于贯彻落实〈国务院关于促进节约集约用地的通知〉的通知》(国土资发〔2008〕16号)要求，进一步加强划拨土地供应管理，建立健全划拨用地公示制度。2008年《国务院办公厅转发发展改革委关于2008年深化经济体制改革工作意见的通知》(国办发〔2008〕103号)进一步明确要求，国土资源部牵头健全土地划拨制度，积极探索实行国家机关办公用地、基础设施及各类社会事业用地有偿使用制度。显然，随着经济社会发展，国家机关办公用地、基础设施及各类社会事业用地有偿使用将是推进和规范土地要素市场建设发展的必然方向。

四是《国有建设用地划拨决定书》是办理划拨国有建设用地使用权初始登记的主要权属来源证明材料。《国有建设用地划拨决定书》是依法以划拨方式设立国有建设用地使用权、使用国有建设用地和申请土地登记的凭证，经省、自治区、直辖市国土资源行政主管部门统一编号，由市、县人民政府国土资源行政主管部门按宗地向土地使用者核发。2008年4月3日国土资源部印发了新版的国有建设用地划拨决定书，新版的国有建设用地划拨决定书进一步规范了划拨国有建设用地使用权管理，已于2008年7月1日起开始执行。

二、划拨国有建设用地使用权依法转为出让的，应当申请国有建设用地使用权初始登记，而不是变更登记

划拨国有建设用地使用权依法转为出让的，应当申请国有建设用地使用权初始登记，而不是变更登记。在《土地登记办法》实施前，根据《土地登记规则》第三十四条规定："划拨土地使用权依法办理土地使用权出让手续的，土地使用者应当在缴纳土地使用权出让金后三十日内，持土地使用权出让合同、出让金缴纳凭证及原《国有土地使用证》申请变更登记"，按此规定过去是将划拨转出让归类为变更登记。从实际情况来看，划拨国有建设用地使用权依法转为出让国有建设用地使用权可能会出现两种情形：

第一种情形，按照《招标拍卖挂牌出让国有建设用地使用权规定》（国土资源部第39号令）等有关法规文件的规定，划拨转出让由政府依法将对应土地收回后重新招拍挂，此时应当先办理划拨国有建设用地使用权注销登记后，再根据土地招拍挂的情况办理出让国有建设用地使用权初始登记，土地使用者并不一定是原当事人。

第二种情形，经政府依法批准后，由原使用者与国土资源行政主管部门签订《国有建设用地使用权出让合同》、缴清土地价款后获得出让国有建设用地使用权，此时土地使用者仍为原当事人，应当由当事人持原土地使用证、出让合同及土地出让价款缴纳凭证申请出让国有建设用地使用权初始登记，国土资源行政主管部门在办理出让国有建设用地使用权初始登记的同时应当办理划拨国有建设用地使用权注销登记，注销原土地使用证。

尽管划拨依法转出让形式上是使用权类型的变化，但上述划拨转出让的两种情形，无论哪种都需要当事人与国土资源行政主管部门签订《国有建设用地使用权出让合同》并缴纳土地出让价款，其实质就是国有建设用地使用权设立的过程，符合出让国有建设用地使用权初始登记的内涵，应属于初始登记。因此《土地登记办法》第二十八条规定，划拨国有建设用地使用权已依法转为出让国有建设用地使用权的，当事人应当持原国有土地使用证、出让合同及土地出让价款缴纳凭证等相关证明材料，申请出让国有建设用地使用权初始登记。

三、划拨国有建设用地使用权办理抵押登记无需审批

划拨国有建设用地使用权办理抵押登记经历了依法需要审批，以依法登记视同审批，到目前无需审批的过程。

第一，划拨国有建设用地使用权的抵押必须依法批准的过程。根据《划拨土地使用权管理暂行办法》及《城镇国有土地使用权出让和转让暂行条例》的有关规定，划拨土地使用权设立抵押的必须依法批准。2003年4月15日最高人民法院颁布了法释〔2003〕6号文——《最高人民法院关于破产企业国有划拨土地使用权应否列入破产财产等问题的批复》。该批复主要规范了破产企业国有划拨土地应否列入破产财产的问题，但同时该批复第二条对国有划拨土地的抵押程序及抵押效力问题作了规范，规定："企业对其以划拨方式取得的国有土地使用权无处分权，以该土地使用权为标的物设定抵押，除依法办理抵押登记手续外，还应经具有审批权限的人民政府或土地行政管理部门批准；否则，应认定抵押无效。如果企业对以划拨方式取得的国有土地使用权设定抵押时，履行了法定的审批手续，并依法办理了抵押登记，应认定抵押有效。"

第二，办理了划拨国有建设用地使用权抵押登记的视同依法通过审批的过程。2004年国土资源部以《关于国有划拨土地使用权抵押登记有关问题的通知》（国土资发〔2004〕9号）文件规定："以国有划拨土地使用权为标的物设定抵押，土地行政管理部门依法办理抵押登记手续，即视同经具有审批权限的土地行政管理部门批准，不必再另行办理土地使用权抵押的审批手续。"该《通知》下发后，最高人民法院于2004年4月对国土资源部的通知进行了转发。同时规定："从该《通知》发布之日起；人民法院尚未审结的涉及国有划拨土地使用权抵押经过有审批权限的土地行政管理部门依法办理抵押登记手续的，不以国有划拨土地使用权抵押未经批准而认定无效。已经审结的案件不应依据该《通知》提起再审。"

2010年7月4日《国务院关于第五批取消和下放管理层级行政审批项目的决定》（国发〔2010〕21号）明确规定取消了划拨国有建设用地使用权抵押的行政审批项目，划拨国有建设用地使用权办理抵押登记的无需审批。

四、划拨国有建设用地使用权办理抵押登记无需先行补交土地出让金

根据《城镇国有土地使用权出让和转让暂行条例》第四十五条第一款的规定，划拨国有建设用地使用权和地上建筑物办理抵押应当符合以下条件：一是土地使用者为公司、企业、其他经济组织和个人；二是领有国有土地使用证；三是具有地上建筑物、其他附着物合法的产权证明；四是依法签订土地使用权出让合同，向当地市、县人民政府补交土地使用权出让金或者以转让、出租、抵押所获效益抵交土地使用权出让金。按照上述规定，划拨国有建设用地使用权和地上建筑物抵押时，应先补交土地使用权出让金。但同时，《城市房地产管理法》第五十一条明确规定，设定房地产抵押权的土地使用权是以划拨方式取得的，依法拍卖该房地产后，应当从拍卖所得的价款中缴纳相当于应缴纳的土地使用权出让金的款额后，抵押权人方可优先受偿。划拨国有建设用地使用权抵押的，无需先行补交土地出让金，而是在抵押权实现时先行扣除。划拨国有建设用地使用权抵押时究竟适用哪个法律规定？划拨国有建设用地所有权抵押，应当适用《城市房地产管理法》的规定，无需先行补交出让金，理由如下：

一是从法律层级来说，《城市房地产管理法》是法律，而《城镇国有土地使用权出让和转让暂行条例》是行政法规，前者法律层级更高，效力更高。

二是从法律颁布的时间看，《城市房地产管理法》1994 年 7 月 5 日第八届全国人民代表大会常务委员会第八次会议通过，而《城镇国有土地使用权出让和转让暂行条例》1990 年 5 月 19 日国务院令 55 号实施，前者晚于后者，对于同一事项的规定应当适用最新的法律。

三是从立法本意来看，《城镇国有土地使用权出让和转让暂行条例》的有关规定也是为了避免国有土地资产流失，这一点与《城市房地产管理法》一致，在划拨国有建设用地使用权抵押实现时先行扣除土地出让金也能够有效保证国有资产不流失，而且实践中也是如此办理的。

因此，划拨国有建设用地使用权进行抵押时，不需要先缴纳土地出让金。但需要注意的是在评估或核定该房地产（抵押物）的价值时，应将相当于应缴纳的土地使用权出让金的数额剔除，抵押权实现时先行扣除土地出让金。

(姜武汉)

问题 33
房屋和土地分别抵押，效力如何[①]

【问题】

开发商甲公司在某城区拥有一块土地，为进行房地产开发，公司将其抵押给 A 银行，并办理了土地抵押权登记。随后，房屋顺利完工，甲公司又以该楼房为担保物，向 B 银行贷款，并办理房屋抵押登记手续，但是并未在土地管理部门办理土地抵押登记。后来，甲公司无力偿还 A 银行和 B 银行的债务，同时被两家银行要求实现抵押权。两家银行应当如何受偿？

---

① 本部分内容曾发表于《中国土地》，2014 年 4 月刊，第 57 页。

【解答】

我国立法坚持"房地一致原则",即建筑物的所有权人与建筑物所占用土地的使用权人保持一致。《物权法》第一百八十条列举的可抵押的财产中,建筑物和其他土地附着物、建设用地使用权均可成为抵押权的标的。由于一直以来我国不动产统一登记制度尚未完全建立,实践中往往出现土地和房屋分别抵押的现象。对于此类现象应当根据《物权法》的有关规定,对抵押权人的利益做出合理安排。

一、单独抵押土地使用权的,抵押效力不及于地上新建的建筑物

《物权法》第二百条规定:"建设用地使用权抵押后,该土地上新增的建筑物不属于抵押财产。该建设用地使用权实现抵押权时,应当将该土地上新增的建筑物与建设用地使用权一并处分,但新增建筑物所得的价款,抵押权人无权优先受偿。"因此,对于地上没有建筑物的土地使用权,法律允许土地使用权单独进行抵押,并且地上新建的建筑物不属于抵押财产的范围,但是抵押权实现时,为了保障"房地一致",应当对房地一并处分,来实现土地使用权和房屋所有权的使用价值和交换价值。

二、单独抵押房屋的,所在土地的建设用地使用权一并抵押

《物权法》第一百八十二条规定:"以建筑物抵押的,该建筑物占用范围内的建设用地使用权一并抵押。以建设用地使用权抵押的,该土地上的建筑物一并抵押。抵押人未依照前款规定一并抵押的,未抵押的财产视为一并抵押。"根据该条规定,地上建筑物抵押的,建设用地使用权也应当一并办理抵押手续。即使抵押权人只办理了房屋抵押登记,没有办理建设用地使用权抵押登记的,建设用地也应作为抵押财产进行处置。

三、抵押权实现的顺位上,办理了抵押登记的抵押权优先

在已经对土地进行抵押的情况下,再对地上建筑物进行抵押,会构成对土地使用权的重复抵押,即债务人以同一抵押物分别向数个债权人进行抵押的行为。《物权法》第一百九十九条规定:"同一财产向两个以上债权人抵押的,拍卖、变卖抵押财产所得的价款依照下列规定清偿:(一)抵押权已登记的,按照登记的先后顺序清偿;顺序相同的,按照债权比例清偿;(二)抵押权已登记的先于未登记的受偿;(三)抵押权未登记的,按照债权比例清偿。"虽然法律规定抵押地上房屋的,建设用地使用权视为一并抵押,但是此时土地上设立的抵押权属于未登记的抵押权,缺乏公示效果。为了保护交易安全,特别是第三人的利益,在受偿顺序上未登记的抵押权要劣后于已经登记的抵押权。

本案中，A 银行对登记了的土地享有抵押权，但对地上建筑物不享有抵押权；B 银行同时对土地和地上建筑物享有抵押权，但是由于土地的抵押权并未办理登记，因此在实现顺序上劣后于已经登记的抵押权。因此，在两家银行实现抵押权时，应当对土地和房屋一并进行处置，但是土地的价值和房屋的价值应当分别进行评估和划分。在土地价款上，A 银行优先于 B 银行受偿；在房屋价值上，B 银行独自受偿。

（刘志强）

问题 34
国有农场的农用地能否抵押[①]

【问题】

十八届三中全会通过的《中共中央关于全面深化改革若干重大问题的决定》明确规定，"赋予农民对承包地占有、使用、收益、流转及承包经营权抵押、担保权能"。2014 年中央的 1 号文件《关于全面深化农村改革加快推进农业现代化的若干意见》也明确提出"在落实农村土地集体所有权的基础上，稳定农户承包权、放活土地经营权，允许承包土地的经营权向金融机构抵押融资"。可见，农村土地承包经营权或者承包地的经营权是可以抵押的。国有农场能否利用其拥有的农用地进行抵押融资呢？登记机关能否办理相应的抵押登记呢？

【解答】

我国的国有农场拥有大量的农用地，根据有关统计，目前我国国有农场拥有土地面积 3515 万公顷，其中耕地 480 万公顷，土地总量相当于一个中等省。有些国

[①] 本部分内容曾发表于《中国土地》，2014 年 9 月刊，第 59 页。

有农场拟利用这些地进行抵押融资，但这些地能否抵押融资，目前没有明确的规定，登记机关应当慎重办理国有农场土地的抵押登记。

一、登记机构可以将国有农场对其农用地的权利登记为农用地使用权

2008 年 2 月 1 日实施的《土地登记办法》第二条将国有农用地使用权和集体农用地使用权都规定为国有土地使用权，可以进行土地登记发证。《国土资源部关于贯彻实施〈土地登记办法〉进一步加强土地登记工作的通知》（国土资发〔2008〕70 号）也再次要求"加强国有农场土地确权登记工作"。但是，将国有农场对其拥有的农用地享有的权利归为农用地使用权存在争议，主要是因为目前法律中没有明确地出现"农用地使用权"这样一个名词，因此有人指出《土地登记办法》"自行创设了农用地使用权，违反了物权法定原则"。实践中，也有当事人反映，有的地方甚至以农用地使用权不是法定物权为由，不受理国有农场关于国有农用地使用权的登记申请。但是，按照《土地管理法》第九条的规定，确定给单位和个人使用权的不仅仅只是建设用地使用权，而且还应当包括农用地使用权。因此，笔者认为可以将国有农场的土地权利以及农民对自留地、自留山的权利等都归为农用地使用权进行登记发证。①

二、登记机构应当慎重办理或者不予办理国有农场土地的抵押登记，理由有以下两点：

一是我国的法律目前明确禁止集体所有的耕地抵押。如《物权法》第一百八十四条明确规定："下列财产不得抵押：（一）土地所有权；（二）耕地、宅基地、自留地、自留山等集体所有的土地使用权，但法律规定可以抵押的除外……"《担保法》第三十七条规定"下列财产不得抵押：（一）土地所有权；（二）耕地、宅基地、自留地、自留山等集体所有的土地使用权……"虽然我国国有农场的农用地不属于集体所有的耕地，而是国家所有的耕地，但笔者也认为不能抵押。

二是国有农场对其拥有的农用地享有的权利不属于土地承包经营权。《物权法》第一百三十四条明确规定："国家所有的农用地实行承包经营的，参照本法的有关规定。"但很多国有农场并没有实行承包经营，国有农场与农场职工之间是劳

---

① 2016 年 1 月 1 日，姜大明部长签发的《不动产登记暂行条例实施细则》第五十二条规定："以承包经营以外的合法方式使用国有农用地的国有农场、林场、草场，以及使用国家所有的水域、滩涂等农用地进行农业生产，申请国有农用地的使用权登记的，参照本实施细则有关规定办理。国有农场、林场、草场申请国有未利用地登记的，依照前款规定办理。"因此，国有农场对其农用地的权利可以登记为国有农用地的使用权。

动关系，不是承包关系，国有农场对其使用的农用地享有的权利不属于土地承包经营权，因此不能按照中央的文件规定进行抵押融资。[1]

（蔡卫华）

问题 35
保险公司的资金投资抵押合同能否予以登记[2]

【问题】

A 公司为一家保险公司，计划以一笔保险资金投资 B 企业并收取固定投资收益。经协商，B 企业欲以其一宗土地为抵押获取这笔投资资金。双方拟定资金投资合同和抵押合同后，到当地国土资源管理部门申请土地抵押登记，但国土部门以保险公司不是经中国银行监督管理委员会批准取得《金融许可证》的金融机构为由不予登记。A 公司则认为其有合法的保险经营许可证以及正式的投资和抵押合同，并且业务模式与银行贷款模式相似，国土资源管理部门应该给予登记，并欲与 B 企业一起向法院提起行政诉讼。

【解答】

本案主要涉及土地抵押登记申请主体资格的问题。

关于土地抵押登记申请主体资格的问题，是土地登记实践中操作比较复杂的问题。根据《贷款通则》第六十一条的规定，各级行政部门和企事业单位、供销合作社等合作经济组织、农村合作基金会和其他基金会，不得经营存贷款等金融业务。企业之间不得违反国家规定办理借贷或者变相借贷融资业务。这就明确禁止了企业之间

---

[1] 2015 年 11 月 27 日，《中共中央国务院关于进一步推进农垦改革发展的意见》规定"有序开展农垦国有农用地使用权抵押、担保试点"。因此，试点地区可以办理国有农场土地的抵押登记。

[2] 本部分内容曾发表于《土地矿产典型案例评析与法律实务操作指南》（第七辑），中国法制出版社 2015 年 4 月版，第 81 页。

的资金拆借行为，企业之间的资金借贷合同因为其内容违法而无效。主债权债务合同无效，作为其从合同的抵押合同自然也无效，国土资源管理部门应该不予登记。一般情况下，直接涉及资金主合同的土地抵押，除银行等金融机构与土地使用权人之间的抵押合同可以登记外，地方国土资源管理部门对其他申请主体一般不予登记。

2012年，国土资源部下发《关于规范土地登记的意见》（国土资发〔2012〕134号，以下简称《意见》），意见系统提出了加强土地登记规范化建设的要求，其中"五、规范土地抵押登记"部分规定"依据相关法律、法规规定，经中国银行业监督管理委员会批准取得《金融许可证》的金融机构、经省级人民政府主管部门批准设立的小额贷款公司等可以作为放贷人申请土地抵押登记"。这条规定的出台背景与金融领域的改革和发展息息相关，随着金融创新的发展，金融领域出现了取得《金融许可证》的非银行类金融机构以及经批准设立的小额贷款公司，这类公司或机构经批准可以经营人民币贷款业务，而这类公司或机构在贷款时一般均会选择土地、房屋等价值稳定的不动产作为抵押物，由于这类人民币贷款业务已经获得法律认可，主合同合法，那么对这类抵押贷款的抵押合同自然也应该给予登记。《意见》中的规定，突破了此前仅为银行为债权人的抵押办理登记的局限，将抵押登记的申请人资格放宽到了取得《金融许可证》的金融机构以及经批准的小额贷款公司。

本案中A公司作为保险公司，明显不是《意见》中所提到的取得《金融许可证》的金融机构或者小额贷款公司，现阶段，其所经营的资金投资并收取固定收益的业务虽然已经获得法律认可，但不属于《意见》所放宽的可以办理土地抵押登记的范畴，国土资源管理部门不予登记是符合国土资源管理相关规定的。但实践中，我们也了解到有的城市对于这种保险资金投资并用不动产尤其是储备土地做抵押的情况再经过严格审查并符合相关抵押登记要求后给予了登记，而法院人员也认为法院认定合同无效应该以法律、行政法规效力性强制性规定为前提，《贷款通则》仅属于人民银行的部门规章，其有关规定不能构成合同无效的理由，也就是本案所提到的保险资金投资主合同是否有效的条件。如果主合同有效，登记机关很难对主合同有效的抵押合同不登记给予充分的理由。

可以说，无论是法院等司法部门，还是国土部门，均对这一问题有不同看法和要求。可以确定的是，下一步，随着金融创新发展以及人民币存贷款业务的逐步放开，抵押登记申请主体也会获得进一步放宽。

（胡卉明）

问题 36
典当土地能否办理抵押登记[①]

【问题】

陈某有房屋一套，后因母亲生病急需用钱，将房屋和土地使用权典当以获得医疗费用。后母亲痊愈，但因费用巨大，一直未能偿还。后来弟弟结婚，弟弟提出将哥哥的房屋及土地使用权抵押帮助其买房付首付，但陈某不知自己典当土地能否办理抵押登记？

【解答】

根据2005年商务部、公安部颁布的《典当管理办法》第三条的规定，典当是指当户将其动产、财产权利作为当物质押或者将其房地产作为当物抵押给典当行，交付一定比例费用，取得当金，并在约定期限内支付当金利息、偿还当金、赎回当物的行为。与一般典当相比，土地典当有其独有的特点。一般来说，严格意义上的典当，其方式是质押贷款，而土地典当的方式属于抵押贷款的范畴。传统典当最核心的标志是典当标的的占有权转移，而土地典当并不转移典当标的的占有权，即出典人对作为债权担保的土地仍占有、使用和收益，只是在处分权上受到限制。

典当行业是我国特许经营的行业之一。作为非金融机构的典当行可以依法从事融资业务，其典当业务的法律性质几乎等同于商业银行的短期抵押贷款业务，而且与银行贷款相比，典当具有当物多样化、手续便捷、当金使用不受限制等优势，能够为中小企业和个人提供个性化、便捷的融资服务。典当对于完善和丰富我国金融制度具有重要意义，是我国金融体系的一种重要形式。

[①] 本部分内容曾发表于《土地矿产典型案例评析与法律实务操作指南》（第七辑），中国法制出版社2015年4月版，第86页。

尽管土地典当与抵押有许多相似之处，但他们在经营主体、业务操作上存在差异，主要表现为：

两者的经营主体不同。《典当管理办法》第五条规定："其他任何经营性组织和机构的名称不得含有'典当'字样，不得经营或者变相经营典当业务。"可见土地典当的经营主体只能是典当行，而土地抵押的经营主体是各类银行。

土地典当中的出典人只能是借款人本人，借款人以外的第三人不能替借款人担保而成为出典人，而土地抵押的抵押人既可以是债务人本人，也可以是债务人以外的第三人。

土地典当不仅受土地本身价值影响，而且受典当行退出登录资金限制，而土地抵押主要受土地价值和银行风险控制影响。《典当管理办法》第四十四条第一款第五项规定，房地产抵押典当余额不得超过典当行的退出登录资本。退出登录资本不足 1000 万元的，房地产抵押典当单笔当金数额不得超过 100 万元。退出登录资本在 1000 万元以上的，房地产抵押典当单笔当金数额不得超过退出登录资本的 10%。因此，通过土地典当不可能获取大额度信贷资金。

典当土地可以依法办理土地抵押登记。而且，办理土地抵押登记是办理土地典当业务的前提条件。

《典当管理办法》第四十二条明确规定："典当行经营房地产抵押典当业务，应当和当户依法到有关部门先行办理抵押登记，再办理抵押典当手续。"

根据《典当管理办法》的有关规定，土地登记机构在办理因典当行为产生的土地抵押登记时，需要从五个方面引起注意：一是双方共同申请。申请人为典当行和当户。二是申请抵押登记的土地已经办理了土地使用权登记，取得土地使用权证书。三是对典当行主体资格审查。除一般法人主体资格审查外，必须严格审查是否取得商务部门颁发的《典当经营许可证》和公安部门颁发的《特种行业许可证》。四是抵押期限。抵押期限应当与典当期限保持一致，典当期限由双方约定，最长不得超过 6 个月。五是典当金额要符合《典当管理办法》的规定。

（姜武汉）

问题 37
委托贷款能否办理不动产抵押登记[①]

【问题】

实践中,企业间因融资的需要,经常会委托银行办理委托贷款。为了减少风险,委托人(资金融出企业)要求借款企业(资金融入企业)以其依法取得的出让国有土地使用权不动产作为担保并申请办理抵押登记。土地登记机关能否办理?如何办理登记?

【解答】

一、不动产登记机关应当办理抵押登记

《国土资源部关于企业间土地使用权抵押有关问题的复函》(国土资函〔2000〕582号)曾明确规定,"企业间以土地使用权进行抵押担保的前提是企业之间订立的债权债务主合同必须符合有关法律、法规的规定",委托贷款业务不同于企业之间的直接借贷,符合国家的法律政策,符合经济社会发展的需要。因此,当借款企业为保证债权得以实现,将依法取得的国有土地使用权或依法取得的房屋所有权连同该房屋占用范围内的国有土地使用权抵押并申请办理抵押登记的,登记机关应当办理。具体的理由如下:

一是委托贷款业务是金融监管机构允许开展的合法业务。委托贷款是一种合法有效的借贷形式,有明确的法律依据。根据《贷款通则》(中国人民银行1996年6月28日颁布)第七条的规定,经营贷款业务的金融机构的贷款分为自营贷款、委托贷款和特定贷款。其中委托贷款,系指"由政府部门、企事业单位及个人等委

---

① 本部分内容曾发表于《土地矿产法律实务操作指南》(第八辑),中国法制出版社2016年6月版,第22页。

托人提供资金，由贷款人（即受托人）根据委托人确定的贷款对象、用途、金额期限、利率等代为发放、监督使用并协助收回的贷款"。贷款人（受托人）只收取手续费，不承担贷款风险。

二是委托贷款不同于企业之间的直接借贷。后者是国家法律政策所明确禁止的。如《贷款通则》第六十一条明确规定："各级行政部门和企事业单位、供销合作社等合作经济组织、农村合作基金会和其他基金会，不得经营存贷款等金融业务。企业之间不得违反国家规定办理借贷或者变相借贷融资业务。"

三是开展委托贷款业务有利于经济社会的发展。企业将其富余的自有资金通过金融机构借给需要资金的各类中小规模的企业，既把企业间借贷资金纳入了银行信贷体系，便于国家计量和监督，利于国家金融宏观调控，避免企业之间因非法拆借而扰乱金融秩序，又使得委托人的资产得以升值，同时也解决了借款人的资金困难，金融机构因受托进行贷款管理而从中收取代理费用。委托贷款业务是一件一举多得的好事，受到普遍欢迎。目前银行不仅开展企业委托贷款业务，而且开展个人委托贷款业务。

二、办理委托贷款抵押登记业务的注意事项

委托贷款业务的流程一般是：委托人向银行提出书面委托贷款申请；银行审核后，与委托人签署委托贷款的《代理协议》；银行受理借款人贷款申请并经委托人审批后，由借款人与银行签订《委托贷款借款合同》，并根据委托人的要求协助借款人落实担保、抵押等手续；银行根据委托人通知进行贷款发放并协助委托人收回贷款本息，对违约贷款进行催收清收等。土地登记机关在办理委托贷款抵押登记业务时，不仅要了解以上流程，而且需要注意以下事项：

一是抵押权人不是银行，而是委托贷款人。在委托贷款中，同时存在名义债权人和实质债权人。名义债权人是贷款银行（受托人），实质债权人是委托人。这就出现一个问题，即在抵押登记办理过程中，谁应该是抵押权人，抵押权应当登记给谁？笔者认为，应以委托人（资金融出企业）为抵押权人。首先，在委托贷款法律关系中，委托人是承担委托贷款法律风险的主体，是实质债权人，而贷款人（受托人）只收取手续费，不承担贷款风险；其次，根据《民法通则》的有关规定，代理人在委托人的授权范围内从事民事法律行为，该代理法律行为的后果归于被代理人。贷款银行（受托人）作为名义上的债权人，其实质是代理人，委托人仅授予银行与第三人（借款企业）订立委托贷款合同。基于该代理行为产生的利益应由被代理人（委托人）享有，即委托人享有对借款企业的合法债权。借款企

业为该债权实现提供担保,则在委托人(实质债权人)与借款企业间形成债权担保法律关系,即抵押权人为委托人;再其次,实践中有多种担保方式可供选择,如抵押、质押、保证、组合担保等,土地不动产抵押只是其中的一种。具体选用何种担保方式由委托人与借款人自行商定,银行只是代为办理抵押登记等担保手续,并不是抵押当事人。

二是需要当事人提交的资料。当事人除了提供各自的身份证明材料之外,委托人应当提交其与银行签署的委托贷款的《代理协议》,借款人应当提供其与银行签订《委托贷款借款合同》等相关的材料。

三是审查需要重点注意的事项。委托人除了可以是企业之外,还可以是政府机构、事业单位,甚至是个人;审查的重点不是贷款的期限、金额,而应当是委托人、银行、借款人之间形成的委托贷款法律关系的书面文件材料。

(李志华　蔡卫华)

问题 38
因政府原因造成闲置的土地抵押的能否办理抵押登记[①]

【问题】

某开发商取得一块土地之后,由于政府原因一直闲置,没有按照出让合同约定开发建设。现在开发商拟利用该土地向银行抵押融资并向登记机关申请办理抵押登记,请问登记机关能否办理?

[①] 本部分内容曾发表于《土地矿产法律实务操作指南》(第八辑),中国法制出版社 2016 年 6 月版,第 24 页。

【解答】

按照《闲置土地处置办法》（国土资源部令第53号）的规定，闲置土地根据闲置的原因不同，被分为因国有建设用地使用权人原因造成闲置的土地和因政府原因造成闲置的土地，并规定了不同的处置方式和法律责任。因此，闲置土地抵押能否办理登记应当因闲置原因而异。

一、因国有建设用地使用权人原因造成闲置的土地抵押的不得办理抵押登记

《闲置土地处置办法》第二十四条明确规定"国有建设用地使用权人违反法律法规规定和合同约定、划拨决定书规定恶意囤地、炒地的，依照本办法规定处理完毕前，市、县国土资源主管部门不得受理该国有建设用地使用权人新的用地申请，不得办理被认定为闲置土地的转让、出租、抵押和变更登记"，因此，对于因国有建设用地使用权人原因造成闲置的土地抵押的，在依法处理之前，登记机关不能办理抵押登记。但需要注意的还有，因国有建设用地使用权人原因造成闲置的土地在依法处理之后抵押的，应当办理抵押登记。如因国有建设用地使用权人原因未动工开发满一年的，依法已经按照土地出让或者划拨价款的百分之二十缴纳土地闲置费的，应当允许抵押并办理抵押登记。

二、因政府原因造成闲置的土地抵押的一般可以办理抵押登记

按照《闲置土地处置办法》第八条的规定，因政府原因造成土地的情形主要有：政府未按照国有建设用地使用权有偿使用合同或者划拨决定书约定、规定的期限、条件交付土地；土地利用总体规划、城乡规划依法修改；因国家出台相关政策，需要对约定、规定的规划和建设条件进行修改；因处置土地上相关群众信访事项等无法动工开发；因军事管制、文物保护等无法动工开发的以及政府、政府有关部门的其他行为。因自然灾害等不可抗力导致土地闲置的，也依照因政府原因办理。

由于按照政府原因造成土地闲置的，过错不在于国有建设用地使用权人，其土地权利应当依法受到保护，因此《闲置土地处置办法》第十二条的规定，因政府原因造成土地闲置的，市、县国土资源主管部门应当与国有建设用地使用权人协商，选择下列六种方式进行处置：延长动工开发期限，调整土地用途、规划条件，由政府安排临时使用，协议有偿收回国有建设用地使用权，置换土地以及根据实际情况规定其他处置方式。对于采取协议有偿收回国有建设用地使用权和置换土地方式进行处置的，原国有建设用地使用权人不再享有原土地使用权，也不可能用原地进行抵押融资。对于采取延长动工开发期限，调整土地用途、规划条件，由政府安

排临时使用这三种方式土地进行处置的,原国有建设用地使用权人继续享有土地使用权,有权利用该土地进行抵押融资,登记机关也应当办理相应的抵押登记。

(蔡卫华)

问题 39
已办理抵押登记的土地,还能否办理用途变更[①]

【问题】

甲公司通过拍卖取得一宗国有出让建设用地使用权,出让的用途为住宅。随后,甲公司将该宗土地抵押给银行,并在登记机关办理了抵押登记。现在甲公司请求将该宗土地的用途转变为商住。对此,登记机构能否为其办理土地用途变更手续?

【解答】

对于已办理抵押登记的土地,能否办理用途变更,可从以下三方面来判定:

一、法律并未禁止抵押土地办理土地用途变更

《土地管理法》第五十六条规定:"建设单位使用国有土地的,应当按照土地使用权出让等有偿使用合同的约定或者土地使用权划拨批准文件的规定使用土地;确需改变该幅土地建设用途的,应当经有关人民政府土地行政主管部门同意,报原批准用地的人民政府批准。其中,在城市规划区内改变土地用途的,在报批前,应当先经有关城市规划行政主管部门同意。"可见,对于土地用途的变更,法律只是要求依法办理相关批准手续,并没有明确禁止抵押状态下的土地办理用途变更。

---

① 本部分内容曾发表于《土地矿产法律实务操作指南》(第八辑),中国法制出版社 2016 年 6 月版,第 26 页。

二、先行解押，再办理用途变更对抵押权人不利，操作性不强

虽然先行办理土地的解押，再办理土地用途变更手续可以最大限度地减少管理部门的风险，但是一旦土地解除抵押，在办理土地用途变更手续，以及再次办理抵押登记之前的这段时间内，债权人的利益难以得到保障。一方面，土地处于没有抵押的状态，权利人可以随时处分土地；另一方面，由于土地权利抵押需要当事人共同申请，重新提供主债权债务合同、抵押合同等要件，这都需要双方共同配合完成，具有诸多不确定因素。因此，先行解押的方式，对于债权人来说风险较大，一般难以接受。这就可能导致用途变更无法办理，影响了土地资源的有效利用。

三、在办理抵押土地用途变更时，应当充分保护抵押权人的利益

《物权法》第一百九十三条规定："抵押人的行为足以使抵押财产价值减少的，抵押权人有权要求抵押人停止其行为。抵押财产价值减少的，抵押权人有权要求恢复抵押财产的价值，或者提供与减少的价值相应的担保。抵押人不恢复抵押财产的价值也不提供担保的，抵押权人有权要求债务人提前清偿债务。"土地用途的变更是影响土地价值的重要因素，因此对于抵押权人来说非常重要。对于抵押这种市场行为而言，国土资源管理部门对抵押财产的价值无法衡量和判断，因此应当由土地抵押的当事人协商解决。根据《物权法》的规定，应当交由抵押人与抵押权人协商解决，抵押人可以向抵押权人证明抵押财产价值没有减损，或者通过提供其他相应价值的担保或者清偿部分债务等方式，取得抵押权人的同意。土地权利人申请用途变更时，应当一并提交抵押权人同意变更的意见。土地权利人补缴土地出让金，办理相关土地用途变更手续后，可以申请办理土地的用途变更登记，然后再向抵押权人更换相应的权利证书。

本案中，甲公司申请办理土地变更登记的，国土资源管理部门应当及时通知抵押权人，由银行和甲公司进行协商，由银行出具同意用途变更的证明，然后再办理用途变更登记手续，最后由甲公司申请办理土地权利变更登记，并向银行更换相应的权利证书。这样既满足了土地权利人用途变更的需求，同时也更好地维护了抵押权人的合法权益。

(刘志强)

问题 40
矿业权抵押未经管理部门备案，是否受法律保护[①]

【问题】

张某向王某借款 5000 万元，并以甲公司持有的采矿权进行抵押，约定若借款人张某不能按时归还借款本息，贷款人王某有权直接处置采矿许可证涉及的资源、土地使用权、地上建筑物附着物等所有权益，但双方并未向国土资源管理部门办理抵押备案手续。后来，由于合同到期后张某无力偿还欠款，王某诉至法院，要求判令行使矿业权抵押权，将甲公司的采矿权作价偿还债务。本案中，未经备案的矿业权抵押权能否受到法律保护？

【解答】

一、矿业权抵押应当到发证机关办理抵押备案

目前，《物权法》《担保法》《矿产资源法》等法律，以及《探矿权采矿权转让管理办法》等行政法规中都还没有矿业权抵押的系统规定，关于矿业权抵押的相关内容，目前散见于国土资源部印发的规范性文件和地方的出台的规范性文件之中。

2000 年国土资源颁布的《矿业权出让转让管理暂行规定》（国土资发〔2000〕309 号）首次对矿业权抵押进行了规定，其第五十七条规定："矿业权设定抵押时，矿业权人应持抵押合同和矿业权许可证到原发证机关办理备案手续。矿业权抵押解除后 20 日内，矿业权人应书面告知原发证机关。" 2011 年《国土资源部关于进一步完善采矿权登记管理有关问题的通知》进一步对采矿权抵押的条件和所要提交

---

① 本部分内容曾发表于《土地矿产法律实务操作指南》（第八辑），中国法制出版社 2016 年 6 月版，第 79 页。

的材料等内容进行了进一步细化。据此,当事人以采矿权进行抵押的,应当持抵押备案申请书、抵押合同、贷款合同、采矿权有偿取得(处置)凭证、采矿许可证(复印件)等相关要件,到原登记管理机关办理备案手续,符合规定的,登记管理机关向抵押双方出具备案证明。一些地方也还出台了专门的规范性文件对矿业权抵押备案制度作出了规定,例如《陕西省采矿权抵押备案管理办法》《甘肃省国土资源厅矿业权抵押备案管理暂行办法》对矿业权抵押备案的客体、条件、程序等作出了更为详细、系统的规定。

二、矿业权抵押未经备案会面临法律风险

《矿业权出让转让管理暂行规定》第三条规定"探矿权、采矿权为财产权,统称为矿业权,适用于不动产法律法规的调整原则。"《物权法》第九条第一款规定:"不动产物权的设立、变更、转让和消灭,经依法登记,发生效力;未经登记,不发生效力,但法律另有规定的除外。"但是,目前与《物权法》规定相配套的矿业权抵押登记尚未建立,未经备案的矿业权抵押权是否成立在法律上也没有明确规定。这就导致实践中司法部门往往将矿业权抵押备案的功能等同于矿业权抵押登记的法律地位,认定未经登记的矿业权抵押权不成立,从而给债权人造成经济损失。

三、本案的处理结果及启示

本案中,一审法院审理认为,法律虽未禁止将采矿权进行抵押,但采矿权作为不动产物权,其抵押应根据不动产的规定在相关部门办理备案登记。王某与张某签订的《借款合同》中的抵押担保条款虽成立,抵押合同生效,但该抵押权并未有效设立,不产生法律效力。二审法院也认为,该抵押因没有在相关部门办理备案登记,而未成立生效,维持了一审判决。据此,为了避免出现矿业权抵押权无法实现的法律风险,当事人在办理矿业权抵押融资时,应当及时向矿业权原登记机关办理抵押备案,同时还可以在抵押合同中约定相应的违约责任条款,通过违约责任的追究保障机制,督促对方及时配合办理备案手续,确保矿业权抵押能够合法有效设立。

(刘志强)

问题41
矿业权抵押与建设用地使用权抵押有哪些不同[①]

【问题】

近些年来,随着矿产品市场和矿业权市场的日益活跃,矿业权抵押融资现象也日渐增多,那么矿业权抵押应当到什么部门办理?与土地使用权的抵押相比,矿业权抵押有哪些不同的要求?

【解答】

目前,在《矿产资源法》、《矿产资源勘查区块登记管理办法》、《矿产资源开采登记管理办法》等法律和行政法规中还没有对矿业权抵押作出相应规定,规范矿业权抵押的规定主要是《矿业权出让转让管理暂行规定》(国土资发〔2000〕309号)、《国土资源部关于进一步完善采矿权登记管理有关问题的通知》(国土资发〔2011〕14号)等国土资源部出台的规范性文件。同时,个别地方也出台了专门的规定,例如,甘肃省国土资源厅出台了《矿业权抵押备案管理暂行办法》等。根据上述文件,矿业权抵押与土地使用权抵押相比,主要存在以下不同:

一是矿业权的抵押需向矿业权的发证机关办理备案。《矿业权出让转让管理暂行规定》第五十七条规定:"矿业权设定抵押时,矿业权人应持抵押合同和矿业权许可证到原发证机关办理备案手续。矿业权抵押解除后20日内,矿业权人应书面告知原发证机关。"可见,矿业权抵押办理的是备案,建设用地使用权抵押则是办理抵押登记;而且矿业权发证机关包含部、省、市、县四级,土地使用权的登记机关一般为县级国土资源管理部门。建设用地使用权抵押登记是抵押权设立的生效要件,而矿业

[①] 本部分内容曾发表于《土地矿产典型案例评析与法律实务操作指南》(第七辑),中国法制出版社2015年4月版,第81页。

权抵押备案是抵押的生效要件，还是仅仅是一种事后的告知，目前法律规定尚不明确。

二是矿业权抵押需要经过原发证机关的审批。《矿业权出让转让管理暂行规定》第三十六条规定："矿业权转让是指矿业权人将矿业权转移的行为，包括出售、作价出资、合作、重组改制等。矿业权的出租、抵押，按照矿业权转让的条件和程序进行管理，由原发证机关审查批准。"可见，这点与一般的建设用地使用权的抵押不同，土地使用权抵押一般不需要经过审批。

三是采矿权原则上不能重复抵押。《国土资源部关于进一步完善采矿权登记管理有关问题的通知》第二十九条规定了采矿权办理抵押备案的要求，其中第五项明确规定："采矿权未处于抵押备案状态或债权人间就受偿关系达成协议。"建设用地使用权抵押则不受标的物是否已经设定抵押的限制，可以多次抵押，按照《物权法》的规定，受偿时以抵押登记的顺序进行优先受偿。

四是矿业权抵押权实现时受让人有资质要求。《矿业权出让转让管理暂行规定》第五十八条第一款规定："债务人不履行债务时，债权人有权申请实现抵押权，并从处置的矿业权所得中依法受偿。新的矿业权申请人应符合国家规定的资质条件，当事人应依法办理矿业权转让、变更登记手续。"由于我国对矿业权人有主体资质要求，因此，矿业权转让或拍卖时，受让人必须符合矿业权申请人的资质要求。而建设用地使用权的主体相对要求较为宽松，如无特殊要求，即使自然人也可以成为使用权的主体，因此抵押权更加容易得到实现。

五是两者抵押后，对权利之上附属房屋等设施是否同时抵押的规定不同。对于矿业权抵押是否到时附属设施同时抵押，法律行政法规及国土资源部均没有具体规定，在地方性法规中，对此作出了规定，但是也不统一。例如《河南省实施〈矿产资源法〉办法》第三十九条规定："采矿权抵押时，其矿区范围内的采矿设施应当随之抵押。"根据《物权法》第一百八十二条的规定，我国实行房地一体抵押的原则，即：以建筑物抵押的，该建筑物占用范围内的建设用地使用权一并抵押。以建设用地使用权抵押的，该土地上的建筑物一并抵押。抵押人未依照前述规定一并抵押的，未抵押的财产视为一并抵押。

六是两者的抵押权人范围不同。根据《国土资源部关于进一步完善采矿权登记管理有关问题的通知》第二十八条的规定，采矿权人申请抵押采矿权的，应当提交"贷款合同"，因此，实践操作中采矿权抵押的抵押权人一般为银行和金融机构。而建设用地使用权的抵押权人则不限于此。

需要注意的是根据2014年新的规定矿业权人已经可以为自己和他人的债务提

供抵押。《矿业权出让转让管理暂行规定》第五十五条规定："矿业权抵押是指矿业权人依照有关法律作为债务人以其拥有的矿业权在不转移占有的前提下，向债权人提供担保的行为。以矿业权作抵押的债务人为抵押人，债权人为抵押权人，提供担保的矿业权为抵押物。"可见，根据该规定，矿业权抵押关系中，矿业权人是债务人，而矿业权人不能为第三人提供抵押担保。2014年，国土资源部关于停止执行《关于印发〈矿业权出让转让管理暂行规定〉的通知》第五十五条规定的通知（国土资发〔2014〕89号），停止了该条的适用。因此，矿业权的财产权利的性质更加突出，抵押的范围也不再受限。根据《物权法》的规定，土地使用权则不仅可以为权利人的债务抵押，还可以为第三人的债务抵押，担保范围更为广泛。

关于如何具体办理采矿权抵押备案，《国土资源部关于进一步完善采矿权登记管理有关问题的通知》中已经作出了较为详细的规定，采矿权人应持抵押备案申请书、抵押合同、贷款合同、采矿权有偿取得（处置）凭证、采矿许可证（复印件）等相关要件，向登记机关办理备案手续。符合条件的，由登记机关出具抵押备案的通知。

（刘志强）

问题 42
公司以不动产为担保办理抵押登记，需要股东会决议吗[①]

【问题】

根据《公司法》的有关规定，公司为他人提供担保的，应当由董事会或者股东会、股东问题大会决议。请问公司以不动产为他人担保申请办理抵押登记时，登记机关是否应当要求其提交董事会或者股东会、股东大会的决议？

---

① 本部分内容曾发表于《中国土地》，2016年1月刊，第57页。

【解答】

笔者认为登记机关无须审查公司董事会或者股东会、股东大会关于对外担保的决议，因此不需要当事人提供。

一、《公司法》就公司对外担保进行规定是为了防止公司滥用权力侵犯股东权益

《公司法》就公司对外担保进行了明确规定，其中第十六条进行了一般性规定："公司向其他企业投资或者为他人提供担保，依照公司章程的规定，由董事会或者股东会、股东大会决议；公司章程对投资或者担保的总额及单项投资或者担保的数额有限额规定的，不得超过规定的限额。公司为公司股东或者实际控制人提供担保的，必须经股东会或者股东大会决议。前款规定的股东或者受前款规定的实际控制人支配的股东，不得参加前款规定事项的表决。该项表决由出席会议的其他股东所持表决权的过半数通过。"

此外，《公司法》第一百二十一条对上市公司还进行了特别规定，要求"上市公司在一年内购买、出售重大资产或者担保金额超过公司资产总额30%的，应当由股东大会做出决议，并经出席会议的股东所持表决权的2/3以上通过"。

《公司法》的上述规定，意在对公司权力进行限制，从而更好保护股东的利益。

二、公司对外担保的行为属于公司内部行为

按照《公司法》的规定，公司对外担保应当履行符合以下规定：一是依照公司章程的规定召开董事会或者股东会、股东大会；公司为公司股东或者实际控制人提供担保的，必须召开股东会或者股东大会；上市公司在一年内购买、出售重大资产或者担保金额超过公司资产总额30%的，必须召开股东大会；二是对于担保的数额，公司章程对担保的总额及担保的数额有限额规定的，不得超过规定的限额；三是对于表决的要求。公司为公司股东或者实际控制人提供担保的，被担保的股东或者受实际控制人支配的股东，不得参加表决。该项表决由出席会议的其他股东所持表决权的过半数通过。上市公司在一年内担保金额超过公司资产总额30%的，应当由经出席股东大会的股东所持表决权的2/3以上通过。

但上述行为属于公司的内部行为，登记机关不应当予以审查。同时，由于上述规定程序复杂，涉及的材料繁多，登记机关也没有能力进行相应的审查。

三、公司对外担保不需提供董事会或者股东会、股东大会决议

只有履行《公司法》所规定的程序，符合《公司法》所规定的要求，公司才能对外担保，并签订担保合同。登记机关受理审查公司对外担保登记时，只须审查其提供身份证明材料以及主债权债务合同、抵押合同等权属证明材料即可，无须审查董事会或者股东会、股东大会决议。只要公司在抵押合同上签了章，就可视为公司履行了相应的程序，同意对外担保，符合了《公司法》相关的规定。如果公司担保行为因没有履行相应程序、不符合相关规定而出现问题，应由公司按照《公司法》第一百四十八条和第一百四十九条规定承担相应的责任，登记机关不承担任何责任。

（蔡卫华）

问题43
民间借贷申请办理不动产抵押登记的，登记机构应否受理[①]

【问题】

2015年8月6日公布的《最高人民法院关于审理民间借贷案件适用法律若干问题的规定》（法释〔2015〕18号，以下简称《规定》），再次对符合规定的民间借贷合同效力予以了支持。不少自然人、法人、其他组织之间及其相互之间进行借贷以不动产作为担保，申请办理抵押登记。请问登记机构能否受理？

【解答】

按照《规定》第一条的规定，民间借贷是指自然人、法人、其他组织之间及其相互之间进行资金融通的行为。经金融监管部门批准设立的从事贷款业务的金融机构及其分支机构发放的贷款，不属于民间借贷。

笔者认为，民间借贷以不动产作担保的，在国家没有出台明确规定之前，不动

---

① 本部分内容曾发表于《中国土地》，2016年1月刊，第58页。

产登记机构应当谨慎办理抵押登记。理由如下：

一是合法的担保才能办理抵押登记。《国土资源部关于企业间土地使用权抵押有关问题的复函》明确规定："企业间以土地使用权进行抵押担保的前提是企业间订立的债权债务主合同必须符合有关法律、法规的规定，涉及需要金融监管部门批准的，应首先办理批准手续。"《贷款通则》也明确规定，贷款人系指"在中国境内依法设立的经营贷款业务的中资金融机构"，贷款的发放和使用应当符合国家的法律、行政法规和中国人民银行发布的部门规章。民间借贷合同不符合《贷款通则》的相关规定，严格来说是不合法的。

二是《规定》不能作为民间借贷目前可以办理抵押登记的依据。因为司法实践一直对符合规定的民间借贷予以保护，早在1991年8月13日，最高人民法院下发的《关于人民法院审理借贷案件的若干意见》（法〔民〕发〔1991〕21号）就规定："民间借贷的利率可以适当高于银行的利率，各地人民法院可根据本地区的实际情况具体掌握，但最高不得超过银行同类贷款利率的4倍（包含利率本数）。超出此限度的，超出部分的利息不予保护。"可见，最高人民法院对符合规定民间借贷的效力是早就认可的。

三是民间借贷合同是否有效，登记机构难以认定。《规定》只是对符合规定的民间借贷合同效力才予以支持，对于不符合的，《规定》第十四条明确规定："具有下列情形之一，人民法院应当认定民间借贷合同无效：（一）套取金融机构信贷资金又高利转贷给借款人，且借款人事先知道或者应当知道的；（二）以向其他企业借贷或者向本单位职工集资取得的资金又转贷给借款人牟利，且借款人事先知道或者应当知道的；（三）出借人事先知道或者应当知道借款人借款用于违法犯罪活动仍然提供借款的；（四）违背社会公序良俗的；（五）其他违反法律、行政法规效力性强制性规定的。"如果登记机构对民间借贷合同不加审查，全部予以登记，将使大量没有效力的民间借贷得以确认，将使登记机构面临巨大风险。

四是《国土资源部关于规范土地登记的意见》（国土资发〔2012〕134号）明确规定："依据相关法律、法规规定，经中国银行业监督管理委员会批准取得《金融许可证》的金融机构、经省级人民政府主管部门批准设立的小额贷款公司等可以作为放贷人申请土地抵押登记。"因此，不符合此规定的抵押登记不应办理。

（蔡卫华）

问题 44
抵押双方不同时间申请土地抵押登记,可否做顺位抵押

【问题】

某企业以其土地使用权为甲企业在银行贷款提供了抵押担保,并办理了土地抵押登记。现该企业想以同一地块的土地使用权为另一家企业在同一银行的贷款进行抵押担保,并申请办理土地抵押登记。对于同一抵押人、抵押物和抵押权人,仅借款人不同,抵押双方在不同的时间申请土地抵押登记的情形可否做顺位抵押?

【解答】

对于同一抵押人、抵押物和抵押权人,仅借款人不同,抵押双方在不同的时间申请土地抵押登记应当做顺位抵押,下文将从"抵押权顺位的法律意义"、"不进行顺位登记的后果"、"放弃顺位利益的方式"三方面说明原因。

一、抵押权顺位的法律意义

抵押权顺位的含义是当同一标的物上设定有多重抵押时,各个抵押权人行使权利,存在着先后顺序之分,顺序在先的抵押权人具有优于顺序在后的抵押权人受偿的权利,此种权利也被称作"次序权",是抵押权对世性质的体现。抵押权具有债权从属性,抵押权以主债权债务的存在或将来存在为前提,其担保范围以主债务的范围为限,当债权转让时,除特殊情况,抵押权随同债权转让给受让人。由抵押权的债权从属性可知,对抵押权进行顺位登记的根本意义在于决定同一标的物所担保的不同债务的清偿顺序。

本案中同一标的物上设定的两个抵押,虽有相同的抵押人和抵押权人,但担保着两项不同的债权债务,两个抵押属于相互独立的抵押,抵押权顺位决定着担保债务的受偿顺序,理应依法进行顺位登记,由登记的先后顺序决定债权的清偿顺序。

二、不进行顺位登记的后果

为更形象地说明顺位登记的必要性，以本案为背景假定特定情形进行分析。假设案中标的土地价值500万，先后两笔贷款额均为300万，若按照先后顺序进行顺位登记，则土地拍卖、变卖获得的价款最终按照登记的先后顺序清偿，则先顺位债务被完全清偿，后顺位债务还余100万未清偿。不按照先后顺序进行顺位登记，则两笔借款登记顺序相同，土地拍卖、变卖获得的价款最终按照债权比例清偿，则前后两笔债务各清偿250万，各余50万未清偿。本案中由于抵押权人相同，无论是否进行顺位登记，抵押权人最终通过行使抵押权得到的总价款相同（500万），但两种情形将给其他利害关系人带来不一样的结果。

1. 对债务人而言。依照抵押权顺位，先登记债务本应得到完全清偿，后登记债务人余100万待偿还；而不依照顺位，先登记债务人和后登记债务人将各余50万欠款待清偿。

2. 对继受抵押权人而言。如果某项债权之后被转让给第三人，抵押权随同转让并继受抵押顺位，依照顺位，先登记抵押权人得到300万，后登记抵押权人得到200万；而不依照顺位，先登记抵押权人与后登记抵押权人各得到250万。因此，新抵押权人很可能就抵押权的清偿顺序产生纠纷。

3. 对其他抵押权人而言。另假定在两次抵押之间，企业还用其土地使用权对另一债权人就100万的借款提供了抵押担保，若不对先后两次抵押进行顺位登记，又如何确定这三项抵押权之间的次序关系？如果将在后抵押视为与在先抵押同一顺序，则原本依照顺位登记可得到清偿的其他债权人，将颗粒无收，显然这对其他债权人不公平。

为避免对其他利害关系人造成不公平的影响，即使抵押权人相同，也应当对抵押权进行顺位登记。

三、放弃顺位利益的方式

再者，若抵押权人欲放弃其顺位利益，还可通过变更或抛弃顺位实现目的，而无需否定顺位登记的必要。如本案中，若银行希望按同一次序实现两项抵押权，可在优先受偿时，抛弃先登记抵押权对后登记抵押权的在先顺位。但顺位的变更或抛弃不得给其他抵押权人造成不利影响。

（朱芯瑶）

问题 45
办理储备土地抵押登记应当注意哪些事项[①]

【问题】

按照《土地储备管理办法》的规定，储备土地可以抵押贷款，土地登记机关在办理抵押登记时应当注意哪些事项？

【解答】

虽然按照《土地储备管理办法》的规定，储备土地可以抵押贷款，但是为了规范储备土地融资，加强储备土地管理，国家最近出台了一系列文件均对储备土地抵押作出了规定，如2012年9月6日印发的《国土资源部关于规范土地登记的意见》（国土资发〔2012〕134号，以下简称134号文件）、2012年11月5日印发的《国土资源部、财政部、中国人民银行、中国银行业监督管理委员会关于加强土地储备与融资管理的通知》（国土资发〔2012〕162号，以下简称162号文件）、2012年12月24日发布的《财政部、发展改革委、人民银行、银监会关于制止地方政府违法违规融资行为的通知》（财预〔2012〕463号，以下简称463号文件）。根据上述文件精神，基层国土资源部门在办理储备土地抵押登记时，应当注意以下事项：

一是抵押人应当是储备机构，具体应当为市（县）人民政府批准成立、具有独立的法人资格、隶属于国土资源主管部门、统一承担本行政辖区内土地储备工作的事业单位。134号文件和《土地储备管理办法》第三条对此都有明确规定。除法律另有规定外，其他非事业单位性质的机构特别是政府融资平台公司申请储备土地抵押登记的，不予受理。因为463号文件明确规定："地方各级政府必须严格按照

[①] 本部分内容曾发表于《土地矿产典型案例评析与法律实务操作指南》（第六辑），中国法制出版社2013年6月版，第170页。

有关规定规范土地储备机构管理和土地融资行为，不得授权融资平台公司承担土地储备职能和进行土地储备融资。"按照 162 号文件的规定，储备机构还应被列入土地储备机构名录，"名录内土地储备机构所属的储备土地，具有合法的土地使用证，方可用于储备抵押贷款"。

二是抵押的期限最长不超过 5 年。162 号文件明确规定："银行业金融机构应按照有关部门关于土地储备贷款的相关规定，根据贷款人的信用状况、土地储备项目周期、资金回笼计划等因素合理确定贷款期限，贷款期限最长不超过 5 年。"

三是抵押金额不得超过省级财政部门依据地方政府性债务管理法律法规和政策规定核准后向土地储备机构所核发的年度融资规模控制卡上所注明的金额。

四是抵押贷款的用途受到限制。162 号文件明确规定"贷款用途可不对应抵押土地相关补偿、前期开发等业务，但贷款使用必须符合规定的土地储备资金使用范围，不得用于城市建设以及其他与土地储备业务无关的项目"。463 号文件也明确规定"不得将土地储备贷款用于城市建设以及其他与土地储备业务无关的项目"。

五是储备土地为他人提供担保申请抵押登记的，不得办理。134 号文件明确规定"为第三方提供担保的储备土地不得办理抵押登记"。162 号文件明确规定"土地储备融资资金应按照专款专用、封闭管理的原则严格监管。纳入储备的土地不得用于为土地储备机构以外的机构融资担保"。

六是用于公益性质的储备土地抵押的，不得办理抵押登记。134 号文件明确规定"规划用于社会公益设施的储备土地，不得办理抵押登记"。

（李志华　蔡卫华）

问题 46
如何办理储备用地的抵押登记[①]

【问题】

某市土地储备中心依法收储储备土地 50 亩,其中政府代征地 12 亩,现储备中心就 50 亩储备用地申请土地登记和土地抵押登记,如何办理?

【解答】

根据《土地储备管理办法》(国土资发〔2007〕277 号)的有关规定,储备用地申请土地登记和抵押登记应参考划拨用地土地使用权抵押程序办理。但注意代征地 12 亩需要剥离出来,不能一并抵押。

尽管实践中对于储备土地能否抵押,还存在许多争论。但 2007 年国土资源部、财政部、中国人民银行联合制定发布的《土地储备管理办法》规定,储备土地可以办理登记后进行抵押登记贷款,最长期限为 2 年。对于具体如何办理登记以及抵押登记,该文件并没有详细规定。实践中,储备土地抵押融资行为在地方需求十分强烈,但十分不规范,具有较大法律风险。特别是以下几方面的问题需要注意:

一是自行设立《土地储备证》、《土地收储证》等无效土地权利证书抵押融资或重复发证。《土地储备管理办法》第二十五条明确规定,土地储备机构向银行等金融机构申请的贷款应为担保贷款,其中抵押贷款必须具有合法的土地使用证。实践中,储备土地抵押融资需要往往是在收储补偿环节。按规定储备资金不得跨项目运作,加上储备土地融资渠道单一,因此在对拟收储土地权利人进行补偿时最缺乏资金,而此时,由于补偿未到位,原土地权利证书并没有注销,储备土地不得办理

[①] 本部分内容曾发表于《土地矿产典型案例评析与法律实务操作指南》,中国法制出版社 2012 年 1 月版,第 157 页。

登记和抵押登记，无法融得资金，这是一个矛盾。为了解决这个矛盾，有的地方不惜自行设立了《土地储备证》等无效证件或在拟收储土地权利证书尚未注销的情况下，给储备机构颁发储备土地使用证，用于储备机构抵押融资，明显违规，风险较大。

二是储备土地登记无统一规范填写格式。如，北京出台了《政府储备土地登记办法》（京国土法〔2007〕673号）和《关于政府储备土地办理土地登记有关问题的通知》（京国土籍〔2009〕339号），要求其储备用地登记时，国有土地使用证上使用权类型填写为"政府储备"、土地用途填写为"储备用地"、土地使用期限不填写，但按照土地利用现状分类国家标准及部有关规定，目前并没有"储备用地"分类和"政府储备"使用权类型，这与《土地登记办法》以及部土地证书填写的有关要求明显不符，存在法律风险；而浙江储备用地抵押登记时，用途有的填写储备土地的规划用途，有的填写储备土地。

三是超年限抵押储备用地。北京储备用地抵押的期限可以超过2年，最高达到5年，其他地方储备用地抵押也有3年的情形。

四是储备用地抵押评估价值虚高。储备用地抵押评估时，大多评估机构并未严格按《土地储备管理办法》规定的"价值按照市场评估价值扣除应当上缴政府的土地出让收益确定"操作，评估价值明显虚高。

五是储备用地抵押范围过大。在政府储备土地中很多"绿地"、"道路"等代征地一并打包由储备机构收储，在储备用地抵押贷款过程中，这些代征地并没有剥离出来，而是一并抵押；但这些代征地将来都是公益性事业用地，不可能通过招拍挂供出，也不会有土地出让收益，将这些土地一并抵押贷款明显存在风险。还有少数地方的储备中心还存在直接将集体土地收储，未征收为国有而直接抵押的情形。

储备土地登记不规范既有实践因素，也有法规政策不完善的原因。建议国土资源部积极考虑对于储备土地办理土地登记及抵押登记，下发规范性文件，明确储备土地登记时用途、使用权类型、周期等如何填写，细化《土地储备管理办法》有关内容，进一步规范储备土地抵押登记行为。

（姜武汉）

四、其他权利登记

问题 47
电网塔杆用地如何办理土地登记[①]

【问题】

电网塔杆用地属于公共基础设施用地,总量规模大、单宗面积小、总体布局分散。对于电网塔杆用地的登记发证,目前,国家没有统一的规定。实践中,各个地方的做法也不尽一致,有的地方登记发证,有的地方没有进行登记,也有的地方电力塔杆基础用地只作备案登记,不发土地证书。电网塔杆用地究竟应当如何登记呢?

【解答】

电网塔杆用地登记发证应该按照国家相关的规定进行依法处理,根据具体情形可以办理国有土地使用权登记或地役权登记。

一、电网塔杆用地登记的种类

1. 以划拨或者出让等方式取得的电网塔杆用地,可以依法办理国有土地使用权登记。

《关于进一步规范土地登记工作的通知》(国土资发〔2003〕383 号)规定,土地证书是证明当事人享有土地权属有效的法律凭证。从本文件下发之日起,各类土地权属审核,必须以土地证书作为土地权利的唯一证明材料。取消以前在国企改

[①] 本部分内容曾发表于《土地矿产典型案例评析与法律实务操作指南》,中国法制出版社 2012 年 1 月版,第 117 页。

革等工作中，以出具"土地权属证明"，代替土地证书进行权属审查的做法。今后，凡土地征用、土地开发整理项目立项和国企改革等涉及土地权属认定，必须以土地证书为依据，对以其他材料作为土地权属证明的，一律不予承认。《物权法》规定，不动产权属证书是权利人享有该不动产物权的证明。电网塔杆用地是《划拨用地目录》中规定可以通过划拨取得的电力设施用地，实践中也有通过出让等其他方式获得的。对于合法取得划拨或者出让国有建设用地使用权的电力设施用地，可以依法进行登记发证。

2. 以地役权合同的方式取得的电网塔杆用地，可以依法办理地役权登记。

《确定土地所有权和使用权的若干规定》第九条规定："国有电力、通讯设施用地属于国家所有。但国有电力通讯杆塔占用农民集体所有的土地，未办理征用手续的，土地仍属于农民集体所有，对电力通讯经营单位可确定为他项权利。"对于没有办理土地征收手续，且历史上无偿占用农民集体所有土地的电网塔杆占地，土地的所有权和使用权仍然归农民集体所有，电网塔杆用地依地役权合同约定，享有用益物权。《物权法》第五十八条规定，地役权自地役权合同生效时设立。当事人要求登记的，可以向登记机构申请地役权登记；未经登记，不得对抗善意第三人。地役权登记采取的是"登记对抗主义"的模式，为了更好地保护合法权益，电网塔杆用地单位可以申请地役权登记，领取土地他项权利证明书。

二、电网塔杆用地登记的程序

申请电网塔杆用地登记发证，应该按照《土地登记办法》的规定办理。土地登记一般经过：申请→权属审核→注册登记→核发证书的程序。我国实行属地登记的原则，电网塔杆用地登记发证，必须到土地所在地县级以上国土行政主管部门申请办理。国土资源行政主管部门应当自受理土地登记申请之日起二十日内，办结土地登记审查手续。特殊情况需要延期的，经国土资源行政主管部门负责人批准后，可以延长十日。在依法依规的基础上，对于权属合法、面积准确、界址清晰的电网塔杆用地，可以采取各种有效措施，简化登记发证程序，提高登记发证的效率。

（肖攀）

问题 48
储备土地使用权如何办理登记[①]

【问题】

实践中,经常出现申请办理储备土地使用权登记的情形。储备土地使用权到底是一种什么权利?能否进行登记发证?土地登记机构应当如何办理?

【解答】

储备土地使用权可以视为一种特殊的划拨土地使用权,实践中可以依照有关规定进行登记发证。

一、储备土地使用权产生的法律政策依据

2001年国务院《关于加强国有土地资产管理的通知》(国发〔2001〕15号)规定:"为增强政府对土地市场的调控能力,有条件的地方政府要对建设用地试行收购储备制度。市、县人民政府要依法提供信贷支持。"在此文件之前,上海等地就已经开始了摸索。此文件出台之后,各地都开始了积极的实践和探索,并出台了不少关于储备土地使用权的地方性规定。《国务院办公厅关于规范国有土地使用权出让收支管理的通知》(国办发〔2006〕100号)要求"国土资源部、财政部要抓紧研究制订土地储备管理办法,对土地储备的目标、原则、范围、方式和期限等作出统一规定,防止各地盲目储备土地";要求"财政部要会同国土资源部抓紧研究制订土地储备资金财务管理办法、会计核算办法,建立健全土地储备成本核算制度。"根据国务院15号文和国办100号文的规定,2007年11月19日,国土资源部、财政部、中国人民银行联合制定了《土地储备管理办法》(以下简称《办

[①] 本部分内容曾发表于《土地矿产典型案例评析与法律实务操作指南》(第六辑),中国法制出版社2013年6月版,第167页。

法》）。2008 年《国务院关于促进节约集约用地的通知》（国发〔2008〕3 号）再次要求完善建设用地储备制度，明确规定"储备建设用地必须符合规划、计划，并将现有未利用的建设用地优先纳入储备。储备土地出让前，应当处理好土地的产权、安置补偿等法律经济关系，完成必要的前期开发，缩短开发周期，防止形成新的闲置土地。土地前期开发要引入市场机制，按照有关规定，通过公开招标方式选择实施单位。经过前期开发的土地，依法由市、县人民政府国土资源部门统一组织出让"。

二、储备土地使用权不是法定的物权

储备土地使用权只是在国务院文件和《办法》中进行了规定，按照物权法定的原则，储备土地使用权不是严格意义上的物权。因为《物权法》第五条规定，"物权的种类和内容，由法律规定"。实践中，储备土地使用权到底具有哪些权能，包括哪些内容，也不甚清楚。通过梳理以上有关的法律政策规定，储备土地使用权具有以下特征：

一是储备土地使用权取得主体特定为土地储备机构。按照《办法》第三条的规定，土地储备机构应为市、县人民政府批准成立、具有独立的法人资格、隶属于国土资源主管部门的事业单位，不包括省和自治区的机构，不包括独立于国土资源部门的机构。严格来说，也不包括公司性质的机构。但实践中，也存在有的地方成立国有独资公司专门从事土地储备开发工作的情形。

二是储备土地使用权的客体范围一般为国有建设用地。按照《办法》第十条的规定，依法收回的国有土地，收购的土地，行使优先购买权取得的土地，已办理农用地转用、土地征收批准手续的土地以及其他依法取得的土地，可以纳入土地储备范围。没有办理转用手续的农用地，没有办理征收手续的集体土地都不属于土地储备范围。

三是储备土地使用权的权能有限。按照《办法》第十六条的规定，土地储备机构有权对储备土地进行前期开发、保护、管理；进行临时使用包括出租（根据《土地储备资金财务管理暂行办法》（财综〔2007〕17 号）第十三条的规定，土地储备零星收入包括出租和临时利用储备土地取得的收入以及储备土地的地上建筑物及附着物残值变卖收入等）；为储备土地、实施前期开发进行融资，包括利用土地使用权进行抵押贷款或者利用储备土地的预期增值收益进行质押贷款等。

根据以上特征，我们可以将储备土地使用权视为一种特殊的划拨土地使用权。（还有一个重要的依据就是《办法》第二十五条第二款明确规定"政府储备土地设定抵押权,其价值按照市场评估价值扣除应当上缴政府的土地出让收益确定,抵押程序参照划拨土地使用权抵押程序执行"。)但是相对一般的划拨土地使用权来说,储备土地使用权特殊之处在于一是其权利人更为特定;二是其使用期限存在区别,储备土地使用权虽然与一般的划拨土地使用权一样没有固定期限,但储备土地使用权为临时,而一般的划拨土地使用权多为长期;三是设立的目的不同。储备土地使用权设立的目的是为了储存以备供应土地,而划拨土地使用权设立的目的是为了直接使用土地等。

三、储备土地使用权登记的注意事项

储备土地使用权虽然不是严格意义上的物权,其权能、权利内容等都不确定,但是实践中存在登记的客观需要。与其他土地权利登记之确权公示目的不同,储备土地使用权登记的最主要的目的就是为了抵押贷款。因为根据《办法》第二十五条和《关于金融促进节约集约用地的通知》(银发〔2008〕214号)的规定,土地储备贷款采取抵押方式的,必须具有合法的土地使用证。因此有的地方出台的关于储备土地登记的文件明确发文目的是为了"规范土地储备机构抵押贷款行为"。实践中,如果不是为了抵押贷款的需要,土地储备机构不会主动申请登记,土地登记机构也不会启动登记之程序。

虽然根据《办法》第十七条的规定,"市、县人民政府可根据需要,对产权清晰、申请资料齐全的储备土地,办理土地登记手续,核发土地证书。供应已发证储备土地前,应收回土地证书,设立土地抵押权的,要先行依法解除"。但储备土地使用权的权利类型、土地用途、使用期限目前都没有明确,具体操作中,当事人应当提交哪些材料,土地登记机构如何办理,国家也无统一规定。不少地方在这方面进行了积极的探索,如北京市2007年9月14日出台了《北京市国土资源局关于印发〈政府储备土地登记暂行办法〉的通知》(京国土法〔2007〕673号)。2010年4月23日宁波也出台了《关于印发〈宁波市储备土地办理土地使用权登记暂行规定〉的通知》,该《通知》的内容基本上与国家关于储备土地的法律政策规定并不相悖,且具有较强的操作性,各地在国家没有出台统一的规定之前可以借鉴北京和宁波的做法。2012年9月6日印发的《国土资源部关于规范土地登记的意见》(国土资发〔2012〕134号)对储备土地的登记作出了统一明确的规定,现根据该意见,对储备土地的具体登记作出介绍。

一是申请储备土地登记的机构应为市(县)人民政府批准成立、具有独立的法人资格、隶属于国土资源主管部门、统一承担本行政辖区内土地储备工作的事业单位。除法律另有规定外，其他单位申请储备土地登记的，不予受理。因为《土地储备管理办法》第三条明确规定："土地储备机构应为市、县人民政府批准成立、具有独立的法人资格、隶属于国土资源主管部门、统一承担本行政辖区内土地储备工作的事业单位。"市、县人民政府是土地供应的主体，储备应当和供应协调，土地储备机构应当与供应主体一致，因此土地储备机构不应为省级人民政府设立的机构。土地储备是以加强土地调控，规范土地市场运行，促进土地节约集约利用，提高建设用地保障能力为目的的，要实现这些目标，事业单位更为合适，而公司性质的机构，由于存在营利的要求，与这些目标有利益的冲突。储备机构应当为事业单位，因此实践中公司不得成为储备土地登记申请的主体。

二是土地储备机构申请登记土地的，应当提交土地登记申请书、申请人身份证明资料、地籍调查表、宗地图及宗地界址坐标、政府批准的储备计划、批准纳入储备的文件、相关土地利用总体规划和城市总体规划等材料。经市（县）人民政府批准，对产权清晰、申请资料齐全的储备土地，可办理登记，核发国有土地使用证。《国土资源部、财政部、中国人民银行、中国银行业监督管理委员会关于加强土地储备与融资管理的通知》（国土资发〔2012〕162号）明确规定"纳入政府储备的土地必须是产权清晰的土地。相关土地纳入储备前，土地储备机构应对土地取得方式及程序的合规性、经济补偿（政府无偿收回的除外）、土地权利（包括他项权利）等情况进行认真核查，对取得方式及程序不合规、补偿不到位、土地权属不清晰、未办理土地登记手续、应注销而未注销原土地登记手续、已设立土地他项权利未依法解除的，不得纳入储备"。

三是储备土地登记的使用权类型统一确定为"其他（政府储备）"，登记的用途应依据土地利用总体规划确定，能够细化到《土地利用现状分类》二级类的，应当按《土地利用现状分类》二级类填写。未确定规划用途的，不予登记。

（李志华 蔡卫华）

问题 49
个人以土地出资入股应如何登记[1]

【问题】

股东可以建设用地使用权作价出资,当股东为个人时,股东以其所有的建设用地使用权出资入股一人有限责任公司或个人独资企业时,应作何登记?是否应该缴纳契税?

【解答】

一、个人以建设用地使用权出资入股如何办理土地登记

我国《物权法》第一百四十五条规定:"建设用地使用权转让、互换、出资或赠与的,应当向登记机构申请变更登记。"个人以建设用地使用权出资入股,属于以建设用地使用权出资的行为,故应依法办理登记。建设用地使用权的变更登记包括转让登记和名称变更登记。此处,个人以建设用地使用权出资应作转移登记还是变更登记在实践中因入股企业不同而有所不同。[2]

对于有限责任公司以及股份有限公司,股东以建设用地使用权出资入股需要将建设用地使用权转移到公司的名下,建设用地使用权应作转移登记。

对于一人有限责任公司,则需要根据有限责任公司的性质进行认定。依《公司法》的规定,一人有限责任公司,是指只有一个自然人股东或者一个法人股东的有限责任公司。公司是企业法人,有独立的法人财产,享有法人财产权。公司以其全部财产对公司的债务承担责任。有限责任公司的股东以其认缴的出资额为限对

---

[1] 本部分内容曾发表于《土地矿产典型案例评析与法律实务操作指南》(第六辑),中国法制出版社 2013 年 6 月版,第 164 页。

[2] 《土地登记办法》中的变更登记包括转移登记,2015 年 3 月 1 日起《不动产登记暂行条例》颁布实施,变更登记不再包括转移登记。

公司承担责任。股东一旦完成向公司的出资，该出资就成为公司的法人财产，不再是股东的个人财产。所以，当企业的组织形式为一人有限责任公司时，其名下的建设用地使用权即成为公司的法人财产，与投资人的个人财产分属两个完全独立的权利主体。股东以非货币财产出资的，依我国《公司法》第二十八条之规定，应当依法办理财产权的转移手续。建设用地使用权从出资人名下转移到一人有限责任公司名下是权利主体的变更，是土地权属的转移，因此应对建设用地使用权作转移登记。

对于个人独资企业，依《个人独资企业法》第二条、第十七条规定："本法所称个人独资企业，是指依照本法在中国境内设立，由一个自然人投资，财产为投资人个人所有，投资人以其个人财产对企业债务承担无限责任的经营实体。""个人独资企业投资人对本企业的财产依法享有所有权，其有关权利可以依法进行转让或继承。"据此，个人独资企业属于自然人企业，其法律上的主体资格仍为自然人，即投资人个人是企业财产的权利人并承担企业运营所产生的责任，企业并无独立的财产，也不承担独立的责任。个人以建设用地使用权投资入股不发生土地权属的转移。建设用地使用权的名称变更登记即是在土地权属不发生转移的前提下因土地权利人名称或姓名的改变而进行的变更登记。因此对个人投资于个人独资企业的建设用地使用权只需作名称变更登记，而无需作转移登记。

二、个人以国有建设用地使用权出资入股是否需要缴纳契税

契税，是以所有权发生变动的不动产为征税对象，向产权承受人征收的一种财产税。根据《契税暂行条例》（国务院令第224号）第一条、第二条规定："在中华人民共和国境内转移土地、房屋权属，承受的单位和个人为契税的纳税人，应当依照本条例的规定缴纳契税。""本条例所称转移土地、房屋权属是指下列行为：（一）国有土地使用权出让；（二）土地使用权转让，包括出售、赠与和交换；……"可见，契税应纳税的范围包括土地使用权出售、赠与和交换，房屋买卖，房屋赠与，房屋交换等。可以说，契税本质上属于一种财产转移税。那么，以建设用地使用权作价投资、入股，应否缴纳契税呢？根据《契税暂行条例细则》（财法字〔1997〕52号）第八条规定："土地、房屋权属以下列方式转移的，视同土地使用权转让、房屋买卖或者房屋赠与征税：（一）以土地、房屋权属作价投资、入股；……"可见，以建设用地使用权出资入股构成土地使用权转让的，受让方，也即所投资的公司应当缴纳契税。

当投资人是自然人时，其以建设用地使用权入股是否应当缴纳契税应根据所投资入股企业的形式而分别作出判断。所出资入股企业为一般有限责任公司或股份有限公司时，此时建设用地使用权入股发生权属变动，公司应当缴纳契税。所出资入股企业为一人有限责任公司或个人独资企业时，应否缴纳契税应依特别规定。根据财政部、国家税务总局《关于企业事业单位改制重组契税政策的通知》（财税〔2012〕4号）（执行期限为2012年1月1日至2014年12月31日）第八条规定："同一投资主体内部所属企业之间土地、房屋权属的划转，包括母公司与其全资子公司之间，同一公司所属全资子公司之间，同一自然人与其设立的个人独资企业、一人有限公司之间土地、房屋权属的划转，免征契税。"据此，自然人以其所有的建设用地使用权出资入股自己设立的一人有限责任公司与个人独资企业时，不需要缴纳契税。在个人与个人独资企业之间，土地权属并不发生转移，契税则是一项仅针对权属变动而征收的财产转移税，因而理应不缴纳契税。对于个人与一人有限责任公司，公司的财产与个人的财产是相互独立的，建设用地使用权投资产生土地权属的变动，理论上是应当缴纳契税的，财税部门此项规定是基于各种利益衡量的一项优惠政策。

（陈敦　程世超）

问题50
未办理土地使用证是否影响房屋所有权[①]

【问题】

2014年年初，郑州杨先生通过法院拍卖，竞拍到了某县三处总计三千多平方米的房产，然而，在查询之后却发现，自己拍下的房产，土地证竟是伪造。更为蹊跷的是，这个伪造的土地证竟然办出了货真价实的房产证。

不仅如此，杨先生竞拍的房产的原主人赵某，凭着这张由假土地证办出的真房

[①] 本部分内容曾发表于《土地矿产典型案例评析与法律实务操作指南》（第七辑），中国法制出版社2015年4月版，第102页。

产证，成功向银行申请到了 500 多万元的贷款，最终因为无力偿还，被银行告上了法庭。人民法院审理之后，对抵押的房产进行了拍卖。

请问：依据伪造的土地证办理的房产证是否合法有效？通过法院拍卖竞买到该房产的买受人，能否取得该房产的所有权？能否取得建设用地使用权？

【解答】

本案主要涉及办理房屋所有权证和办理土地使用证之间的关系，未办理土地使用证是否影响房屋所有权，未办理土地使用证是否会受到处罚等问题。

一、办理房屋所有权证之后，尚需办理建设用地使用权变更登记

《土地登记办法》第四十条规定："因依法买卖、交换、赠与地上建筑物、构筑物及其附属设施涉及建设用地使用权转移的，当事人应当持原土地权利证书、变更后的房屋所有权证书及土地使用权发生转移的相关证明材料，申请建设用地使用权变更登记。涉及划拨土地使用权转移的，当事人还应当提供有批准权人民政府的批准文件。"在买了二手房或新房，办理房屋所有权证之后，尚需持相关证明材料，申请建设用地使用权变更登记。

二、未办理土地使用证，不影响对房屋享有所有权

《物权法》第十七条规定："不动产权属证书是权利人享有该不动产物权的证明。"《房屋登记办法》第二十五条第二款规定："房屋权属证书是权利人享有房屋权利的证明，包括《房屋所有权证》、《房屋他项权证》等。"这就意味着，拥有房屋所有权证，即证明对房屋享有所有权。因而，若房产的原主人赵某办理的房产证货真价实，确为房屋登记机构所颁发，则该房屋所有权证有效，能证明其对房屋享有所有权。至于用于办理房产证提交的材料，如土地证为伪造，亦不会影响房产证的效力，除非该房产证被撤销。

三、受让取得房屋所有权的，一并取得建设用地使用权

《物权法》第一百四十七条规定："建筑物、构筑物及其附属设施转让、互换、出资或者赠与的，该建筑物、构筑物及其附属设施占用范围内的建设用地使用权一并处分。"《城镇国有土地使用权出让和转让暂行条例》第二十四条规定："地上建筑物、其他附着物的所有人或者共有人，享有该建筑物、附着物使用范围内的土地使用权。土地使用者转让地上建筑物、其他附着物所有权时，其使用范围内的土地使用权随之转让，但地上建筑物、其他附着物作为动产转让的除外。"我国采取的是"房地一体主义"，处分房屋所有权的，该房屋所在的土地上的建设用地使用权

一并处分。杨先生通过法院拍卖受让取得该三处房产的所有权之后，同时取得房产所在土地的建设用地使用权。

四、伪造土地使用证的，须承担法律责任

《土地登记办法》第七十三条规定："当事人伪造土地权利证书的，由县级以上人民政府国土资源行政主管部门依法没收伪造的土地权利证书；情节严重构成犯罪的，依法追究刑事责任。"[①] 房产的原主人赵某为了办理房屋所有权证，伪造了土地使用证，而伪造土地使用证是违法行为，国土资源行政主管部门应依法没收赵某伪造的土地使用证，情节严重的，还应追究赵某的刑事责任。

（李小兵）

问题51
建设用地上建有房屋的可否单独办理建设用地使用权登记

【问题】

有一企业两年前获得出让土地，现来登记机构申请建设用地使用权登记，在进行权籍调查时，发现土地上有建筑物，并如实在调查表上进行了记载，编制不动产单元号时包含了定着物代码。但该建筑物系违章建筑，问能否单独办理建设用地使用权登记？

【解答】

该问题包含两个层面，一是违章建筑是否可以登记，二是合法取得的建设用地

[①]《不动产登记暂行条例》第三十一条规定："伪造、变造不动产权属证书、不动产登记证明，或者买卖、使用伪造、变造的不动产权属证书、不动产登记证明的，由不动产登记机构或者公安机关依法予以收缴；有违法所得的，没收违法所得；给他人造成损害的，依法承担赔偿责任；构成违反治安管理行为的，依法给予治安管理处罚；构成犯罪的，依法追究刑事责任。"

上建有建筑物时，可否单独申请国有建设用地使用权登记。

　　不动产登记机构不能为违章建筑办理登记。我国现行法律法规中没有明确规定违章建筑的概念，通说认为，违章建筑是指违反《土地管理法》、《城乡规划法》、《村庄和集镇规划建设管理条例》等相关法律法规的规定施工建造的房屋及其他设施。《不动产登记暂行条例》第二十二条规定，登记申请有下列情形之一的，不动产登记机构应当不予登记，并书面告知申请人：（一）违反法律、行政法规规定的；（二）存在尚未解决的权属争议的；（三）申请登记的不动产权利超过规定期限的；（四）法律、行政法规规定不予登记的其他情形。可见，如果违章建筑的施工建设违反了法律、行政法规的规定，登记机构是不能对其予以登记的。《不动产登记暂行条例实施细则》（以下简称《细则》）第三十五条规定，申请国有建设用地使用权及房屋所有权首次登记的，应当提交下列材料：（一）不动产权属证书或者土地权属来源材料；（二）建设工程符合规划的材料；（三）房屋已经竣工的材料；（四）房地产调查或者测绘报告；（五）相关税费缴纳凭证；（六）其他必要材料。一般情况下，违章建筑的施工建造由于违反了相关法律、行政法规的规定，是无法取得建设用地规划许可证和建设工程规划许可证等申请登记的必要材料的，对于不能提供完整申请材料的不动产登记申请，登记机构不能予以登记。

　　在审查合格后，登记机构可以先为该企业单独办理国有建设用地使用权登记。《细则》第三十三条规定，依法取得国有建设用地使用权，可以单独申请国有建设用地使用权登记。依法利用国有建设用地建造房屋的，可以申请国有建设用地使用权及房屋所有权登记。该条包括两层含义，一是在一体登记原则下，依法利用国有建设用地建造房屋的，要尽量对国有建设用地使用权及房屋所有权一并提出登记申请，登记机构要一并登记。二是考虑到不动产抵押融资需求、建设阶段等因素，对于在合法取得的建设用地上建有房屋的，该条并没有强制规定"应当"一并申请登记，而是规定"可以"一并登记，这就赋予了当事人自由选择单独申请国有建设用地使用权登记或者一并申请国有建设用地使用权及房屋所有权登记的权利。因此，本案中，登记机构可以为该企业单独办理国有建设用地使用权登记。

　　需要指出的是，在建设用地上合法建有房屋的，申请人对国有建设用地使用权及房屋所有权一并申请登记不仅符合《物权法》及《细则》的精神，而且可以更好维护自身合法权益，提高合法财产的利用价值。

（张颖　蓝天宇）

第二部分　各种类型不动产登记

一、首次登记

问题 52
权利人主动申请是不是不动产登记启动的前提条件[①]

【问题】

胡某为福州市某区村民，在其村集体范围内拥有一处宅基地及合法建造的房屋，按福建省农村集体土地确权登记有关政策，属于应当确权登记的范围。由于当地政府一直未予以确权登记，2013年6月，胡某以市人民政府未实施农村集体土地确权登记发证工作，直接损害了其切身利益为由，向市中级人民法院提起诉讼，请求依法判决市政府未实施农村集体土地确权登记发证工作的行政不作为违法并判令其依法实施该项工作。请问：1.政府组织开展的农村集体土地确权发证行为是否属于村民可提起行政诉讼的范围？2.农村集体土地登记发证是否属于行政机关主动履行职责范围？

【解答】

各级政府部署开展农村集体土地确权登记工作属于行政机关内部行政行为。为

[①] 本部分内容曾发表于《土地矿产法律实务操作指南》（第八辑），中国法制出版社2016年6月版，第4页。

维护农民权益,加快推进农村集体土地确权登记发证工作,中共中央国务院在2010年1号文《关于加大统筹城乡发展力度进一步夯实农业农村发展基础的若干意见》中提出了加快农村集体土地所有权、宅基地使用权、集体建设用地使用权等确权登记颁证工作,工作经费纳入财政预算等要求。为落实这一规定,国土资源部与农业部等部门先后下发了《关于加快推进农村集体土地确权登记发证工作的通知》(国土资发〔2011〕60号)、《关于农村集体土地确权登记发证的若干意见》(国土资发〔2011〕178号)和《关于进一步加快推进宅基地和集体建设用地使用权确权登记发证工作的通知》(国土资发〔2014〕101号)等文件;福建省委省政府也在其2010年1号文件《关于加大统筹城乡发展力度夯实农业农村发展基础的实施意见》中提出了加快农村集体土地所有权、宅基地使用权、集体建设用地使用权等确权登记颁证工作,福建省国土资源厅、财政厅和农业厅等部门也于2011年联合印发了《福建省加快推进农村集体土地确权登记发证工作方案》。从这些政策文件规定看,大力推动农村集体土地确权登记发证工作,是从各级政府及有关部门的一项重要工作。但这是否意味着,某地区政府未实施农村集体土地登记发证就构成不作为,而成为村民行政诉讼的对象呢?从上述文件的发文对象和内容要求看,都是上级政府对下级政府、上级国土、农业等有关行政主管部门对下级主管部门的工作部署和要求,都属于行政机关内部行政行为的范畴,均不直接对公民、法人或其他组织的权益产生处分的法律效果。2000年《最高人民法院关于执行〈中华人民共和国行政诉讼法〉若干问题的解释》第一条第二款第(六)项规定,对公民、法人或者其他组织权利义务不产生实际影响的行为,不属于行政诉讼受案范围;第十二条规定,可以提起行政诉讼的原告,系与被诉具体行政行为有法律上利害关系的公民、法人或其他组织。2014年11月全国人大常委会修订的《行政诉讼法》第二十五条规定,行政行为的相对人以及其他与行政行为有利害关系的公民、法人或者其他组织,有权提起诉讼。因此,上述政府组织实施的农村集体土地确权登记发证行为,与村民无直接利害关系,无论当地政府是否作为,均不属于可诉的具体行政行为。

依申请登记我国不动产登记制度的重要原则之一。2007年12月,国土资源部颁布的《土地登记办法》第六条规定,土地登记应当依照申请进行,但法律、法规和本办法另有规定的除外。2015年3月1日起施行的《不动产登记暂行条例》第十四条也重申了依申请登记的原则。从我国登记制度有关规定看,《土地登记办法》中规定了政府依职权启动登记的总登记制度,但是,在《不动产登记暂行条例》未规定这一制度，而且按照有关规定，总登记工作的开展也要通过发布通告等特定程序进行。在本案中，各级政府组织开展的农村集体土地确权登记工作，是为维护农民权益，落实最严格的耕地保护制度和节约用地制度，促进城乡统筹发展而主动开展的一项工作，完全不同于农村集体土地的总登记制度。起诉人胡某要求办理土地确权登记，应向法定的登记机关提出申请，进而可视情对有关行政机关履行法定职责的行为依法申请行政复议或提起行政诉讼。但是，胡某未提交登记申请，而是直接对市政府未组织实施确权登记工作提起诉讼，显然缺乏法律依据。对此，一审法院认为，起诉人胡某与被诉行政行为无法律上的直接利害关系，属于原告主体资格不适格，裁定不予受理。胡某不服一审裁定，向省高级人民法院提起上诉，请求撤销原审裁定。二审法院经审查，认为原审裁定不予受理并无不当，应予维持。随后驳回上诉，维持原裁定。

（钟京涛）

问题 53
如何对待权利人申请相邻关系保护[1]

【问题】

甲与乙为邻居，甲在乙房屋的前、后各建有房屋，乙处于甲所有的房屋或使用的土地包围之中，在甲所有的建筑物范围内有历史形成的必经通道。两者均在原房管部门进行了登记，各自持有产权证书，其土地范围、房屋产权清晰无争议，但乙不通过甲土地及房屋就不能通行。现在甲和乙要求分别办理不动产权利登记，在受理过程中，存在下列疑难问题：1、登记机构如何登记，才能保障乙的合法权利？2、如果乙没有申请不动产权利登记（如地役权登记），登记机构如何处理？

---

[1] 本部分内容曾发表于《中国土地》，2016年6月刊，第57页。

【解答】

本案主要涉及相邻权利人的保护以及不动产登记的启动方式问题。

一、不动产登记实行依申请原则，登记机关不得依职权主动进行登记

根据《不动产登记暂行条例》（以下简称《条例》）第十四条"因买卖、设定抵押权等申请不动产登记的，应当由当事人双方共同申请"以及《不动产登记暂行条例实施细则》第二条第一款"不动产登记应当依照当事人的申请进行，但法律、行政法规以及本实施细则另有规定的除外"等规定可知，我国不动产登记实行依申请的原则。除法律法规明确规定的例外，登记机构不得主动登记。原因有二：一是不动产登记机构属于行政机关，法无明文授权即禁止。二是不动产登记具有公示效力，权利人申请更易于查清事实，减少登记错误，维护不动产交易安全。本案中，乙如未申请不动产登记，登记机构不得依职权主动进行登记。

二、不动产登记机构如何登记取决于权利人申请的权利内容

不动产权利人的申请启动不动产登记程序，权利人申请的权利内容决定不动产登记机构的登记事项。《民法通则》、《最高人民法院关于贯彻〈民法通则〉若干问题的意见》和《物权法》对基于相邻关系产生的"通行权"均有规定。根据《物权法》第八十七条规定："不动产权利人对相邻权利人因通行等必须利用其土地的，应当提供必要的便利。"相邻"通行权"的主张必须以确有必要为前提，如果除经由该土地或房屋通行外，尚有公共通道或其他道路可以通行，则相邻方一般无权主张"通行权"。本案中，甲与乙房屋相邻，乙处于甲所有的房屋或使用的土地包围之中，且甲所有的土地使用权范围是乙的必经通道，因此甲依法有义务向乙提供通行便利。此时，乙想要自我保护，只需将己方不动产状况如实、准确登记即可。而且根据《条例》第四条第三款"不动产权利人已经依法享有的不动产权利，不因登记机构和登记程序的改变而受到影响"的规定，如果相邻权利人已持有原房管部门颁发的房屋产权证、土地部门颁发的土地使用权证等，土地范围、房屋产权清晰无争议的，无需再次登记。

三、相邻权利人还可申请地役权登记保护自身利益

根据《物权法》第八十七条规定，相邻权利人依据相邻关系只能要求相邻方提供必要的、最低限度的便利。因此，相邻权利人以及拥有其他可选择通道的不动产权利人还可以选择通过与相邻土地权利人签订地役权协议，共同向不动产登记机关申请地役权登记，更好保护自身利益。对此，《物权法》第一百五十六

条和第一百五十九条分别作出规定:"地役权人有权按照合同约定,利用他人的不动产,以提高自己的不动产的效益。""供役地权利人应当按照合同约定,允许地役权人利用其土地,不得妨害地役权人行使权利。"因此本案中,乙除如实登记己方权利外,还可与甲协议签订地役权合同,进而向登记机关申请地役权登记。

(华琳)

问题 54
办理土地登记是否必须提交建设用地规划许可证[①]

【问题】

按照《城市国有土地使用权出让转让规划管理办法》(建设部〔1992〕22号)第九条的规定,"已取得土地出让合同的,受让方应当持出让合同依法向城市规划行政主管部门申请建设用地规划许可证。在取得建设用地规划许可证后,方可办理土地使用权属证明"。而且该办法第十三条第二款还规定,"凡未取得或擅自变更建设用地规划许可证而办理土地使用权属证明的,土地权属证明无效"。请问,办理土地登记是否需提交建设用地规划许可证呢?

【解答】

一、办理"土地权属证明"不同于土地登记,早已经被取消

按照《城市国有土地使用权出让转让规划管理办法》的规定,办理土地权属证明时,需要提交建设用地规划许可证,而不是土地登记时需要提交规划许可证。

[①] 本部分内容曾发表于《土地矿产典型案例评析与法律实务操作指南》(第七辑),中国法制出版社2015年4月版,第107页。

土地权属证明不是土地权属证书。现在不存在办理土地权属证明的情况，因为2003年《国土资源部关于进一步规范土地登记工作的通知》（国土资发〔2003〕383号）就明确取消了土地权属证明。根据该文件，国土资源主管部门在进行土地登记时，取消"土地权属证明"。土地证书是证明当事人享有土地权属有效的法律凭证。从该文件下发之日起，各类土地权属审核，必须以土地证书作为土地权利的唯一证明材料。取消以前在国企改革等工作中，以出具"土地权属证明"，代替土地证书进行权属审查的做法。今后，凡土地征收、土地开发整理项目立项和国企改革等涉及土地权属认定，必须以土地证书为依据，对以其他材料作为土地权属证明的，一律不予承认。

二、办理土地登记不需要提交建设用地规划许可证

对于申请土地登记时当事人应当提交的材料，《土地登记办法》（国土资源部令第40号）第九条第一款明确规定："申请人申请土地登记，应当根据不同的登记事项提交下列材料：（一）土地登记申请书；（二）申请人身份证明材料；（三）土地权属来源证明；（四）地籍调查表、宗地图及宗地界址坐标；（五）地上附着物权属证明；（六）法律法规规定的完税或者减免税凭证；（七）本办法规定的其他证明材料。"就出让的国有建设用地申请土地登记而言，按照《土地登记办法》第二十七条的规定，只需要当事人在付清全部国有土地出让价款后，持国有建设用地使用权出让合同和土地出让价款缴纳凭证等相关证明材料即可；就划拨的国有建设用地申请土地登记而言，按照《土地登记办法》第三十一条的规定，只需要当事人持原国有土地使用证、土地资产处置批准文件和其他相关证明材料即可，都不需要提交建设用地规划许可证。

三、《城乡规划法》只是将规划条件作为出让土地的前置条件，并没有要求土地登记需要提交建设用地规划许可证

根据《城乡规划法》（中华人民共和国主席令第七十四号）第三十八条第一款的规定，"在城市、镇规划区内以出让方式提供国有土地使用权的，在国有土地使用权出让前，城市、县人民政府城乡规划主管部门应当依据控制性详细规划，提出出让地块的位置、使用性质、开发强度等规划条件，作为国有土地使用权出让合同的组成部分。未确定规划条件的地块，不得出让国有土地使用权"，出让土地之前应当确定规划条件，否则不得出让。该法第三款还明确规定："城市、县人民政府城乡规划主管部门不得在建设用地规划许可证中，擅自改变作为国有土地使用权出让合同组成部分的规划条件。"由于规划条件已经在出让合同中明确约定，因此当

事人办理土地登记时只需要提供出让合同即可,不需要提供"建设用地规划许可证"。

(刘让云)

问题 55
办理不动产登记是否需要提供婚姻登记记录证明[1]

【问题】

以前办理房屋过户登记,登记机关都要求提供(无)婚姻登记记录证明,请问现在统一登记了,是否还需要提供(无)婚姻登记记录证明?

【解答】

以前房屋登记机关在办理房屋登记时,特别是 2011 年 8 月 13 日《最高人民法院关于适用〈中华人民共和国婚姻法〉若干问题的解释(三)》(法释〔2011〕18 号,以下简称《婚姻法司法解释三》)施行后,确实需要婚姻登记证明。《去年杭州各婚姻登记处开出近 9.5 万张"证明"》[2] 等报道常见诸报端和网络,增加当事人和婚姻登记机关的负担。因为该司法解释第十一条规定"一方未经另一方同意出售夫妻共同共有的房屋,第三人善意购买、支付合理对价并办理产权登记手续,另一方主张追回该房屋的,人民法院不予支持。夫妻一方擅自处分共同共有的房屋造成另一方损失,离婚时另一方请求赔偿损失的,人民法院应予支持"。登记机关为了防止登记权利人一方擅自处分房屋造成登记错误而要求当事人提供(无)婚姻登记记录证明。

---

[1] 本部分内容曾发表于《土地矿产法律实务操作指南》(第八辑),中国法制出版社 2016 年 6 月版,第 1 页。

[2] http://zjnews.zjol.com.cn/05zjnews/system/2013/01/31/019125523.shtml

笔者认为办理不动产登记不需要提供（无）婚姻登记记录证明理由如下：

一、要求当事人提供（无）婚姻登记记录证明，没有任何法律依据。《结婚证》、《离婚证》是证明婚姻关系存续或者终止的法定证明，即使要求当事人提供相关证明时，也只能是要求当事人提供《结婚证》、《离婚证》。

二、不动产登记实行的是依申请登记原则，《婚姻法司法解释三》不能成为登记机关要求当事人提供（无）婚姻登记记录证明的理由。当事人购买不动产时，可以根据当事人的申请登记在夫妻双方名下，也可以登记在夫妻一方名下。在当事人一方处分不动产时，如果不动产登记在双方名下，则需要另外一方同意的证明；如果当事人一方处分不动产时，不动产仅登记在其一个人名下，则不需要提供另外一方同意的证明，因为出现一方擅自处分夫妻共同财产的，登记机关也无法查明，因此责任应当由当事人自行承担。为了防止夫妻一方擅自处分不动产的现象，当事人购买不动产时就应当将不动产登记到双方名下，如果购买时登记在一方名下的，应当尽快变更登记到双方名下。2011年8月31日财政部、国家税务总局《关于房屋土地权属由夫妻一方所有变更为夫妻双方共有契税政策的通知》（财税〔2011〕82号）明确规定"婚姻关系存续期间，房屋、土地权属原归夫妻一方所有，变更为夫妻双方共有的，免征契税"，也为变更提供了便利。

三、（无）婚姻登记记录证明已经被取消，当事人不可能提供。2015年8月27日《民政部关于进一步规范（无）婚姻登记记录证明相关工作的通知》（以下简称民政部《通知》）明确规定"一、自文件发布之日起，除对涉台和本通知附件所列清单中已列出国家的公证事项仍可继续出具证明外，各地民政部门不再向任何部门和个人出具（无）婚姻登记记录证明。……"2015年10月9日《国家税务总局关于简化契税办理流程取消（无）婚姻登记记录证明的公告》（国家税务总局公告2015年第71号，以下简称国家税务总局《公告》）规定："一、纳税人在申请办理家庭唯一普通住房契税优惠时，无须提供原民政部门开具的（无）婚姻登记记录证明。"2015年11月27日《国务院办公厅关于简化优化公共服务流程方便基层群众办事创业的通知》（国办发〔2015〕86号，以下简称国务院办公厅《通知》）再次要求："（二）坚决砍掉各类无谓的证明和繁琐的手续。凡没有法律法规依据的证明和盖章环节，原则上一律取消。"

实践中如果出现确需当事人提供婚姻情况证明情形的，不动产登记机关可以采取如下措施进行审查：

一是由当事人提供结婚证或者离婚证，并结合户口簿上的婚姻状况栏综合审查。上述国家税务总局《公告》就规定："如果纳税人为成年人，可以结合户口簿、结婚（离婚）证等信息判断其婚姻状况……如果纳税人为未成年人，可结合户口簿等材料认定家庭成员状况。"

二是个人声明承诺。民政部新闻发言人陈日发在例行发布会上就建议采取个人声明承诺的办法来解决问题。国家税务总局《公告》就规定："无法做出判断的，可以要求其提供承诺书，就其申报的婚姻状况的真实性做出承诺。"国务院办公厅《通知》也要求"各地区、各部门可结合实际，探索由申请人书面承诺符合相关条件并进行公示，办事部门先予以办理，再相应加强事后核查与监管，进一步减少由申请人提供的证明材料，提高办事效率"。

三是有关部门之间加强信息共享。《不动产登记暂行条例》第二十五条明确规定"国土资源、公安、民政、财政、税务、工商、金融、审计、统计等部门应当加强不动产登记有关信息互通共享"。国务院办公厅《通知》明确要求，（四）加快推进部门间信息共享和业务协同。加强协调配合，推进公共服务信息平台建设，加快推动跨部门、跨区域、跨行业涉及公共服务事项的信息互通共享、校验核对。依托"互联网+"，促进办事部门公共服务相互衔接，变"群众奔波"为"信息跑腿"，变"群众来回跑"为"部门协同办"，从源头上避免各类"奇葩证明"、"循环证明"等现象，为群众提供更加人性化的服务。"2015 年 8 月 3 日《国土资源部关于做好不动产登记信息管理基础平台建设工作的通知》（国土资发〔2015〕103 号）规定："各地要紧紧围绕《不动产登记暂行条例》关于信息平台建设的要求，依据《总体方案》，对各级各类不动产登记数据、信息平台、软件系统及网络资源进行整合集成，确保国家、省、市、县四级登记信息的实时共享，实现与相关部门审批、交易信息的实时互通共享，加强与公安、民政、财政、税务等部门间不动产登记有关信息的互通共享，提供不动产登记资料的依法查询。"民政部《通知》也要求："各地要高度重视婚姻登记信息化建设工作……各级婚姻登记机关要加快纸质历史数据补录工作进度，为有法律法规依据的部门核对当事人的婚姻登记记录情况提供有力支撑。"

（蔡卫华）

问题56
如何确定土地的登记用途[①]

【问题】

实践中，很多城镇临街的房屋，批准用于住宅，实际商住混用，批准用于商业，实际用于住宅，权利人申请登记，应当登记什么用途？如果按照实际用途登记，缺乏相应依据；按照批准用途登记，又会带来一系列问题，特别是在涉及拆迁补偿安置时，土地用途的差异对权利人的影响很大，矛盾的焦点常集中在土地证书上，甚至引发诉讼，地方压力比较大。那么，土地登记到底是登记土地的批准用途还是实际用途，用途是否一定要按照《土地利用现状分类》填写？与《土地利用现状分类》无法对应的如何处理？

【解答】

土地登记是将土地权利的内容记载于土地登记簿的行为，其中土地的用途是土地登记的重要内容之一。按照《国土资源部关于印发〈土地登记表格〉的通知》（国土资发〔2008〕153号）的规定，"用途要按照《土地利用现状分类》（GB/T21010—2007）的二级类填写"。这样的规定对于登记土地用途似乎已很清楚，但实践说明，并非如此。

一是《土地利用现状分类》实施后，因在规划、供地阶段，仍沿用不同的土地用途标准，致使同一宗地在规划立项、土地供应阶段的批准文件中对用途的表述均有不同。若严格要求按照国有建设用地使用权出让合同或国有建设用地划拨决定书等用地批准文件确定用途登记，会导致依法批准用途与《土地利用现状分类》

[①] 本部分内容曾发表于《土地矿产典型案例评析与法律实务操作指南》（第六辑），中国法制出版社2013年6月版，第160页。

（GB/T21010—2007）的二级类相矛盾。即便按照批准用途进行登记，并另行备注，将会导致登记内容自相矛盾，也会导致土地登记数据应用及统计混乱，不利于《土地利用现状分类》（GB/T21010—2007）推行。

二是农村集体农用地按照《土地利用现状分类》（GB/T21010—2007）细分至二级类登记时，对于一宗地多种混合用途的，无法在土地证书上将所有用途标注，且集体农用地二级地类变化频率较建设用地更为频繁，如园地、草地、坑塘等地类，因农业结构调整有可能在一年间反复变化，导致土地登记用途与实际不符。农村土地所有证上，土地面积的分类仍使用农用地、建设用地和未利用地的传统划分，按照《土地利用现状分类》统计后，必须根据对应关系转换后才有可能填写，增加了工作量。

对此，《国土资源部关于规范土地登记的意见》（国土资发〔2012〕134号）规定，"土地登记的用途应当严格依据合法的土地权属来源材料，按照《土地利用现状分类》（GB/T21010—2007）二级类填写。根据国有建设用地使用权出让合同、用地批准文件等，依法批准的用途与《土地利用现状分类》二级类不对应的，按照《土地利用现状分类》二级类重新确定归属地类，按照新归属地类办理登记，同时在土地证书'记事栏'内标注批准用途"。这样，对准确界定土地登记用途作出了明确规定。

一是土地登记用途依据合法的土地权属来源材料，严格按照《土地利用现状分类》（GB/T21010—2007）二级类填写。土地权属来源材料上的用途与《土地利用现状分类》二级类一致的，可以直接登记；不一致的，要分批准用途与实际用途不一致和批准用途与标准分类不一致两种情形。对于批准用途与实际用途不一致的，涉及土地用途改变，擅自改用途的不予登记，必须予以依法处理后才能登记；对于批准用途与标准分类不一致的，国土资发〔2012〕134号作出了明确规定。

二是依法批准的用途与《土地利用现状分类》二级类不对应的，按照《土地利用现状分类》二级类重新确定地类，按照新地类办理登记，同时在土地证书"记事栏"内标注批准用途。这是推行适用《土地利用现状分类》的有力手段，也是满足土地登记适应土地统计、监测需要的现实安排。《土地利用现状分类》（GB/T21010—2007）作为全国性统一标准，在国土资源部门业务办理中应统一执行，若在国土资源相关业务中都不执行此项标准，如何能将此标准向其他领域推广。当然，按国标用途重新确定用途，是对原用途的规范，而不是更改或改变用途。同时，考虑到土地用途由用地审批部门根据规划确定，土地登记部门没有职权重新确定。国土资发〔2012〕134号文件规定，土地登记审查过程中涉及土地用途无法准确界定的，应当提请国土资源主管部门领导召集相关业务部门进行集体会审。这样，可以形成由登记到供地到规划，规范适用《土地利用现状分类》的倒逼机制。另外，鉴于储备土地的特殊性，储备土地登记用途依据规划部门出具的规划用途确定，能按照《土地利用现状分类》填写的按要求填写，不强制适用国标。

（肖攀）

问题 57
登记机构是否可以对申请登记的不动产进行实地查看[①]

【问题】

某房地产开发有限公司以其所有的某建设项目在建工程1层1~8号房产为抵押物向银行申请贷款，双方签订了《在建工程抵押合同》，并向不动产登记机构申请办理抵押登记手续。登记机构经对申请人提交的申请材料进行审查，发现申请抵押登记的在建工程的坐落、面积等信息不明确，同时，该房地产开发公司与银行签订的《在建工程抵押合同》中有关抵押在建工程的建筑面积、已完成工作量和工程量等信息也不够明确，可能会影响到银行方面利益。该情况下，不动产登记机构应如何进一步办理？

【解答】

《物权法》第一百八十条第一款规定，债务人或者第三人有权处分的正在建造的建筑物可以抵押，同时第十二条规定，申请登记的不动产的有关情况需要进一步

[①] 本部分内容曾发表于《土地矿产法律实务操作指南》（第八辑），中国法制出版社2016年6月版，第44页。

证明的，登记机构可以要求申请人补充材料，必要时可以实地查看。依据《不动产登记暂行条例》第十九条规定，"属于下列情形之一的，不动产登记机构可以对申请登记的不动产进行实地查看……（二）在建建筑物抵押权登记"。因此，上述案例中，不动产登记机构在办理在建工程抵押登记时，经对申请人提交的申请材料进行审查，若发现申请抵押登记的在建工程有关信息不明确，可能会影响到抵押物的确定性、真实性，或者可能会涉及利害关系人有关权益的，本着维护交易安全、保障群众权益的原则，登记机构可以到在建工程实地进行查看，也可以到银行进行调查，抵押登记申请人或银行应当予以积极配合。

不动产登记机构在实地查看的具体操作中，应主要查看两方面内容：一是申请抵押的建设工程部分是否真实存在并已完工；二是对在建工程的项目名称、坐落、面积等进行核实，与证明材料记载的信息是否一致。若有必要，不动产登记机构应当对已进行实地查看的情况通过文字或拍照的方式予以记录保存，从而确保登记内容的真实性和公信力。

（翟国徽）

二、转移登记

问题 58
股权转让导致公司法人或名称变更的如何办理土地登记[①]

【问题】

公司的股权发生转让,并且公司法定代表人或公司名称也发生变化。当事人申请办理土地登记,土地登记机构是按照土地权利的转让办理转移登记,还是简单按照名称的变化办理变更登记?[②]

【解答】

土地权利人(公司)因股权转让而引起公司法定代表人、名称变更,应该按照土地权利转让办理转移登记,还是按变更登记办理?实践中,地方感到非常棘手,难以处理。因为如果仅仅按照变更登记办理,容易导致部分公司特别是房地产开发公司通过股权转让规避国家对土地权利转让的限制性规定(主要是《城市房地产管理法》对出让土地使用权转让及关于划拨土地使用权转让的限制性规定)和逃避相关国家税收(土地使用权转让时,发生的税费一般有营业税、土地增值税、所得税、印花税、契税等。股权转让时,一般只涉及印花税、公司所得税或个人所得税等);如果按照土地权利转让办理转移登记,不仅无明确法律依据,而且

[①] 本部分内容曾发表于《土地矿产典型案例评析与法律实务操作指南》,中国法制出版社 2012 年 1 月版,第 136 页。

[②]《土地登记办法》中的变更登记包括转移登记,2015 年 3 月 1 日起《不动产登记暂行条例》颁布实施,变更登记不再包括转移登记。

增加了土地登记机构的审查难度与责任。

　　此问题的实质是股权转让是否导致土地使用权转让。就此问题，2005 年 10 月 25 日《国土资源报》第 8 版曾经进行过探讨，对不同的意见及理由都进行了刊登。之后也曾多次刊登类似的文章。有的认为土地权利没有转让，应该按照更名登记办理；有的认为土地权利已经转让，应该先办理转让手续再办理转移登记等。实践中，有的甚至还根据股权转让的形式不同进行不同的认定：如有的认为股东之间进行股权转让不视为土地权利转让，但股权转给现有股东之外的单位和个人则视为转让；有的认为部分转让不视为土地权利转让，但股权全部转让的，则应认定为土地权利转让；有的认为普通公司股权转让不视为土地权利发生转让，但房地产开发公司的股权转让视为土地转让等。

　　关于此问题，目前没有明确的法律规定，仅有少量的文件进行了规定。但仅有的这些文件的规定还不一致，存在冲突。如《国土资源部办公厅关于股权转让涉及土地使用权变更有关问题的批复》（国土资厅函〔2004〕224 号）规定"太古可口可乐香港有限公司将其全资拥有的独资企业——太古饮品（东莞）有限公司全部转让给可口可乐（中国）投资有限公司，属于企业资产的整体出售，其中包含土地使用权的转移。因此，该行为属于土地使用权转让，应按土地使用权转让的规定办理变更登记"；浙江省国土资源厅《关于企业名称、法定代表人变更以及股东转让出资或股份是否涉及土地使用权转让有关问题的批复》（浙土资函〔2005〕186 号）认为"依法的企业名称、法定代表人变更以及股东转让出资或股份等行为，应属《中华人民共和国公司法》调整范畴，不作为法定的土地使用权转让情形。因此，应根据原国家土地管理局《土地登记规则（修正）》和《浙江省土地登记办法》的有关规定，仅对企业名称、法定代表人等登记事项办理变更登记，而对出资或股份转让行为无需办理变更手续"；《杭州市土地使用权变更登记若干规定》（土资籍〔2006〕4 号）第九条第二款则要求，"房地产项目用地单位因股权转让引起土地使用权人更名的"，应先办理土地转让手续后，再办理土地转移登记，而对"除房地产项目用地单位以外，因原企业名称注销且地方税务部门出具免税凭证的土地使用权人更名引起的（包括变更前后企业股东股权结构发生变化的）"，按照第八条第一款的规定，可直接办理土地变更登记。

　　由于存在各种不同的意见，地方操作起来比较困惑和迷茫。工作中，地方同志向笔者咨询最多的，也是此类问题，因此笔者觉得有必要就此问题谈谈自己的意见，以供地方实践参考和借鉴。

总的来说，笔者同意《国土资源报》2005年10月25日刊登的付智《企业因股东变化更名不属于土地转让》、刘春辉《按更名办理变更土地登记》以及2007年6月11日刊登的雷爱先、陈明《股权转让与土地使用权转让》等文章中的观点及理由，认为公司的股权转让并不导致土地使用权转让，在公司的股权转让导致公司法定代表人、名称变更时，只需要办理更名登记即可。理由如下：

一、从《公司法》的角度来看，股权转让并不导致土地使用权转让

一是股权转让和土地使用权转让的标的不同。股权转让的不是土地权利而是股份。根据《公司法》有关设立公司、转让出资或股份的规定，在公司设立时发起人可以用货币出资，也可以用实物、知识产权、土地使用权等可以用货币估价并可以依法转让的非货币财产作价出资。当股东以土地使用权作为出资变更到公司名下时，土地使用权已货币化、股份化，股东丧失了土地权利而相应地获得经过折算的公司股份，取得了《公司法》第四条规定的"公司股东依法享有资产收益、参与重大决策和选择管理者等"股权权利。土地使用权变成了公司的独立财产，而不再是股东的财产。原出资的股东对土地使用权没有了处置的权利，不得再对已作为出资的土地权利随意支配，否则即构成侵犯公司财产的行为。股东依法转让的是其股权，而不是土地使用权。股权转让后，公司的资产没有发生任何实质的变化，土地权利仍然登记在公司名下，公司还是以其全部资产对债务承担责任。

二是股权转让和土地使用权转让的主体不同。根据《公司法》第三条第一款的规定，"公司是企业法人，有独立的法人财产，享有法人财产权。公司以其全部财产对公司的债务承担责任"，公司具有独立法人人格，具有独立的权利能力和行为能力，其财产、债务等都独立于公司的股东。土地权利登记在公司的名下，因此土地使用权转让的主体只能是公司，不是股东。股权转让的主体只能是股东。根据《城镇国有土地使用权出让和转让暂行条例》第十九条"土地使用权转让是指土地使用者将土地使用权再转移的行为，包括出售、交换和赠与……"的规定，以及《城市房地产管理法》第三十七条"房地产转让，是指房地产权利人通过买卖、赠与或者其他合法方式将其房地产转移给他人的行为"的规定，构成土地使用权转让行为须具备两个条件：一是转让主体是土地权利人；二是土地使用权在两个民事主体（即转让方、受让方）之间发生转移。股权的转让只是对《公司法》第四条规定的股东对股权的处分权利的转让，变化的主体是股东。不论是股东之间进行股权转让，还是将股权转让给现有股东之外的单位和个人；不论股权全部转让，还是部分转让；不论是房地产开发公司还是普通的非房地产开发公司的股权转让，都是股权的主体即股东发生了变化，土地权利的主体即公司都没有发生变化。

二、从国家税务主管部门来看，其已经认定公司股权转让不属于权属转移，不征收相关的税收

一是《国家税务总局关于股权变动导致企业法人房地产权属更名登记不征契税的批复》（国税函〔2002〕771号）明确规定，"宁波中百股份有限公司因北京首创集团受让其26.62%的股权而于2000年更名为宁波首创科技股份有限公司，2001年哈工大八达集团受让宁波首创科技股份有限公司16.62%的股权，企业再次更名为哈工大首创科技股份有限公司。上述由于股权变动引起企业法人名称变更，并因此进行相应土地、房屋权属人名称变更登记的过程中，土地、房屋权属不发生转移，不征收契税"。

二是《财政部、国家税务总局关于股权转让有关营业税问题的通知》（财税〔2002〕191号）第二条，明确规定"对股权转让不征收营业税"。

三是《四川省地方税务局关于股权转让有关契税问题的批复》（川地税函〔2005〕273号）也明确规定，"企业股权无论是部分转让还是全部转让，其引起的企业投资主体及名称发生变化，并因此进行土地、房屋权属人名称变更登记的，均不征收契税"。

三、从土地登记实践来看，土地权利人股权（股东）或（和）法定代表人发生变化，不需要办理土地变更登记

一是土地权利人股权（股东）或（和）法定代表人发生变化不属于变更登记事项。根据《土地登记办法》第三十八条的规定，变更登记"是指因土地权利人发生改变，或者因土地权利人姓名或者名称、地址和土地用途等内容发生变更而进行的登记"，变更登记事项不包括土地权利人的股权或（和）法定代表人的改变，只是土地权利人名称变化时需要办理名称变更登记。

二是土地权利人股权（股东）或（和）法定代表人不属于土地登记的内容。根据《土地登记办法》第十五条第一款的规定，土地登记簿"应当载明下列内容：（一）土地权利人的姓名或者名称、地址；（二）土地的权属性质、使用权类型、取得时间和使用期限、权利以及内容变化情况；（三）土地的坐落、界址、面积、宗地号、用途和取得价格；（四）地上附着物情况"，并不包括土地权利人的（股权）股东和法定代表人。根据《国土资源部关于印发〈土地登记表格〉（试行）的通知》（国土资发〔2008〕153号），土地登记簿、土地登记归户卡记载的有关土地权利人的事项仅包括土地权利人的名称（姓名）、证件种类、证件编号、单位性质、通讯地址、邮编，并不记载土地权利人的股东，也不登记权利人的法定代表人。另外土地登记机构发给当事人的所有土地权利证书上也都不记载土地权利人的股东与法定代表人情况。

三是土地权利人股权（股东）发生变化就要求办理土地转让手续和办理土地变更登记，客观上也不具有可能性。因为上市公司包括专业从事房地产开发的上市公司的股权每一个交易日都在发生变化，因为其在资本市场公开发行的股票，在每一个正常的交易日都存在交易，有的换手率非常高，甚至有的一天就高达100%。对于这些公司的股权发生的变化，不可能要求其办理土地转让和土地登记。

四是土地权利人股权（股东）或（和）法定代表人发生变化，仅需要到工商行政管理部门办理变更登记即可。只是在土地权利人的名称发生变化时，需要到土地登记机构办理名称变更登记。如果纯粹为了逃避国家税收，可以在股权转让后，不再变更公司的名称，这样不需要到土地管理部门办理任何手续。

需要注意的例外情况有：

如果公司为进行增资扩股，或者改变公司组织形式（如有限责任公司变为股份有限公司），或进行重组等，吸收新股东，引起公司名称发生变化，并因此进行土地权利名称变更登记的，需要区分以下两种情况分别进行处理：如果吸收的新股东是以土地作价入股或作为出资投入公司，则应当办理土地权利转移登记；如果吸收的新股东是以现金或者知识产权或其他的动产或权利投入公司，则可以直接办理名称变更登记即可。

公司合并或分立，公司的股权将会发生变化，土地使用权在某些情形下也会发生移转，需要办理土地权利变更登记。笔者曾专门就公司合并或分立致使土地权利发生变化办理变更登记的注意事项进行过论述，在此不再赘述。

（蔡卫华）

问题 59
一方当事人不配合办理不动产登记的如何处理[①]

【问题】

甲公司与乙公司签订《国有土地使用权转让协议》,将甲公司名下的土地使用权以 1 亿元转让给乙公司,但未办理变更登记。后该宗土地价格上涨,乙公司要求甲公司配合申请不动产登记遭甲公司拒绝。双方诉至法院,法院判决甲公司在指定期间内配合乙公司办理变更登记。该判决生效后,乙公司持生效《判决书》等材料要求登记机构依据《不动产登记暂行条例》(以下简称《暂行条例》)第十四条第二款第三项办理变更登记。登记机构如何处理?

【解答】

一、不动产登记以共同申请为一般原则

《暂行条例》第十四条规定:"因买卖、设定抵押权等申请不动产登记的,应当由当事人双方共同申请。"可见,不动产登记以共同申请为基本原则,主要适用于因法律行为而产生物权变动的情形,如不动产的买卖、交换、赠与、抵押等,这些行为都属于民事法律行为中的双方法律行为,需要双方意思表示一致才能成立。要求当事人共同申请,有利于登记机构查清事实,降低因登记错误而产生的赔偿风险,提高登记结果的准确性和权威性。但是,如果符合单方申请条件的,也可以单方申请。

二、单方申请需依据法律的明确规定

《暂行条例》第十四条第二款规定:"属于下列情形之一的,可以由当事人单

[①] 本部分内容曾发表于《土地矿产法律实务操作指南》(第八辑),中国法制出版社 2016 年 6 月版,第 12 页。

方申请：（一）尚未登记的不动产首次申请登记的；（二）继承、接受遗赠取得不动产权利的；（三）人民法院、仲裁委员会生效的法律文书或者人民政府生效的决定等；（四）权利人姓名、名称或者自然状况发生变化，申请变更登记的；（五）不动产灭失或者权利人放弃不动产权利，申请注销登记的；（六）申请更正登记或者异议登记的；（七）法律、行政法规规定可以由当事人单方申请的其他情形。"在特殊情况下，不存在不动产交易，或者权利来源于法律规定，不需要征得原不动产权利人同意，因此该条款明确列举了可以单方申请的情形。

三、本案处理建议

《暂行条例》第十四条中的生效法律文书或者决定等是指能够导致不动产权利的设立、变更、转让或者消灭的法律文书或决定，登记机构可以根据不动产权利的变动状况清楚地办理相应类型的登记。但是，本案中，乙公司所持的生效《判决书》中仅仅判决甲公司为一定的行为，并未导致不动产权利的设立、变更、转让或者消灭，因此不符合《暂行条例》第十四条规定的单方申请的情形。

在本案中，由于乙公司单方申请，仅能提供法院判决书，但是无法提供由甲公司持有的原权利证书，登记机构也就无法收回原土地权利证书。在乙方公司单方申请的情形下，登记机构仅仅依据该《判决书》办理登记存在一定法律风险，因此不能直接办理。但是当乙公司申请人民法院强制执行时，登记机构完全可以根据法院的协助执行通知书办理相应登记。

（张颖）

问题 60
持离婚协议能否单方申请办理不动产转移登记[①]

【问题】

张某（男）和李某（女）感情不和，办理了协议离婚手续。双方在离婚协议中约定，原登记在双方名下的房产归李某一方所有。之后，李某多次要求张某配合办理过户手续，张某都以各种理由推脱拒绝。于是，李某单方持离婚协议书向不动产登记机构提出申请，要求将该登记在双方名下的房产，转移到李某一人名下，登记机构能否办理？

【解答】

一、持离婚协议单方申请登记，法律依据不充分

不动产登记以双方共同申请为原则，单方申请为例外。《不动产登记暂行条例》第十四条明确规定了可以由当事人单方申请的情形，包括"（一）尚未登记的不动产首次申请登记的；（二）继承、接受遗赠取得不动产权利的；（三）人民法院、仲裁委员会生效的法律文书或者人民政府生效的决定等设立、变更、转让、消灭不动产权利的；（四）权利人姓名、名称或者自然状况发生变化，申请变更登记的；（五）不动产灭失或者权利人放弃不动产权利，申请注销登记的；（六）申请更正登记或者异议登记的；（七）法律、行政法规规定可以由当事人单方申请的其他情形。"持离婚协议书处分不动产的，并不在条例列举的单方申请情形之中。因此，除非有法律、行政法规的例外规定，持离婚协议单方申请办理不动产登记存在法律适用的障碍。

[①] 本部分内容曾发表于《土地矿产法律实务操作指南》（第八辑），中国法制出版社 2016 年 6 月版，第 8 页。

二、持离婚协议单方申请登记，难以保证登记结果真实准确

根据《婚姻登记条例》的规定，离婚协议书是载明双方当事人自愿离婚的意思表示以及对子女抚养、财产及债务处理等事项协商一致意见的协议，是当事人协商一致的体现。虽然根据《婚姻登记工作规范》，婚姻登记机构一般会在协议上加盖印章，但是这只能表明婚姻登记机构对于当事人相关约定事项的认可，以及满足婚姻管理存档相关要求，不能改变离婚协议作为民事法律行为的基本属性。离婚协议并不具备法院或者仲裁机构出具的判决书、裁决书、调解书，以及政府出台的决定等相关法律文书所具有的公示效力，根据《物权法》，不能直接产生物权变动的法律效果。而且离婚协议中的财产分割条款，也可以通过事后双方协商的方式进行修改，甚至可以通过诉讼的方式予以撤销。因此，在双方未同时在场的情况下，登记机构也难以判断协议的内容是否为双方的真实意思，进而难以保障登记结果真实准确。

三、持离婚协议单方申请登记，也不符合登记管理实践

在不动产统一登记之前，房屋登记部门针对类似情况也作出过相应的答复。2008年，住房和城乡建设部关于对铜陵市房地产市场管理处《关于适用〈房屋登记办法〉有关规定的请示》的复函中曾明确答复："根据《物权法》、《婚姻法》及《房屋登记办法》等法律法规的规定，夫妻双方经民政部门协议离婚时，离婚协议对夫妻共有房产进行约定处理的，在办理房屋所有权转移登记时，需离婚双方到场共同申请。"

因此，本案中登记机构在没有明确的法律和行政法规作为依据的情况下，不宜为李某办理不动产变更的相关事项。李某在签订离婚协议后，应当及时要求张某配合共同申请办理不动产权属转移登记。在张某不积极配合的情况下，李某应当及时向法院提起诉讼，并持相应的法律文书向登记机构提出申请，及时维护自身的财产权益。

（刘志强）

问题 61
不动产登记能否以共同申请为原则单方申请为例外[①]

【问题】

李某和王某是邻居，王某因常年在国外工作，家中父母多年一直由李某代为照顾。王某父母去世后，为对李某多年照顾自己父母表示感谢，王某将自己名下一套房产赠与李某，同时，王某父母生前在遗嘱中也决定将名下一套房产赠与李某。现李某准备向登记机构申请办理该两套房产的过户登记，李某能否单独提起不动产登记申请？

【解答】

提起申请是不动产登记一般程序的第一个环节，申请主体是否适格，直接影响到登记程序能否由此启动。就不动产登记申请主体问题，《不动产登记暂行条例》规定以共同申请为原则，以单方申请为例外。依据《不动产登记暂行条例》第十四条规定，"因买卖、设定抵押权等申请不动产登记的，应当由当事人双方共同申请"，买卖、抵押等属于双方法律行为，需要双方当事人达成意思表示一致才能成立，因此，为确保登记申请的真实性，维护双方当事人权益，基于双方法律行为产生的物权变动申请，应由当事人双方共同申请。

尽管《不动产登记暂行条例》第十四条没有明确点明"赠与"这一行为，实践中也有人将"赠与"误认为是单方法律行为，但依据有关法律规定，赠与应属双方法律行为而非单方法律行为。《合同法》第一百八十五条规定："赠与合同是赠与人将自己的财产无偿给予受赠人，受赠人表示接受赠与的合同。"因此，赠与

[①] 本部分内容曾发表于《土地矿产法律实务操作指南》（第八辑），中国法制出版社 2016 年 6 月版，第 8 页。

是一种合意双方的法律行为，它需要当事人双方一致的意思表示才能成立。李某因接受王某赠与房产申请不动产登记的，应当由当事人双方共同申请。

遗赠与赠与表面相似，性质不同。依据《继承法》第十六条规定，"公民可以立遗嘱将个人财产赠给国家、集体或者法定继承人以外的人"，第二条规定，"继承从被继承人死亡时开始"。《物权法》第二十九条规定，"因继承或者受遗赠取得物权的，自继承或者受遗赠开始时发生效力"。因此，遗赠是由立遗嘱人单方设立，属于单方法律行为，李某自王某父母死亡后受遗赠开始时即取得了房产物权，依据《不动产登记暂行条例》第十四条规定，继承、接受遗赠取得不动产权利的，可以由当事人单方申请登记。

（翟国徽）

问题 62
经法院判决取得房屋权利的能否将占用范围内土地一并登记[①]

【问题】

某开发公司和某橡塑公司联合开发吉鹏小区，1999年11月，赵某从开发公司购买了一套房屋，开发公司在2000年12月前将房屋交付给赵某。此后，赵某将此房产转让给娄某，娄某持该房屋钥匙，但至今未办理房产证。

2002年8月，因橡塑公司破产还债，法院依法查封该小区2号楼22套房屋（其中包括上述房屋），2002年10月法院将2号楼22套房屋拍卖给承担建设的某建筑公司。之后，宋某向该建筑公司购买上述同一套房屋，并签订商品房买卖协议，于签订协议当日交付使用。

---

① 本部分内容曾发表于《土地矿产典型案例评析与法律实务操作指南》（第七辑），中国法制出版社2015年4月版，第88页。

2006年2月，娄某与宋某为争夺房屋发生争吵，娄某入住该房屋。经宋某起诉，法院将房屋判给宋某。2012年宋某申请办理了房产证，但目前此房屋一直由娄某使用并出租。请问，在此情况下，现在宋某申请办理不动产权属证书，是否可以办理？

【解答】

本案中宋某已合法取得该处房屋的所有权，根据我国"房地一体"的原则，应当为其办理不动产权属证书。

一、宋某已合法取得该处房产的房屋所有权

根据《物权法》第九条规定："不动产物权的设立、变更、转让和消灭，经依法登记，发生效力；未经登记，不发生效力，但法律另有规定的除外。"本案中，开发公司将房屋卖给赵某，赵某将房屋转让给娄某，虽都已交付，但均未进行房地产过户登记，并未发生物权转让的效力，开发公司和橡塑公司仍为该房屋法律上的所有权人。这也是在橡塑公司破产还债时，法院将吉鹏小区纳入破产财产进行拍卖的原因。拍卖之后，房屋的所有权归建筑公司所有，之后宋某与建筑公司签订商品房买卖协议，并于签订协议当日交付使用，但由于未进行所有权变更登记，所以宋某此时并非所有权人。宋某通过起诉获得法院判决，并于2012年申请办理了房产证，此时，宋某完成了房地产转让的登记手续，成为该房屋的真正所有权人。而娄某一直使用、出租房屋的行为并不影响宋某的所有权人地位，这是对他人所有财产的非法占用，宋某有权行使所有权返还请求权，要求娄某交出房屋。

二、根据我国"房地一体"的原则，应当为其办理不动产权属证书

《物权法》第一百四十七条规定："建筑物、构筑物及其附属设施转让、互换、出资或者赠与的，该建筑物、构筑物及其附属设施占用范围内的建设用地使用权一并处分。"《不动产登记暂行条例实施细则》第二条第二款规定："房屋等建筑物、构筑物和森林、林木等定着物应当与其所依附的土地、海域一并登记，保持权利主体一致。"《细则》第三十六条还规定："办理房屋所有权首次登记时，申请人应当将建筑区划内依法属于业主共有的道路、绿地、其他公共场所、公用设施和物业服务用房及其占用范围内的建设用地使用权一并申请登记为业主共有。业主转让房屋所有权的，其对共有部分享有的权利依法一并转让。"可见，我国贯彻"房地一体"的原则，在权利主体一致的情况下，房屋所有权及其占用范围内的建设用地使用权应当一并登记。本案中，宋某申请办理不动产权属证书，实际上是进行土地使用权变更登记，以成为房屋所占土地的使用权人。其已取得了该处房产的房屋所

有权,并办理了房产证,申请办理不动产权属证书,将房屋占用范围内的建设用地使用权一并登记于法有据。

三、娄某可以依据合同追究赵某的违约责任

根据《物权法》第九条的规定,虽然娄某已经入住该房屋,但由于未办理不动产登记手续,娄某并不享有该房屋所有权。但娄某和赵某自房屋转让合同成立时便形成了债权债务关系,如果合同中约定了无法办理不动产登记的违约责任,则娄某可以依据合同的约定追究赵某的违约责任。

综上,根据《物权法》和《细则》的规定,我国贯彻"房地一体"的原则,不动产登记机构应当依法将该房屋占用范围内的建设用地使用权一并登记,并向宋某颁发不动产登记权属证书。

(朱进姝)

问题 63
父母处分未成年人名下房产如何办理登记[①]

【问题】

王某父母去世前将他们名下一套房产赠与刚满十周岁的孙子所有,并办理了房屋产权登记,将该套房屋登记在孩子名下。现因小孩上小学离家太远,王某打算把孩子所有的该套房屋卖掉并在学校周边另购买一套房屋方便孩子上学,王某作为孩子的父亲,有权处分该套房屋吗?能否正常办理过户登记?

【解答】

父母作为未成年子女的监护人只有在"为了未成年人的利益"的条件下,才

---

① 本部分内容曾发表于《土地矿产典型案例评析与法律实务操作指南》(第七辑),中国法制出版社 2015 年 4 月版,第 92 页。

可以处分未成年人的房产，因处分未成年人房屋申请办理登记的，应提交有关为未成年人利益的书面保证，否则，登记机关应不予受理其登记申请。

根据我国有关法律规定，未成年人属于法律上规定的无民事行为能力或限制民事行为能力人，未成年人的大部分行为都需要由监护人来代理。根据法律规定，未成年人的法定监护人首先应当由其父母担任，父母有权利也有义务对未成年子女的人身、财产和其他合法权益承担监督和保护责任。根据《最高人民法院关于贯彻执行〈中华人民共和国民法通则〉若干问题的意见》规定，监护人的监护职责包括：保护被监护人的身体健康，照顾被监护人的生活，管理和保护被监护人的财产，代理被监护人进行民事活动等。

监护人处分未成年人财产有严格的法律限制。出于对未成年人利益的保护，我国《民法通则》第十八条规定，监护人应当履行监护职责，保护被监护人的人身、财产及其他合法权益，除为被监护人的利益外，不得处理被监护人的财产。监护人不履行监护职责或者侵害被监护人的合法权益的，应当承担责任；给被监护人造成财产损失的应当赔偿损失。根据以上规定，只有为了未成年人的利益，监护人才有权处理未成年人的财产，因此，父母作为未成年子女的监护人只有在满足一定的条件下，才可以处分未成年人的房产，即"为了未成年人的利益"。

对于"为被监护人的利益"的具体情形，我国法律还未作出相应的规定。根据司法实践中有关做法，笔者认为，生活中的以下情形可以视为符合"为被监护人的利益"的情形：

作为监护人的父母为了未成年人的教育，比如支付学费等，需要处理未成年人房产的情形；作为监护人的父母为了未成年人的健康，比如治病等，需要处理未成年人房产的情形；根据我国《侵权责任法》第三十二条第二款规定的"有财产的无民事行为能力人、限制民事行为能力人造成他人损害的，从本人财产中支付赔偿费用"，未成年子女自身行为造成他人人身或财产损害的，作为监护人的父母为未成年人支付侵权赔偿款，需要处理未成年人房产的情形；未成年人的房产遇合法拆迁，作为监护人的父母与拆迁部门签订房屋拆迁补偿协议，而处理未成年人房产的情形；作为监护人的父母需要出售旧房来为未成年人购买新房改善居住条件时，且购买的新房价值等于或大于旧房的价值，而处理未成年人房产的情形。

为孩子上学方便变卖其房产并购置新房的，只要新购买房屋价值不明显低于原房屋价值，且给孩子上学提供明显便利的，应该属于"为被监护人的利益"的情形。

法律对于未成年人房屋过户登记也有特别规定。《房屋登记办法》第十四条规定，未成年人的房屋，应当由其监护人代为申请登记。监护人代为申请未成年人房屋登记的，应当提交证明监护人身份的材料；因处分未成年人房屋申请登记的，还应当提供为未成年人利益的书面保证。因此，因处分未成年人房屋申请办理登记的，应提交有关为未成年人利益的书面保证和证明，否则，登记机关将不予受理其登记申请。

（翟国徽）

问题 64
登记在未成年子女名下的不动产如何办理转移登记[①]

【问题】

2012 年，刘某与妻子赵某将全款购买的不动产登记在了 12 岁儿子小刘的名下，2015 年 1 月刘某和赵某欲将该不动产出卖给贾某，遂向不动产登记机构申请转移登记，不动产登记机构应当如何办理？

【解答】

本案的争议焦点在于，未成年人的父母可否将登记在未成年子女名下的不动产出卖，并申请转移登记？

一、在纯获利益情况下，未成年人可以成为不动产权利人

我国现行法律法规未对不动产权利人的年龄进行限制。《最高人民法院关于贯彻执行〈中华人民共和国民法通则〉若干问题的意见（试行）》中规定："无民事行为能力人、限制民事行为能力人接受奖励、赠与、报酬，他人不得以行为人无民事行为能力、限制民事行为能力为由，主张以上行为无效。"可见，无民事行为能力人和限制民事行为能力人可以接受赠与，成为不动产权利人，但该赠与必须是使未成年人纯获利益的，不得为子女增添贷款等负担。本案中，小刘虽然为限制民事行为能力人，但他可以接受父母赠与的不动产，不动产登记机构可以将该不动产登记在小刘名下。

二、父母可以代理未成年人申请不动产转移登记

《不动产登记暂行条例实施细则》（以下简称《实施细则》）第十一条第一款规定："无民事行为能力人、限制民事行为能力人申请不动产登记的，应当由其监护

[①] 本部分内容曾发表于《中国土地》，2016 年 3 月刊，第 57 页。

人代为申请。"不动产价值往往较大，作为权利人的主要财产权利，在登记时需要极为审慎，无民事行为能力人和限制民事行为能力人难以完成相对复杂的登记手续，因此监护人作为法定代理人可以代理无民事行为能力人和限制民事行为能力人申请转移登记。本案中，刘某和赵某作为小刘的法定监护人，应代小刘申请不动产转移登记。

三、父母为处分未成年人名下不动产而申请登记的，还应当提供为被监护人利益的书面保证

不动产登记机构办理父母对未成年人不动产的转移、抵押等登记申请时如何判断是否"为未成年人的利益"一直以来存在较大争议。《实施细则》第十一条第二款规定："监护人代为申请登记的，应当提供监护人与被监护人的身份证或者户口簿、有关监护关系等材料；因处分不动产而申请登记的，还应当提供为被监护人利益的书面保证。"父母是否为了未成年人的利益而处分未成年人不动产，是民事法律关系问题，登记机构无须、也无法判断。所以，在办理父母处分未成年人不动产的登记申请时，不动产登记机构只需要求父母提供其处分不动产行为是为监护人利益的书面保证即可，监护人实际上是否为未成年人利益，登记机构不进行实质审查。另外，提醒想要将不动产登记在未成年子女名下的家长注意以下几点。一是父母离婚时，登记在未成年子女名下的不动产将可能作为未成年人的个人财产不予分割。二是未成年子女成年后，有权自行处置登记在自己名下的不动产，无需征得父母同意。如果该不动产是父母的唯一居住场所，子女私自将该不动产抵押或出卖，将会直接影响到父母的日常生活。

（张颖）

问题 65
委托书无效是否导致转让合同无效[①]

【问题】

1994年，村民吴某的父亲以2万元购得一处院落，吴某父亲去世后由吴某继承。2006年5月，苏某持有吴某委托全权代理房产过户手续的授权委托书等文件将房屋卖与黄某。同年6月，黄某办理了上述房产的房屋所有权证、土地使用权证。2008年5月，吴某向房屋登记机构提出异议，称上述房产的转移其不知情。同年6月，吴某向县人民法院提起诉讼。经审理，一审法院认为，权利人吴某要求确认《房地产买卖合同》无效的诉讼请求成立。据此，判决上述协议无效，黄某不服，向中级人民法院提起上诉。不动产登记登记授权委托会带来哪些法律后果？不动产登记登记中委托代理有哪些要求？

【解答】

从法律意义上讲，无权处分人如以不动产权利人名义与第三人订立合同，则应作为无权代理合同处理，是无效民事行为。1986年4月全国人大通过的《民法通则》第六十三条、第六十六条规定，公民、法人可以通过代理人实施民事法律行为。没有代理权、超越代理权或者代理权终止后的行为，只有经过被代理人的追认，被代理人才承担民事责任。未经追认的行为，由行为人承担民事责任。1999年3月，全国人大通过的《合同法》第四十八条规定，行为人没有代理权、超越代理权或者代理权终止后以被代理人名义订立的合同，未经被代理人追认，对被代理人不发生效力，由行为人承担责任。本案中，法院经审理后认定授权委托书并非权利人吴某签订，因此，苏某作为代理人转让涉案房产的行为也就失去了法律依

[①] 本部分内容曾发表于《中国不动产》，2016年7月刊，第67页。

据,成为无效民事法律行为。

各地在不动产统一登记前为避免委托代理行为不规范带来纠纷,对于不动产登记委托代理行为一般都规定了相应的限制条件。如有的地区规定"自然人转让房地产委托他人申请转移登记的,应当提交委托公证书","委托代理人申请房地产登记的,应当向房地产行政主管部门提交授权委托书、被代理人和代理人的身份证明"。在不动产统一登记制度建立过程中,对此问题进行了统一规范,并建立现场签订委托协议和公证两种方式。2016年1月国土资源部颁布的《不动产登记暂行条例实施细则》第十二条规定,当事人可以委托他人代为申请不动产登记。代理申请不动产登记的,代理人应当向不动产登记机构提供被代理人签字或者盖章的授权委托书。自然人处分不动产,委托代理人申请登记的,应当与代理人共同到不动产登记机构现场签订授权委托书,但授权委托书经公证的除外。2016年5月,国土资源部印发的《不动产登记操作规范(试行)》规定,申请人委托代理人申请不动产登记的,代理人应当向不动产登记机构提交申请人身份证明、授权委托书及代理人的身份证明。授权委托书中应当载明代理人的姓名或者名称、代理事项、权限和期间,并由委托人签名或者盖章。自然人处分不动产的,可以提交经公证的授权委托书;授权委托书未经公证的,申请人应当在申请登记时,与代理人共同到不动产登记机构现场签订授权委托书。

可见,不动产统一登记后对于不动产登记委托代理的规定越来越规范,为避免委托代理登记行为不规范提供了制度保障。本案中,黄某在因苏某伪造授权委托书而导致房屋买卖合同无效的情况下,可以向代理方苏某追偿或根据《物权法》第一百零六条规定的善意取得制度主张权利。

(钟京涛)

问题 66
母子公司间变更建设用地使用权的如何办理登记[①]

【问题】

A 公司依法以出让方式取得一商住建设用地使用权，但未进行开发建设。A 公司系 B 公司子公司，现 A 公司申请将土地使用权变更给 B 公司，A、B 公司法人代表相同。那么，土地使用权人变更如何办理登记？需要变更《国有建设用地使用权出让合同》吗？

【解答】

该问题涉及土地使用权取得之前或之后变更受让主体或变更主体如何办理。若母公司作为竞得人可以采取事先约定的方式，通过变更土地使用权出让合同，或者由其子公司直接签订土地使用权出让合同，由其子公司直接取得土地使用权。否则，母子公司之间，应严格按照法律规定的转让登记办理。

首先，关于出让合同签订前变更受让主体问题。根据国土资源部《招标拍卖挂牌出让国有土地使用权规范（试行）》（国土资发〔2006〕114号）规定："申请人竞得土地后，拟成立新公司进行开发建设的，应在申请书中明确新公司的出资构成、成立时间等内容。出让人可以根据招标拍卖挂牌出让结果，先与竞得人签订《国有土地使用权出让合同》，在竞得人按约定办理完新公司注册登记手续后，再与新公司签订《国有土地使用权出让合同变更协议》；也可按约定直接与新公司签订《国有土地使用权出让合同》。"因此，如果属于上述情况，竞买人在申请竞拍时，事先已约定成立新公司，并明确资金构成、成立时间等，在竞得土地后，且按

---

① 本部分内容曾发表于《土地矿产典型案例评析与法律实务操作指南》，中国法制出版社2012年1月版，第140页。

原约定条件办理的，没有发生土地权利转移，只有这种情况下，可以直接变更受让主体，并与其签订出让合同。除此之外，是不允许直接变更受让名称或者主体的。

其次，关于取得土地使用权后变更主体问题。母公司 B 与子公司 A，土地使用权由 A 公司变更为其上一级公司（母公司），是单纯的名称变更还是属于转让？名称变更，没有特别的要求，只要做一下变更登记即可，如果属于转让，则需要有最低投入的限制条件。按照《城镇国有土地使用权出让和转让暂行条例》第十九条规定，土地使用权转让是指土地使用者将土地使用权再转让的行为，包括出售、交换和赠与。未按土地使用权出让合同规定的期限和条件投资开发、利用土地的，土地使用权不得转让。根据《城市房地产管理法》第三十九条的规定，以出让方式取得土地使用权的，转让房地产时，应当符合下列条件：按照出让合同约定已经支付全部土地使用权出让金，并取得土地使用权证书；按照出让合同约定进行投资开发，属于房屋建设工程的，完成开发投资总额的百分之二十五以上，属于成片开发土地的，形成工业用地或者其他建设用地条件。

那么，土地使用权由 A 公司变更为 B 公司是否属于土地使用权转让呢？先要分析一下母公司与子公司的关系。按照《公司法》的规定，子公司是由母公司出资设立的具有独立法人资格的公司。一般来说，母公司在子公司都拥有相当一部分股权，但子公司一旦注册成功，就成为具有独立法人资格的主体，即拥有了独立的财产权，包括母公司在内的各股东完成出资后，其所投入的资产即成为子公司的独立资产，股东丧失了对该部分资产的所有权。因此，按照以上分析，由 A 公司变更为 B 公司，是土地使用权的转让行为，不是单纯的名称变更问题（即使法定代表人为同一人），这种转让行为应当受到《城市房地产管理法》第三十九条和《城镇国有土地使用权出让和转让暂行条例》第十九条的限制，也就是最低投入的限制。

（周玥）

问题 67
因公司分立导致土地转移是否适用《城市房地产管理法》第三十九条的规定[①]

【问题】

甲公司合法公开取得一宗出让土地。不久，公司发生分立，由甲公司分立出一个新公司乙公司。按照分立协议，土地归乙公司。但是当甲乙公司到登记机关办理转移登记时，登记机关却以甲公司投资未达到《城市房地产管理法》第三十九条规定的投资总额的25%，土地使用权不能转移，因此不予以办理转移登记。请问因公司分立导致土地使用权转移的是否应当适用《城市房地产管理法》第三十九条的规定？办理此类登记时，是否需要当事人提供投资已达25%的投资额度证明？

【解答】

虽然《城市房地产管理法》第三十九条明确规定："以出让方式取得土地使用权的，转让房地产时，应当符合下列条件：（一）按照出让合同约定已经支付全部土地使用权出让金，并取得土地使用权证书；（二）按照出让合同约定进行投资开发，属于房屋建设工程的，完成开发投资总额的百分之二十五以上，属于成片开发土地的，形成工业用地或者其他建设用地条件。转让房地产时房屋已经建成的，还应当持有房屋所有权证书"；并且该法第三十七条还明确规定："房地产转让，是指房地产权利人通过买卖、赠与或者其他合法方式将其房地产转移给他人的行为。"因此不少人认为公司分立导致的土地使用权转移属于"其他合法方式将其房地产转移给他人的行为"，也属于房地产转让，也应当适用《城市房地产管理法》

---

① 本部分内容曾发表于《土地矿产典型案例评析与法律实务操作指南》（第七辑），中国法制出版社2015年4月版，第17页。

第三十九条的规定，否则不能办理转移登记。但是笔者认为因公司分立导致土地使用权转移的不应当适用《城市房地产管理法》第三十九条的规定。理由如下：

一、如果适用，不符合立法的宗旨

《城市房地产管理法》第三十九条规定的目的在于防止炒卖土地。这种炒卖土地应当是有偿的，公司分立导致的土地使用权转移与土地使用权的正常转让有区别，主要体现以下几点：一是内容不同。土地使用权转让，是转让方公司将土地使用权转让给其他公司后，以获得相应的对价，转让方的资产总额不变，公司资产负债表中的所有者权益也不变动，只是资产内部的科目发生变动；公司分立在原公司分离土地使用权后，不会获得对价，资产总额因此减少，所有者权益也减少。二是对股东地位的影响不同。土地使用权转让不会影响股东地位，影响的只是买卖双方公司的资产形态；而公司分立直接影响股东的地位，在存续分立中，原公司的股东对原公司的股权将减少，相应地获得分立出来的公司的股权，在解散分立中，原公司的股东对原公司的股权因原公司的消灭而消灭，相应地获得分立出来的公司的股权。三是法律性质不同。公司的分立将产生公司人格的变化；而土地使用权转让的本质是买卖。

按照《物权法》的规定，互换、出资、赠与或者抵押都不属于转让。因为该法第一百四十三条规定，"建设用地使用权人有权将建设用地使用权转让、互换、出资、赠与或者抵押，但法律另有规定的除外"，将转让与互换、出资、赠与或者抵押并列。

二、如果适用，不符合常理

公司分立一般分为存续分立和解散分立两种形式。存续分立（派生分离），是指一个公司分离成两个以上的公司，本公司继续存在并设立一个以上新的公司。解散分立（新设分立），是指一个公司分解为两个以上公司，本公司解散并设立两个以上新的公司。《公司法》第一百七十五条规定："公司分立，其财产作相应的分割。公司分立，应当编制资产负债表及财产清单。公司应当自作出分立决议之日起十日内通知债权人，并于三十日内在报纸上公告。"土地使用权只是公司分立需要分割的财产之一，不应当受到限制。因为公司分立就如父子分家（存续分立）或者兄弟分家（解散分立）一样，将导致包括土地、房屋在内的所有财产的自然分割，与一般的转让不同，不应当受到限制。

三、办理因公司分立而产生的土地转移登记时不应当审查投资额度

一是《土地登记办法》第四十一条明确规定，"因法人或者其他组织合并、分立、兼并、破产等原因致使土地使用权发生转移的，当事人应当持相关协议及有关部门的批准文件、原土地权利证书等相关证明材料，申请土地使用权变更登记"，没有要求当事人提供投资额度证明。①

二是有关的业务指导用书《土地登记指南》（国土资源部地籍司主持编写的用于土地登记人员持证上岗考试及土地登记代理人资格考试的用书，2009年9月中国法制出版社出版，第294页），没有要求当事人提供投资额度证明。对于因土地使用权转让的登记以及因单位合并、分立和企业兼并产生的登记的材料作了区分，对于前者，要求提交的权属证明文件包括原《国有土地使用证》、土地税费交纳证明、转让合同、转让地块投资证明、税费缴纳凭证，而对后者只要求提交原《国有土地使用证》、土地税费交纳证明、相关协议及有关部门的批准文件。

三是不少地方在办理过程中也没有规定要求提供投资额度证明。如《成都市国土资源局关于国有土地使用权变更登记中是否存在土地使用权交易的界定的通知》（成国土资发〔2004〕323号）规定："二、下列情况引起的国有土地使用权更名申请经审核后可以直接办理：……（三）公司分立。"公司依照《公司法》和《合同法》规定的条件、程序分成两个或两个以上具有独立法人资格的公司的，包括新设分立和派生分立而涉及的土地使用者名称变更的。新设分立为"A公司＝B公司＋C公司"，B、C公司为新注册的公司。A公司申请注销登记，B、C公司分别或共同申请变更登记。派生分立为"A公司＝A公司＋B公司"，A公司续存，B公司为新注册公司。A、B公司共同申请变更登记。所以应重点审核公司分立协议、股东会议决议、工商变更登记的材料、相关企业法人营业执照等材料。

（李志华　蔡卫华）

---

① 《土地登记办法》中的变更登记包括转移登记，2015年3月1日起《不动产登记暂行条例》颁布实施，将不动产转移登记与变更登记进行了区分，变更登记不再包括转移登记。

问题 68
以土地作价入股的，是否适用《城市房地产管理法》第三十九条的规定[①]

【问题】

一家企业通过出让方式取得国有建设用地使用权后，由于没有开发资质，没有进行建设（未达到开发投资总额的 25% 以上），现拟以该地作价出资成立新公司进行开发建设，但到登记机构办理变更登记时，却被告知取得土地后须达到开发投资总额 25% 以上才能够作价出资，才能办理变更登记。请问，公司以土地作价入股是否应当适用《城市房地产管理法》第三十九条的规定？

【解答】

笔者认为以土地使用权作价出资与土地转让不同，不应适用《城市房地产管理法》第三十九条的规定。

一、如果适用，不符合立法目的

一是土地使用权是可以作价出资入股的，法律有明确的规定。如《城市房地产管理法》第二十八条明确规定，"依法取得的土地使用权，可以依照本法和有关法律、行政法规的规定，作价入股，合资、合作开发经营房地产"；《公司法》第二十七条第一款明确规定，"股东可以用货币出资，也可以用实物、知识产权、土地使用权等可以用货币估价并可以依法转让的非货币财产作价出资；但是，法律、行政法规规定不得作为出资的财产除外"。

二是《城市房地产管理法》第三十九条规定的目的在于防止炒卖土地。这种

[①] 本部分内容曾发表于《土地矿产典型案例评析与法律实务操作指南》（第七辑），中国法制出版社 2015 年 4 月版，第 20 页。

炒卖土地应当是有偿的，以土地使用权作价出资导致的土地使用权转移与土地使用权的正常转让有区别。土地权利人以土地权利作价入股，土地转移到新公司名下，原土地权利人取得的是股权，土地转让之后原权利人取得的是价款。

二、如果适用，与相关规定不符

《城镇国有土地使用权出让和转让暂行条例》第三条规定："中华人民共和国境内外的公司、企业、其他组织和个人，除法律另有规定者外，均可依照本条例的规定取得土地使用权，进行土地开发、利用、经营。"因此，地方在招标拍卖挂牌出让国有土地时对土地竞得人没有任何资格限制。但是经常会出现竞得人取得土地之后却因为没有资质无法开发的现象。为了解决这一问题，《招标拍卖挂牌出让国有土地使用权规范（试行）》（以下简称《规范》）专门规定："申请人竞得土地后，拟成立新公司进行开发建设的，应在申请书中明确新公司的出资构成、成立时间等内容。出让人可以根据招标拍卖挂牌出让结果，先与竞得人签订《国有土地使用权出让合同》，在竞得人按约定办理完新公司注册登记手续后，再与新公司签订《国有土地使用权出让合同变更协议》；也可按约定直接与新公司签订《国有土地使用权出让合同》。"另外《规范》所附的《国有土地使用权招标出让须知示范文本》、《国有土地使用权拍卖出让须知示范文本》、《国有土地使用权挂牌出让须知示范文本》，也都有类似之条文。当事人取得土地之后还没有登记到其名下时，可以适用于该规范，但是如果土地已经登记到当事人名下之后，则无法适用该规范，如果又不允许其作价出资与他人合作开发，则当事人将面临左右为难的境地。因为要开发没有资质，与别人合作开发又不能办理手续。这样将导致土地闲置，也与国家所提倡的节约集约用地政策不符。

三、登记机构办理登记时不应审查投资额度

一是《土地登记办法》第三十九条明确规定，"依法以出让、国有土地租赁、作价出资或者入股方式取得的国有建设用地使用权转让的，当事人应当持原国有土地使用证和土地权利发生转移的相关证明材料，申请国有建设用地使用权变更登记"，没有要求提供投资额度证明。[①]

二是主管部门编写有关的业务指导用书没有要求当事人提供投资额度证明《土地登记指南》（国土资源部地籍司主持编写的用于土地登记人员持证上岗考试

[①] 《土地登记办法》中的变更登记包括转移登记，2015年3月1日起《不动产登记暂行条例》颁布实施，将不动产转移登记与变更登记进行了区分，变更登记不再包括转移登记。

及土地登记代理人资格考试的用书，中国法制出版社 2009 年 9 月版，第 294 页。）对于因土地转让的登记以及因土地入股产生的登记需要提交的材料作了区分，对于前者要求提交的权属证明文件包括原《国有土地使用证》、土地税费交纳证明、转让合同、转让地块投资证明、税费缴纳凭证，而对后者只要求提交原《国有土地使用证》、土地税费交纳证明、入股合同。

（李志华　蔡卫华）

问题 69
一人有限责任公司申请将其名下的土地变更到股东名下，如何办理登记[①]

【问题】

李某设立了一个有限责任公司，股东只有自己一人，该公司 2 年前取得一块建设用地的使用权，现在李某看中了土地使用权的价值，觉得它在公司名下放置作用不大，想要将其转到自己名下另行投资，应当如何办理登记？

【解答】

一人公司申请将其土地使用权变更到股东个人名下，实质是土地权利人的主体发生了变更，而不是名称的变更。

首先要明确一人有限责任公司的概念和特征。2005 年修订的《公司法》第五十八条规定，一人有限责任公司是指只有一个自然人股东或者一个法人股东的有限责任公司。一人有限责任公司简称一人公司或独资公司或独股公司，是指由一名股

[①] 本部分内容曾发表于《土地矿产典型案例评析与法律实务操作指南》（第七辑），中国法制出版社 2015 年 4 月版，第 99 页。

东（自然人或法人）持有公司的全部出资的有限责任公司。需要注意的是，我国《公司法》上的国有独资公司，其性质也是一人有限责任公司，但由于其特殊性，即设立人既非自然人，亦非法人，而是由国家单独出资、由国务院或者地方人民政府委托本级人民政府国有资产监督管理机构履行出资人职责的有限责任公司，所以将其单独作为一种特殊类型的有限责任公司。

根据《公司法》，一人公司有如下基本特征：

1. 股东为一人。一人公司的出资人即股东只有一人。股东可以是自然人，也可以是法人。这是一人公司与一般情形下的有限责任公司的不同之处，通常情形下有限责任公司的股东是两人或两人以上。一人有限责任公司的此特征也体现其与个人独资企业的区别，后者的投资人只能是自然人，而不包括法人。

2. 股东对公司债务承担有限责任。一人公司的本质特征同于有限责任公司，即股东仅以其出资额为限对公司债务承担责任，公司以其全部财产独立承担责任，当公司财产不足以清偿其债务时，股东不承担连带责任。此系一人有限责任公司与个人独资企业的本质区别。

3. 组织机构的简化。一人公司由于只有一个出资人，所以不设股东会，《公司法》关于由股东会行使的职权在一人有限责任公司系由股东独自一人行使。至于其是否设立董事会、监事会，则由公司章程规定，可以设立，也可以不设立，法律未规定其必须设立。

在实际生活中，一人公司里通常是一人股东自任董事、经理并实际控制公司，缺乏股东之间的相互制衡及公司组织机构之间的相互制衡，因此很容易混淆公司财产和股东个人财产的关系。公众也会错误地认为一人公司的财产与股东个人财产可以产生混同，股东可以将公司财产挪作私用，或给自己支付巨额报酬，或同公司进行自我交易，或以公司名义为自己担保或借贷等。但根据《公司法》，有限责任公司的股东一旦完成向公司的出资，该出资就成为公司的法人财产，不再是股东个人的财产，具体到一人有限责任公司这种组织形式时，股东的个人财产与公司的财产分属于不同的权利主体，相互独立。因此，一人公司申请将其土地使用权变更到股东个人名下是土地权利人的主体发生了变更，而不是名称的变更，根据《土地登记办法》第三十八条、第三十九条、第四十条、第四十一条以及《城市房地产管理法》第三十九条的有关规定，登记机构应按照土地权利人改变，土地使用权转移为其办理变更登记。

实际办理登记时的注意事项：

1. 如果该一人公司名下土地原为划拨土地的，应到有批准权的人民政府先办理转让批准手续，准予转让的，应当由受让方办理土地使用权出让手续并缴纳土地出让金然后再办理转移登记；如果使用的土地为出让土地，则应在交纳相关税费后按权利人改变进行转移登记。

2. 如因被吊销营业执照公司申请变更土地使用权的，在该公司没有进行清算并在工商部门办理注销登记之前土地登记机构不宜办理土地使用权的转移登记。因为根据我国《公司法》的规定，公司因营业执照被吊销解散，并不意味着公司的消灭或终止。公司营业执照被吊销而解散的，应当在被吊销之日起十五日内成立清算组，开始清算。清算组就公司的债权债务等的事项形成清算报告，报股东会或者人民法院确认，报送公司登记机关申请注销公司登记，并进行公告后，公司才终止。公司经过清算，并按照合法程序终止之后，才能办理土地使用权的转移登记。之所以这样，主要是为了避免公司存在没有依法处理的事项（债务等）而产生纠纷。因此在办理这类登记时，可以根据实际情况要求当事人提供清算报告、工商登记部门的注销登记证明，以及经过公告的证明材料，重点审查其对外的债务是否得到有效的处理后，才能作出是否进行转移登记的决定。

3. 2008年财政部、国家税务总局《关于企业改制重组若干契税政策的通知》（财税〔2008〕175号）规定："企业改制重组过程中，同一投资主体内部所属企业之间土地、房屋权属的无偿划转，包括母公司与其全资子公司之间，同一公司所属全资子公司之间，同一自然人与其设立的个人独资企业、一人有限公司之间土地、房屋权属的无偿划转，不征收契税。"当一人公司的股东为自然人时，公司与自然人股东之间土地权属的转移，不征收契税。

（周玥）

问题 70
继子女继承不动产，登记机构如何办理登记[①]

【问题】

李某（男）一直未婚，后与独自带有一个10岁女儿的王某（女）登记结婚。在王某去世后，李某患上绝症，王某之女精心照顾李某直到其去世。请问对李某婚前曾购置的一套房产其继女能否继承？登记机构办理此类登记应注意什么？

【解答】

本案主要涉及两个问题，一是继子女是否有权继承继父母的遗产？二是对办理此类登记申请，登记机构工作人员应当注意什么？

一、有扶养关系的继子女可以继承继父母的遗产

按照《继承法》第十条的规定，配偶、子女、父母为第一顺序继承人。并且该法明确规定"本法所说的子女，包括婚生子女、非婚生子女、养子女和有扶养关系的继子女"，"本法所说的父母，包括生父母、养父母和有扶养关系的继父母"。因此，并不是所有的继子女或者继父母都有继承权，只有继子女和继父母之间形成"扶养关系"的，依据法律规定继子女与继父母之间就互相享有继承权。所谓扶养关系主要表现为：继父母对未成年的继子女履行了抚养义务，其中包括继子女受继父母经济上的供养以及继子女受继父母生活上的抚养、教育；继父母对已成年但系限制行为能力或无行为能力的继子女履行了抚养义务；继子女对继父母履行了赡养义务，其中包括继子女在经济上供养继父母以及继子女在生活上扶助继父母。具备继父母对继子女的抚养和继子女对继父母的赡养的情形，就可认定为继子女与继父母形成了扶养关系。根据《最高人民法院关于贯彻执行〈中华人民共和

[①] 本部分内容曾发表于《中国土地》2016年3月刊，第58页。

国继承法〉若干问题的意见》中第三十条的规定:"对被继承人生活提供了主要经济来源,或在劳务等方面给予了主要扶助的,应当认定其尽了主要赡养义务或主要扶养义务。"在司法实践中,法院往往还会考虑双方之间是否存在共同生活、承担生活教育费用、互相照料等多种因素予以认定。本案中,王某之女有多年赡养李某的事实,能够认定王某之女对李某形成扶养关系,按照《继承法》的规定,王某之女有权继承李某的遗产。

二、因继承申请不动产转移登记时,不应要求强制公证

《实施细则》第十四条规定:"因继承、受遗赠取得不动产,当事人申请登记的,应当提交死亡证明材料、遗嘱或者全部法定继承人关于不动产分配的协议以及与被继承人的亲属关系材料等,也可以提交经公证的材料或者生效的法律文书。"在《实施细则》出台之前,根据《房地产登记技术规程》以及1991年《司法部、建设部关于房产登记管理中加强公证的联合通知》的规定,房屋登记部门强制要求当事人办理继承公证,凭公证后的相关继承文书办理房屋登记。《实施细则》出台之后,已经明确规定因继承办理相应不动产登记的,采取自愿公证原则,即当事人既可以自愿先行办理继承相关公证,再向登记机构提交申请,也可以不经公证,直接提出登记申请。2016年7月5日,司法部印发《司法部关于废止〈司法部建设部关于房产登记管理中加强公证的联合通知〉的通知》(司发通〔2016〕63号),废止了1991年《司法部、建设部关于房产登记管理中加强公证的联合通知》。登记机构可以参考《办理继承公证的指导意见》中的相关规定,按照《条例》的规定,及时公开因继承办理不动产登记所需材料的目录和示范文本等信息,方便群众办理登记。同时,考虑到继承关系的复杂性,以及登记机构的实际审查能力,建议当事人也可以先行办理相应继承公证,然后再提出登记申请,这样既保证了申请事项的真实准确,避免产生其他经济纠纷,同时,也有利于登记事项的快速办理,及时维护好自身的财产权益。

(周嘉诺)

问题 71
继承不动产的登记如何办理

【问题】

现实生活中,因继承、受遗赠发生不动产转移登记的现象非常普遍。这类例子并不少见:当事人父母去世后,拿着父母生前遗嘱及其公证和相关证件要求办理不动产过户手续,但其他兄弟姐妹不愿放弃继承进而引发纠纷。

【解答】

2016年7月,司法部已正式发布了《关于废止〈司法部、建设部关于房产登记管理中加强公证的联合通知〉的通知》。遗嘱公证或协议公证固然可以有效减少纠纷,但依据现行的法律法规和部门规章,因继承、受遗赠办理不动产登记的,公证材料不是必须提交的材料。遗产继承或遗赠涉及被继承人的家庭关系、亲属关系、财产关系等等复杂问题与纠纷,不动产登记工作人员有必要熟练运用法律知识,尽到合理的审查和调查义务,强化对登记程序合法性的管控,避免陷入复议诉讼的风险。

一、公证不是不动产继承登记必备条件。

基于继承和遗赠案件的复杂性,1991年司法部和建设部下发了《关于房产登记管理中加强公证的联合通知》,要求无论是法定继承还是遗嘱继承,都必须办理公证,经过公证的证明文件是办理房屋继承和遗赠登记的必备材料。2009年中国公证协会公布的《办理继承公证的指导意见》中,对法定继承和遗赠继承公证作了极其复杂繁琐的规定。

这样的规定虽然一定程度上降低了登记机构的风险,减轻了登记机构的审查义务,但副作用也非常明显:一是加大了不动产登记申请人经济负担。因为办理房屋继承公证需要按照房屋价值收取一定比例的费用,随着房屋价值的增值,登记申请人无法接受高额的公证费用。二是加大了房屋登记申请人办理公证的难度。公证中要求提供的材料，常常是申请人自身无法获取和提供的，所以目前房屋继承公证可操作性比较差，申请人难以通过公证实现顺利继承的目的。更为重要的是，继承房屋办理登记必须提供公证材料的要求，与《物权法》、《继承法》等法律法规的规定相违背，在法律法规之外对继承房屋的登记申请人增加了新的义务，违反行政机关依法行政的基本原则。

在以往的实践中，房屋登记机构依据上述文件不予办理登记的案例，在司法判例中已多次被判决违法。例如《最高人民法院公报》2014年第8期刊登了江宁法院的陈爱华诉南京市江宁区住房和城乡建设局不履行房屋登记法定职责案。

2015年颁布实施《不动产登记暂行条例》（以下简称《条例》）以及2016年国土资源部制定的《不动产登记暂行条例实施细则》（以下简称《细则》）中没有规定因继承、受遗赠办理不动产登记必须提供公证材料，而是赋予了当事人提供材料的选择权利，申请人可以选择提交当事人之间形成的能够证明合法继承关系的材料，如死亡证明材料、遗嘱或者全部法定继承人关于不动产分配的协议以及与被继承人的亲属关系材料等；也可以提交能够证明继承法律关系的经公证的材料或者生效的法律文书。

二、不动产继承登记法律风险如何化解

一般来讲，涉及复杂纠纷的遗产继承或遗赠，如果登记机构不予登记，申请人可能会认为登记机构不作为而复议或者起诉；如果登记机构经合理审查办理了登记，有利害关系的第三人可能会以登记机构错误登记为由复议或者起诉。为了避免复议或诉讼的风险，不动产登记机构应当从以下几个方面着手谨慎办理。

主动引导当事人先行解决继承纠纷。申请人提交继承不动产登记申请过程中，有利害关系的第三人提出异议的，应当告知申请人先行解决继承纠纷，待法院或仲裁机构出具生效的法律文书后再申请办理登记。申请人不愿意通过法院或仲裁机构先行解决继承纠纷的，如果登记机构能够认定申请登记的不动产存在权属争议的，应当依据《条例》第二十二条之规定，书面告知申请人不予登记。虽然有利害关系第三人对被继承的不动产登记提出异议，但如果登记机构不能认定申请登记的不动产存在权属争议的，应当要求申请人书面承诺提供材料的真实性并承担错误登记的赔偿责任，然后登记机构依法办理登记。也可以建议申请人自愿办理不动产继承和受遗赠的公证，凭借公证材料申请办理继承不动产的登记。

谨慎合理地尽到材料审查和调查义务。按照《细则》第十四条规定，不动产继承登记原因证明文件包括死亡证明材料、遗嘱或者全部法定继承人关于不动产分配的协议以及与被继承人的亲属关系材料等，对这些材料要尽到谨慎合理的审查义务。

一是确认死亡证明材料的有效性。申请人提供的死亡证明材料可能包括公安机关的证明、医疗卫生机构的证明、民政部门的证明、基层政府或自治组织的证明、火化证明、殡葬证明、证人证言等等。这些证明哪些是权威的，哪些需要几个证明互相印证？

二是面对遗嘱的各种复杂情况。按照《继承法》的规定，遗嘱有口头遗嘱、自书遗嘱、代书遗嘱、录音遗嘱和公证遗嘱等。在同一个继承案件中，往往可能出现相同或不同形式的数个遗嘱，如何确定当事人提供的遗嘱的法律效力？

三是认定全部法定继承人的范围。按照法律规定，除一般比较容易认定的父母子女配偶之间的继承人外，可能还包括非婚生子女、继父母继子女、养父母养子女、进了主要赡养义务的儿媳或女婿，转继承和代位继承，丧失继承资格的继承人的认定等众多因素，都需要仔细审查和甄别。

四是审查被继承人的亲属关系材料。申请人提供的证明亲属关系的材料可能包括公安机关的证明（2015年8月公安部官方微博已公布出具亲属关系证明不属于公安职权范围）、基层政府或自治组织的证明、户口簿、收养证明、证人证言等等。一般来讲这些证明材料也无法单独起到证明作用，还需要互相印证。

五是要按照《条例》第十六条规定的内容，重点审查申请人提交的"与他人利害关系的说明材料"，从另外的角度印证上述几项证明材料。从上述分析可以看出，不动产继承的证明材料的审查任务非常繁重，需要登记机构具体审查人员具备专业知识并尽到审查义务。

基于不动产继承可能存在的纠纷的情况，登记机构还应当按照《条例》第十九条规定，进行实地查看和调查，全面掌握被继承不动产的相关情况，进一步核实申请人提交材料的真实性和有效性。

强化登记申请受理和审查程序合法性的管控。在登记申请受理环节，登记机构应当及时向申请人出具《受理通知书》或《不予受理通知书》；对于申请人未按照《条例》第十六条和《细则》第十四条规定提交证明材料的，应向当事人出具《补正材料通知书》。

在材料审查阶段，一旦发现申请人提交的材料存在矛盾等不符合法律规定的条件，应当书面告知申请人提供材料的补充说明并中止登记办理程序；如果申请人不补充说明或者补充说明材料仍然不符合规定条件的，或者提供的材料自始就属于《条例》第二十二条规定的情形，应当书面告知不予登记。

在出具的书面通知中，登记机构都应当向申请人告知法律依据以及救济权利，并保留好申请人签收书面通知的证据。这样做的目的是严格登记申请受理和审查的程序，固定登记机构程序合法的证据，为可能面临的复议诉讼做好准备。

由于继承、受遗赠办理不动产登记材料审查的专业性和复杂性，目前很多不动产登记机构可能不具备审查能力。为解决上述难题，建议探索在登记机构配备专业人员或加强业务培训，负责办理继承、受遗赠不动产登记的材料审查和调查工作。同时，建议尽快完善相关制度，出台专门文件规范这类不动产登记材料审查和外业调查的具体程序和内容。

（吴永高）

问题 72
未缴纳出让金的已登记国有土地能否办理转移登记[①]

【问题】

甲公司在几年前取得了一块国有出让土地的使用权，但并未缴纳出让金，当时已登记发证。后甲公司将此土地使用权以市场价转让给了乙公司，一段时期内乙公司未办理土地登记，后来甲公司注销。现在乙公司申请土地登记，但该土地并未缴纳土地出让金，乙公司称此土地之前已经登记发证，自己在购买该土地使用权的价款中包含了出让金，不应重复缴纳。之前登记机构在未缴纳土地出让金的情况下办理登记是否存在过错？现登记机构是否应当为乙公司办理该宗土地使用权的转移登记？

【解答】

一、出让土地使用权初始登记前应缴纳出让金，原登记机构存在过错

当事人未缴清出让金之前，登记机构不得登记发证，国家有一系列的规定。如

---

① 本部分内容曾发表于《土地矿产典型案例评析与法律实务操作指南》（第七辑），中国法制出版社 2015 年 4 月版，第 105 页。

《土地登记办法》第二十七条规定："依法以出让方式取得国有建设用地使用权的，当事人应当在付清全部国有土地出让价款后，持国有建设用地使用权出让合同和土地出让价款缴纳凭证等相关证明材料，申请出让国有建设用地使用权初始登记。"《城镇国有土地使用权出让和转让暂行条例》第十六条规定："土地使用者在支付全部土地使用权出让金后，应当依照规定办理登记，领取土地使用证，取得土地使用权。"《关于贯彻实施〈土地登记办法〉进一步加强土地登记工作的通知》（国土资发〔2008〕70号）明确规定了十二种不得登记发证的情形，其中就包括"未按合同约定付清全部土地价款的"。可见支付全部土地使用权出让金是办理登记并领取土地使用权证书的前提条件，登记机构如果想要为土地使用者办理土地使用权初始登记，必须确保土地使用者已经全部缴纳了土地使用权出让金。在本案中，原登记机构在未收缴土地使用权出让金的情况下办理了初始登记，显然违反了法律法规的相关规定，其行为存在过错。

二、如果乙公司基于对登记发证结果的相信购买土地，其善意应当受到保护，否则不应受到保护

按照《物权法》第十七条的规定，不动产权属证书是权利人享有该不动产物权的证明。《土地登记办法》第十六条第一款明确规定："土地权利证书是土地权利人享有土地权利的证明。"登记机构为甲公司登记发证，表明甲公司对土地享有土地权利证书所记载的土地权利。乙公司基于对登记机构所发放土地权利证书的信任而购买土地，其利益应当受到保护，特别是当土地权利证书上没有注明该宗地没有缴纳土地出让金的字样时，乙公司完全可以认为该土地出让金已经完全缴清，其购买行为受法律保护，登记机构不应当让其缴纳出让金，登记机构如要追缴出让金，也应当向甲公司追缴。如果土地权利证书上已经注明出让金没有缴纳（属于登记不规范），乙公司可以清晰知道土地权利存在瑕疵，其仍然购买，则也存在过错。登记机构可以要求其缴纳出让金之后，再为其办理过户登记。

三、是否为乙办理登记、如何承担未缴纳土地出让金的责任宜由司法途径解决

本案的这种情况，实际是过去实务操作不规范而产生的历史遗留问题，因为时间久远，而且甲公司也已经注销，现在的登记机构和登记人员难以了解当时的具体情况。如果之前真的是登记机构的错误导致土地出让金未收缴，现在直接将土地使用权登记到乙的名下而忽略当时的错误，显然是不负责任的行为，国家将会因登记机构的错误而得不到土地出让金，蒙受巨额损失。如果登记机构将之前的出让土地使用权初始登记注销，这样虽然可以纠正错误，但是因为作为行政相对人的甲已经消亡,初始登记注销后乙的权利得不到保障,是对乙更为不利的,这与保护善意受让人乙的初衷是相违背的。《不动产登记操作规范(试行)》4.8.2规定:"有下列情形之一的,不动产登记机构不予登记并书面通知申请人:……7.未依法缴纳土地出让价款、土地租金、海域使用金或者相关税费的;……"可见,在未依法缴纳土地出让金的情况下,登记机构不得予以登记。在这种两难的境地之下,登记机构作出注销登记的行政行为也明显缺乏法律依据。笔者认为,登记机构可以建议乙公司就此向人民法院提起诉讼,由法院作出裁决,判定是否登记和登记错误的责任如何承担,此后,登记机构依据法院的裁决办理相关登记。

由上文所见,现在历史遗留问题基本都是以往登记机构操作不规范造成的。对于这些问题,一方面,登记机构不能将错就错,而应当在变更登记时予以梳理,必要时可以建议当事人通过司法程序将权利义务关系进行明确;另一方面,登记机构应当严格遵守法律的规定,在土地使用权登记前确保收缴了全部的土地使用权出让金,以免使程序存在瑕疵,给日后的工作造成麻烦。

(许雪霏)

问题 73
土地登记用途与房屋登记用途不一致,应以何者为准[①]

【问题】

1. 某房地产开发公司(或企事业单位)取得国有土地使用权,用途为城镇住宅,在房地产部门办理房产登记时房屋所有权证用途为商业,那么在国土部门办理土地分割登记时,其用途是办理为城镇住宅还是补交出让金变用途为商业?

---

① 本部分内容曾发表于《土地矿产法律实务操作指南》(第八辑),中国法制出版社2016年6月版,第18页。

2. 某地甲单位临街一栋七层楼房，土地证土地用途为城镇住宅。现甲将第一、二层各一间变更给乙单位，房产证已办理，用途为住宅。现申请办理土地登记。问题是现在一层房屋的实际用途是商业，与房产证注明房屋用途和这宗地的土地证的土地用途不一致。

【解答】

本案的争议焦点在于当房屋实际用途或房产证注明用途与土地登记用途不一致时，应当以哪一个用途为准，以及应采取何种方式来解决最为合理、最能够维护社会公共利益。

一、房屋登记用途或实际用途应当与土地登记用途保持一致

由于我国以前实行分散登记，房屋和土地由不同的管理部门发证，因此经常出现房屋登记用途与土地登记用途甚至房屋权利主体与土地权利主体不一致的情形，由此产生很多纠纷和问题。现在实行不动产统一登记了，《不动产登记暂行条例》及其《实施细则》都坚持土地与地上的房屋、林木等一体登记的原则，即权利主体应当一致。严格来说，不仅房地的权利主体应当保持一致，而且两者用途也应当一致，特别是房屋的用途应当与土地的用途保持一致。因为：一是《土地管理法》第二十二条规定："城市总体规划、村庄和集镇规划，应当与土地利用总体规划相衔接，城市总体规划、村庄和集镇规划中建设用地规模不得超过土地利用总体规划确定的城市和村庄、集镇建设用地规模。"由此可见，城乡规划需要与土地利用总体规划保持一致，因此，城乡规划所确定的房屋用途应当与土地利用总体规划所确定的土地用途保持一致。二是《城市房地产管理法》第六十条第一款和第二款规定："以出让或者划拨方式取得土地使用权，应当向县级以上地方人民政府土地管理部门申请登记，经县级以上地方人民政府土地管理部门核实，由同级人民政府颁发土地使用权证书。在依法取得的房地产开发用地上建成房屋的，应当凭土地使用权证书向县级以上地方人民政府房产管理部门申请登记，由县级以上地方人民政府房产管理部门核实并颁发房屋所有权证书。"土地登记在先，房屋登记在后，房屋登记的用途理应与土地用途保持一致。

二、未办理土地用途变更手续的不得办理土地用途变更登记

针对实践中房屋登记用途或者实际用途与土地登记用途不一致的情况，登记机关在办理土地转移登记或者换发统一的不动产权证书时，在当事人未办理土地用途变更登记手续补交出让金之前，不得改变土地的用途。由于本案中房屋已作商业使用，土地的实际用途已经由住宅转为商业，在不影响、损害社会公共利益的基础上，为了尽可能减少当事人的损失，使当事人的经营、生活能够正常维持下去，合理的做法是让当事人补交土地出让金、变更登记的土地用途为商业。

按照法律规定，改变土地用途应当经有关行政机关审批并办理土地用途变更登记。按照《城市房地产管理法》第十七条规定："土地使用者需要改变土地使用权出让合同约定的土地用途，必须取得出让方和市、县人民政府城市规划行政主管部门的同意，签订土地使用权出让合同变更协议或者重新签订土地使用权出让合同，相应调整土地使用权出让金。"

根据上述规定，乙单位应当申请办理土地用途变更手续并补缴相应的土地使用权出让金，之后，再申请将土地的用途变更为商业。

（黄欣晖）

问题 74
房屋多次转让的土地使用权如何转移登记[①]

【问题】

1999年，甲购买了一套商品房，并分别办理了房屋、土地产权证书，之后将房产转让给乙，乙又将其转让给丙。在此期间，每次转让时都办理了房屋过户手续，但均未办理土地过户手续，该宗地的土地使用权人仍然为甲。现在，最终受让人丙申请办理土地转移登记，应该如何处理？

【解答】

作者认为，对于房屋多次转让而未同时办理土地使用权转移登记的案件，应该

---

① 本部分内容曾发表于《土地矿产典型案例评析与法律实务操作指南》，中国法制出版社2012年1月版，第142页。

在公告后为最终受让人办理土地转移登记。

实践中，房产多次转让时只办理房屋过户手续，而一直未办理土地过户手续的情况，即房屋、土地权利人分离的情况并不是个别现象。造成这种现象的原因很多，从客观角度讲，一方面，我国房屋和土地分别由不同的部门管理，有些地区还由于管理机构变动，给权利人办理产权证书造成很大不便；另一方面，房屋和国土资源管理部门衔接不紧密，在房产交易时，房屋管理部门并不要求转让方提供原土地使用证，只要交易双方提供原房屋所有权证并签订转让合同即可办理房屋转移登记。同时，从主观角度讲，一些权利人法律观念淡薄，普遍认为只要有了房产证，房子就是自己的了，办不办土地使用证无所谓。

近年来，随着房地产价格的提升和有关部门宣传力度的加大，尤其是《物权法》的出台，使人民群众的物权意识不断增强，同时，房屋管理部门办理房屋转移登记、金融部门办理抵押贷款时都要求提供土地使用证，更使权利人逐渐认识到土地使用证的重要性，纷纷主动申请土地使用权转移登记。同时我国有关法律法规也规定房屋、土地一并办理转让等登记手续。《物权法》第一百四十六条规定："建设用地使用权转让、互换、出资或者赠与的，附着于该土地上的建筑物、构筑物及其附属设施一并处分。"该法第一百四十七条规定："建筑物、构筑物及其附属设施转让、互换、出资或者赠与的，该建筑物、构筑物及其附属设施占用范围内的建设用地使用权一并处分。"《城市房地产管理法》第三十一条、《土地管理法实施条例》第六条也有类似规定。在实际工作中，房屋、国土资源管理部门应该进一步加强管理，防止房屋、土地权利人分离的现象继续发生。

房屋多次转让而土地一直未过户，最终受让人如何办理土地登记？针对这一问题目前主要有两种观点。一种观点认为，国土资源管理部门应该依照交易次序逐步过户。如果直接过户到最终受让人，则由于缺少法律、事实依据，将会引起纠纷甚至导致行政诉讼。但在很多情况下，由于房产历经多次交易，时间跨度较长，有些受让人已经无法联系。因此，这种做法在实际操作中难以实行。

另一种观点认为，最终受让人应该向法院提起诉讼，根据判决结果申请转移登记。《土地登记办法》第四十五条规定，因人民法院、仲裁机构生效的法律文书取得土地使用权，当事人申请登记的，应当持生效的法律文书申请土地使用权变更登记。① 根据此规定，通过法院裁定的土地使用权可以单方申请，因此这种做法法律依据充分。但是这种做法周期长、成本高并且比较麻烦，多数申请人不能接受，有的为此还到相关部门反映国土资源管理部门在办理土地登记时设置障碍，加大了申请人办理行政确认的成本。

综上所述，笔者认为，应该在公告后为最终受让人办理土地转移登记。按照《民法通则》"地随房走"的原则，既然房屋所有权已经通过合法途径转移到最终受让人名下，在其缴纳相关税费后，国土资源管理部门就应该为其办理土地转移登记。鉴于这种情况具有一定的普遍性，国土资源管理部门可以采用公告的方式，只要转让事实清楚，当事人能提供材料证明其为合法权利人，就可以由国土资源管理部门发布公告，在公告期内无异议，则可以为权利人办理转移登记。

（于丽娜　周玥）

问题 75
继承经济适用房是否需要补交土地出让金[②]

【问题】

2010年，李某购得经济适用房一套，2012年李某死亡，未留下遗嘱。2016年李某的独子小李欲将该房屋出卖给赵某。小李和赵某共同到不动产登记机构办理登记，不动产登记机构告知需要补交土地出让金才能办理转移登记，赵某和小李在由谁补交土地出让金的问题上发生了争议。

---

① 《土地登记办法》中的变更登记包括转移登记，2015年3月1日起《不动产登记暂行条例》颁布实施，将不动产转移登记与变更登记进行了区分，变更登记不再包括转移登记。

② 本部分内容曾发表于《中国土地》，2016年4月刊，第60页。

【解答】

本案的争议焦点在于限制交易期内经济适用房能否继承，以及继承房屋是否需要补交土地出让金。

一、经济适用房在限制交易期内可以继承

我国现行法律法规均未规定限制交易期内经济适用房能否继承的问题。按照《继承法》第三条规定："遗产是公民死亡时遗留的个人合法财产，包括：（一）公民的收入；（二）公民的房屋、储蓄和生活用品；（三）公民的林木、牲畜和家禽；（四）公民的文物、图书资料；（五）法律允许公民所有的生产资料；（六）公民的著作权、专利权中的财产权利；（七）公民的其他合法财产。"经济适用房作为购房人的房产，依法可以发生继承。部分城市也已经出台了相关的地方法规承认限制交易期内经济适用房可以继承，例如《杭州市区经济适用房管理办法》（以下简称《杭州市管理办法》）第三十三条规定："在限制交易期限内，因继承、离婚析产而发生房屋所有权转移的，经市房产行政主管部门核准后，可办理交易过户手续。"因此，本案中李某去世后，其独子小李可以依法继承李某生前购得的经济适用房。

二、继承经济适用房不需要补缴土地出让金

现行法律法规没有继承经济适用房是否需要缴纳土地出让金的规定。但依据《城市房地产管理法》的规定，是否需要补交土地出让金主要取决于土地性质是否从划拨转为出让。经济适用房发生继承后，政策性保障住房的性质并未变化，房产性质仍然是经济适用房，土地状态也依然是划拨土地。因此，继承经济适用房不需要补缴土地出让金。地方实践中，也基本按照经济适用房继承不发生房产性质的变化因此无需补交土地出让金操作。如《嘉兴市市区经济适用住房管理办法》第三十二条规定："经济适用住房在限制上市交易期限内，购房人因继承、离婚等发生房屋所有权转移的，由经济适用住房主管部门核准，允许办理过户手续，过户后房产性质仍为经济适用住房，限制上市交易起计日期不变。"本案中，小李继承经济适用房时，土地性质仍为划拨，不需要补交土地出让金。

三、继承人出卖经济适用房时由买受方补交土地出让金

对于经济适用住房，由于其土地使用权是以划拨方式取得的，个人购买时价格中不含土地出让金，因此已购经济适用住房上市出售时，应当按照《城市房地产管理法》的规定，由购买人向国家补交土地出让金。《城市房地产管理法》第三十九条第一款规定："以划拨方式取得土地使用权的，转让房地产时，应当按照国务

院规定，报有批准权的人民政府审批。有批准权的人民政府准予转让的，应当由受让方办理土地使用权出让手续，并依照国家有关规定缴纳土地使用权出让金。"购买经济适用房满五年，在政府不主张优先回购权的前提下，可补交土地出让金等相关价款出让该经济适用房。本案中，小李欲将该房屋出卖给赵某，应当由赵某按规定补交相应的土地出让金，方可办理不动产转移登记。

（华琳）

三、查封登记

问题76
公司合并前被查封的土地能否转移登记给合并后的公司[①]

【问题】

A公司和B公司的土地被查封之后,A公司和B公司新设合并成立了C公司。合并完成后,A、B公司被撤销,并办理了工商注销登记手续,C公司能否将A、B公司的土地权利过户登记到C公司名下?

【解答】

根据《关于依法规范人民法院执行和国土资源房地产管理部门协助执行若干问题的通知》(法发〔2004〕5号)的相关规定,土地查封后一般不得办理土地的权属转移手续。但是经查封法院和查封申请人同意后,以及在不影响查封申请人权益的特殊情况下,登记机构可以办理土地的权属转移手续。

一、土地查封之后一般不得办理土地的权属转移手续

土地查封登记之后,不得再办理新的登记。对此,目前国家也有明确的规定。如《最高人民法院、国土资源部、建设部关于依法规范人民法院执行和国土资源房地产管理部门协助执行若干问题的通知》(法发〔2004〕5号)第二十二条第一款明确规定:"国土资源、房地产管理部门对被人民法院依法查封、预查封的土地使用权、房屋,在查封、预查封期间不得办理抵押、转让等权属变更、转移登记手

[①] 本部分内容曾发表于《土地矿产典型案例评析与法律实务操作指南》,中国法制出版社2012年1月版,第173页。

续。"《土地登记办法》第六十九条也明确规定："对被人民法院依法查封、预查封的土地使用权，在查封、预查封期间，不得办理土地权利的变更登记或者土地抵押权、地役权登记。"

如果登记机构违反规定，对已经查封的土地办理了变更登记或者抵押登记，登记机构除了要承担民事赔偿责任，有的甚至还要承担相应的行政责任和刑事责任。因为最高人民法院、国土资源部、建设部联合发布的《关于依法规范人民法院执行和国土资源房地产管理部门协助执行若干问题的通知》第二十二条第二款规定："国土资源、房地产管理部门明知土地使用权、房屋已被人民法院查封、预查封，仍然办理抵押、转让等权属变更、转移登记手续的，对有关的国土资源、房地产管理部门和直接责任人可以依照民事诉讼法第一百零二条的规定处理。"而根据《民事诉讼法》第一百零二条的规定，对直接责任人可以处以罚款和司法拘留，构成犯罪的，还可按照《刑法》第三百一十三条的规定追究其拒不执行人民法院判决、裁定罪的刑事责任。

二、经查封法院和查封申请人同意后可以办理土地的权属转移手续

虽然根据《土地登记办法》第六十九条规定，在查封、预查封期间，土地登记机构不得办理相关的登记。但笔者认为这一条应该理解为土地登记机构自己不得擅自办理相关的登记。如果人民法院、查封申请人同意办理土地权利变更登记的，土地登记机构当然可以办理土地权利的变更登记。需要注意的是，如果此土地权利存在其他限制或者负担，如存在轮候查封，则须经过轮候查封法院和查封申请人的同意；如果存在抵押，也须经过抵押权人的同意，才能办理。否则不得擅自办理过户登记。

三、在不影响查封申请人权益的特殊情况下，可以办理查封土地的权属转移手续

如前所述，查封登记的目的冻结的是登记名义人的土地权利，以保证债权人的利益得到实现。如果土地权利因一些特殊原因而发生移转，并且相关的土地权利限制和负担一并移转，并不影响查封申请人权益的，如继承，笔者认为完全可以办理相关的土地权属转移登记。我国台湾地区《土地登记规则》第一百二十九条第一项也明确规定："土地经法院嘱托办理查封、假扣押、假处分或破产登记后，未为涂销前，登记机构应停止与其权利有关之新登记。但有下列情形之一为登记者，不在此限：一、征收或照价收买。二、依法院确定判决申请移转或设定登记之权利人为原假处分登记之债权人。三、继承。四、其他无碍禁止处分之登记。"

在实践中，公司合并前土地被查封的，在公司发生合并后，能否过户登记到合并后的公司名下呢？对于问题中所涉及的情形，笔者认为在不改变土地用途和权利类型，不改变土地查封内容和顺序，不影响查封申请人权益的前提下，土地登记机构可以办理土地权利变更登记。因为《公司法》第一百七十五条规定，公司合并时，合并各方的债权、债务，应当由合并后存续的公司或者新设的公司承继。A公司和B公司合并成C公司之后，A公司和B公司的债权债务均由C公司承担。A公司和B公司的土地过户到C公司名下后，继续保持查封状态，并且查封的内容和顺序不发生变化，则查封申请人的利益不会受到任何影响。因此，在这种情形下，在满足前述的前提条件下，土地登记机构也可以办理查封土地的过户登记。

（蔡卫华　李志华）

问题 77
土地查封对象错误应当如何处理[①]

【问题】

20世纪90年代，杨某通过与县政府签订购地协议的方式，一直使用一块1.5万平方米的国有土地，由于该宗土地没有完备的建设用地报批和出让手续，杨某一直没有办理土地登记。2012年，县政府要求解决购地协议历史遗留问题，给予了杨某一定经济补偿，但是杨某认为补偿费用过低，并不接受。2013年4月，当地国土资源管理部门拟挂牌出让该宗土地的使用权。在挂牌期间，由于杨某涉及其他案件，人民法院向县国土资源局送达《协助执行通知书》要求对杨某财产进行保全，"查封杨某名下土地"，并出具暂停出让国有土地的建议函。该情形下，国土资源管理部门是否应当协助法院办理查封？该宗土地能否继续进行挂牌出让？

---

① 本部分内容曾发表于《土地矿产典型案例评析与法律实务操作指南》（第七辑），中国法制出版社2015年4月版，第29页。

【解答】

本案的焦点有两个：一是国土资源管理部门是否应当协助法院办理该宗土地的查封；二是国土资源管理部门能否继续出让该宗土地的使用权。

一、国土资源管理部门不宜为该宗土地办理查封

一是法律上杨某不是该宗土地的建设用地使用权人，无法办理查封登记。《物权法》第十六条规定："不动产登记簿是物权归属和内容的根据。不动产登记簿由登记机构管理。"《最高人民法院、国土资源部、建设部关于依法规范人民法院执行和国土资源房地产管理部门协助执行若干问题的通知》（以下简称《执行通知》）第五条第一款也规定："人民法院查封时，土地、房屋权属的确认以国土资源、房地产管理部门的登记或者出具的权属证明为准。权属证明与权属登记不一致的，以权属登记为准。"可见，我国把土地登记作为了土地权利人是否享有土地物权的依据。本案中，杨某虽然长期使用该块土地，但是一直以来未取得完整的用地手续，未办理土地登记，因此，在法律上，杨某并不是该宗土地的使用权人，其名下实际并没有土地。法院作出的协助"查封杨某名下土地"的要求，也就存在明显错误，既无法实际得到执行，也无法起到保全当事人财产的目的。

二是杨某不符合办理预查封登记的适用情形，不能办理预查封登记。根据《执行通知》的规定，土地预查封主要是适用于"被执行人全部缴纳土地使用权出让金但尚未办理土地使用权登记的，人民法院可以对该土地使用权进行预查封"。本案中，虽然杨某曾经签订过购地协议并缴纳过相关费用，但这并不是合法的土地出让程序，缴纳的费用并不是土地出让金。作为历史遗留问题，当地政府已经予以解决。因此，杨某短时间内也无法成为该宗土地的合法建设用地使用权人，登记机关不能办理预查封登记。

三是协助执行通知存在明显错误，登记机构应及时提出审查建议。虽然《执行通知》规定："国土资源、房地产管理部门认为人民法院查封、预查封或者处理的土地、房屋权属错误的，可以向人民法院提出审查建议，但不应当停止办理协助执行事项。"但是由于该案中，"查封杨某名下土地"不具有操作性，因此，登记机关无法实际进行协助。此时，登记机关应及时向法院提出建议，澄清土地权属事实。可建议法院查封杨某其他合法财产，或者更改协助执行通知书的要求，将"查封杨某名下土地"进一步明确为查封该具体的地块，标明具体四至。登记机关协助法院办理查封登记产生错误，给他人造成损失的，应当由错误发出执行通知的

法院承担赔偿责任。

二、出让的土地应当为"净地"

土地上存在法律经济纠纷的,不能进行出让。虽然该宗土地没有办理查封登记,且权属关系较为清晰,但是《闲置土地处置办法》第二十一条规定:"市、县国土资源主管部门供应土地应当符合下列要求,防止因政府、政府有关部门的行为造成土地闲置:(一)土地权利清晰;(二)安置补偿落实到位;(三)没有法律经济纠纷;(四)地块位置、使用性质、容积率等规划条件明确;(五)具备动工开发所必需的其他基本条件。"本案中,虽然该宗土地没有被实际查封,并且权属关系清晰,但是由于政府与杨某之间尚存在补偿安置等纠纷,为防止土地出让后发生纠纷,造成土地闲置,以及出现管理部门承担违约责任等不利后果,在补偿纠纷未处理完毕之前,该宗土地不宜进行公开出让。

因此,为避免查封错误现象的出现,建议国土资源管理部门与司法部门加强沟通,对于司法机关拟查封的土地,国土资源管理部门应当建议司法部门先行办理土地权属查询,了解土地的真实权属情况之后,再发出相应的执行通知书,确保执行对象正确,提高执行效率。

(刘志强　周嘉诺)

问题 78
查封的期限到底是多长[①]

【问题】

关于查封登记,不动产登记机构一直执行的是《最高人民法院、国土资源部、

[①] 本部分内容曾发表于《土地矿产法律实务操作指南》(第八辑),中国法制出版社 2016 年 6 月版,第 49 页。

建设部关于依法规范人民法院执行和国土资源房地产管理部门协助执行若干问题的通知》（法发〔2004〕5号）的规定，按照该文件："人民法院对土地使用权、房屋的查封期限不得超过二年。期限届满可以续封一次，续封时应当重新制作查封裁定书和协助执行通知书，续封的期限不得超过一年。确有特殊情况需要再续封的，应当经过所属高级人民法院批准，且每次再续封的期限不得超过一年。"

但是根据《最高人民法院关于适用〈中华人民共和国民事诉讼法〉的解释》（法释〔2015〕5号）第四百八十七条的规定，"人民法院冻结被执行人的银行存款的期限不得超过一年，查封、扣押动产的期限不得超过两年，查封不动产、冻结其他财产权的期限不得超过三年。申请执行人申请延长期限的，人民法院应当在查封、扣押、冻结期限届满前办理续行查封、扣押、冻结手续，续行期限不得超过前款规定的期限。人民法院也可以依职权办理续行查封、扣押、冻结手续"。请问不动产登记机构应当执行哪一规定？

【解答】

该问题的实质是"法发"文件和司法解释哪个效力高的问题。

一、关于"法发"文件效力问题

"法发"文件是最高人民法院发布的除司法解释之外的规范性文件，用于规范各级人民法院的审判执行工作或其他管理工作。这种规范性文件仅对人民法院发生作用，对当事人或其他行政机关、第三方机构不发生作用。最高人民法院与其他部委联合下发的规范性文件，可以约束全国法院与全国相关职能部门。

规范性文件的效力低于司法解释。《最高人民法院、国土资源部、建设部关于依法规范人民法院执行和国土资源房地产管理部门协助执行若干问题的通知》（法发〔2004〕5号，以下简称《通知》）系规范性文件，其内容可约束全国人民法院、国土资源管理部门、建设管理部门。

二、关于司法解释效力问题

《全国人民代表大会常务委员会关于加强法律解释工作的决议》规定，凡属于法院审判工作中具体应用法律、法令的问题，由最高人民法院进行解释。这是最高人民法院进行司法解释的法律依据。

从立法法角度来看，司法解释本身并没有单独的立法位阶，而是依附于法律的，实践中，司法解释的效力基本等同于法律。也就是说，立法的位阶可以排列为宪法＞法律、司法解释＞行政法规＞部门规章。

司法解释作为对法律的解释，其效力适用范围广泛，适用于全社会，不仅仅局限于人民法院内部。

《最高人民法院关于适用〈中华人民共和国民事诉讼法〉的解释》（法释〔2015〕5号，以下简称《解释》）系司法解释，其效力高于作为法院内部规范性文件的《通知》。

三、关于两份文件内容冲突的问题

在上述问题中，《通知》和《解释》在两方面规定存在冲突或不明确，其一为查封、续封期限，其二为再次续封审批手续。下文逐一说明。

关于查封、续封期限问题。《通知》规定人民法院对土地使用权、房屋的查封期限不得超过二年，续封的期限不得超过一年；《解释》规定人民法院查封不动产、冻结其他财产权的期限不得超过三年，续行期限不得超过前款规定的期限。《通知》与《解释》在查封、续封期限问题的规定上存在冲突。因《解释》位阶高于《通知》，所以应当适用《解释》，即对不动产的查封期限为不超过三年，续封期限同样为不超过三年。

关于再次续封审批手续问题。《通知》规定：需要再续封的，应当经过所属高级人民法院批准。《解释》中没有这方面的规定。再次续封审批手续属于人民法院内部管理问题，所以通过最高法院规范性文件的形式予以规定。《解释》中既不涉及这方面问题，更没有做出相冲突的规定。所以，关于再次续封审批手续问题，应当按照《通知》规定，即应当由高级人民法院批准。

另外，还需要注意再次续封的期限问题。《通知》规定再次续封的期限是一年，《解释》既没有规定可否再次续封，也没有规定再次续封期限。个人认为，在《解释》没有规定是否可以再次续封的时候，也没有对再次续封作出限制性或者禁止性规定，人民法院可以再次续封。实践中，再次续封的情况也较为多见。《解释》同样也没有对再次续封的期限进行规定，应当比照《解释》规定的续封期限处理。

（张云松）

问题 79
轮候查封中登记机构如何协助法院执行土地权利[①]

【问题】

一宗土地被两家法院查封，后查封的法院即轮候查封的法院要求协助执行土地权利，土地登记管理机构应如何办理？

【解答】

根据相关法律规范的规定，在查封尚未解除之前，轮候查封的法院要求协助处置查封标的物的，登记机构应当及时告知查封法院，以便人民法院之间及时协调，在协调期间，登记机构应暂停协助执行事项。

根据最高人民法院负责人《就〈关于人民法院民事执行中查封、扣押、冻结财产的规定〉答记者问》，轮候查封是指对其他人民法院已经查封的财产，执行法院在登记机构进行登记或者在该其他人民法院进行记载，查封依法解除后，在先的轮候查封自动转化为正式查封的制度。

一般来说，重复查封是被禁止的。如最高人民法院《关于适用〈中华人民共和国民事诉讼法〉若干问题的意见》规定："人民法院在执行中已依照民事诉讼法第二百一十八条、第二百二十条的规定对被执行人的财产查封、冻结的，任何单位包括其他人民法院不得重复查封、冻结或者擅自解冻，违者按照民事诉讼法第一百零二条的规定处理"。我国台湾地区《土地登记规则》也规定不得重复办理查封登记。如其第一百二十八条规定："同一土地经办理查封、假扣押或假处分登记后，法院再嘱托为查封、假扣押、假处分登记时，登记机构应不予受理，并复知法院已

[①] 本部分内容曾发表于《土地矿产典型案例评析与法律实务操作指南》，中国法制出版社 2012 年 1 月版，第 169 页。

于某年某月某日某案号办理登记。"

之所以设立轮候查封登记制度,按照最高人民法院对有关司法解释所作的解读,是为了弥补"不得重复查封"规定之缺陷。在司法实践中,在前后两个案件分别由两个法院管辖的情况下,因法律禁止重复查封,又无相应的信息沟通机制,在第一次查封被解除后,其他法院往往不可能立即获悉在先查封被解除的信息,从而导致在后的查封不可能立即实施,债务人往往会借机转移财产,其他债权人的利益因此遭受不应有的损失。有的地方甚至利用禁止重复查封制度搞地方保护主义,为了达到保护某个被执行人的目的,将其全部财产先予查封,以阻止外地法院执行,然后再找机会解除查封,导致其他法院的执行落空(详见2004年11月28日原最高人民法院副院长黄松有《就〈关于人民法院民事执行中查封、扣押、冻结财产的规定〉答记者问》)。因此,最高人民法院在2004年联合国土资源部、建设部下发了前述《通知》,明确规定了轮候查封登记制度,并通过随后颁布的《关于人民法院民事执行中查封、扣押、冻结财产的规定》将此制度固定下来。即当某宗土地被某一人民法院查封后,后续送达的查封裁定并不当然失效,而是按照各个人民法院向登记机构送达协助执行通知书的时间先后进行登记排列等候,一旦在先查封的法院依法解除查封或者查封自动失效,且原查封的土地尚有可供查封的价值时,排列在先的轮候查封就自动转为查封并依次轮定。

实践中出现的问题是,在不同的法院先后对同一土地进行查封和轮候查封期间,轮候查封的法院要求登记机构协助执行,登记机构怎么办?因为根据《民事诉讼法》第二百二十七条关于"在执行中,需要办理有关财产权证照转移手续的,人民法院可以向有关单位发出协助执行通知书,有关单位必须办理"的规定,登记机构对轮候查封的法院要求必须办理。但如果办理,则会损害查封在先的申请人的利益,会受到查封在先的法院责难,有的甚至被查封在先的法院直接裁定承担损失赔偿责任。如果不予以协助执行,轮候查封的法院则以《民事诉讼法》第一百零三条的规定,对登记机构处以高额罚款和对有关人员进行司法拘留等。登记机构处于两难境地。

对于此问题,根据《最高人民法院办公厅关于房地产管理部门协助人民法院执行造成转移登记错误,人民法院对当事人提起的行政诉讼的受理及赔偿责任问题的复函》(法办〔2006〕610号)的规定,在查封尚未解除之前,轮候查封的法院要求协助处置查封标的物的,登记机构应当及时告知查封法院,以便人民法院之间及时协调。在协调期间,登记机构暂停协助执行事项。因为轮候查封尚不发生查封的法律效力，不具有执行效力。如果轮候查封的法院强制违法要求协助义务机关处置查封标的物造成执行申请人损失的，按照前述《复函》，应当进行执行回转，无法执行回转的，由错误发出协助执行通知的法院承担司法赔偿责任，协助执行的登记机构不承担赔偿责任。

（蔡卫华　朱繁）

问题 80
轮候查封期限应何时起算[①]

【问题】

按照《最高人民法院、国土资源部、建设部关于依法规范人民法院执行和国土资源房地产管理部门协助执行若干问题的通知》（法发〔2004〕5 号）的规定，查封的期限一般为两年。但是轮候查封的期限从何时开始起算，《通知》没有明确的规定。因此，实务部门对轮候查封的期限从何时开始计算产生争议。轮候查封期限应从办理轮候查封登记之时起开始计算？还是从轮候查封自动转为正式查封之时起开始计算？两种观点谁是谁非？登记机关在实践中到底应当如何操作？

【解答】

根据《物权法》和《最高人民法院、国土资源部、建设部关于依法规范人民法院执行和国土资源房地产管理部门协助执行若干问题的通知》的有关规定，轮候查封的期限应当从办理轮候查封登记之日起计算。

[①] 本部分内容曾发表于《土地矿产典型案例评析与法律实务操作指南》，中国法制出版社 2012 年 1 月版，第 171 页。

一、轮候查封及设立此制度的目的

所谓轮候查封，就是对其他人民法院已经查封的财产，执行法院在登记机关进行登记或者在该其他人民法院进行记载，查封依法解除后，在先的轮候查封自动转化为正式查封的制度。这一制度是由《最高人民法院、国土资源部、建设部关于依法规范人民法院执行和国土资源房地产管理部门协助执行若干问题的通知》首先进行规定并确立的。在此之前，重复查封是被禁止的。2004年10月26日最高人民法院公布的《关于人民法院民事执行中查封、扣押、冻结财产的规定》（法释〔2004〕15号），通过司法解释的形式将该制度正式固定下来。

之所以设立这一制度，2004年11月28日，《最高人民法院副院长黄松有就〈关于人民法院民事执行中查封、扣押、冻结财产的规定〉答记者问》作出了很好的解释，即："由于在诉讼和执行过程中，在前后两个案件分别由两个法院管辖的情况下，因法律禁止重复查封、扣押、冻结，又无其他相应的信息沟通机制，在第一次查封、扣押、冻结被解除后，其他法院往往不可能立即获悉在先查封、扣押、冻结被解除的信息，从而导致在后的查封、扣押、冻结不可能立即实施，债务人往往会借机转移财产，其他债权人的利益因此而遭受不应有的损失。有的地方甚至利用禁止重复查封、扣押、冻结制度搞地方保护主义，为了达到保护某个被执行人的目的，将其全部财产先予查封、扣押、冻结，以阻止外地法院执行，然后再找机会解除查封、扣押、冻结，导致其他法院的执行落空。针对这种情况，各方面都要求参照其他国家的立法经验，尽快建立轮候查封制度，允许人民法院对已经查封、扣押、冻结的财产轮候查封、扣押、冻结。"

另外，实践中，有些法院在对被执行人的财产查封、扣押、冻结后，未再采取进一步的执行措施，导致该财产被长期查封、扣押、冻结。这种状况，既不利于债权人实现债权，也不利于充分发挥财产的效用和实现财产的流转。因此《通知》还规定了包括预查封、轮候查封等各种查封在内的时限。即《最高人民法院、国土资源部、建设部关于依法规范人民法院执行和国土资源房地产管理部门协助执行若干问题的通知》第十七条所规定的"预查封的期限为二年。期限届满可以续封一次，续封时应当重新制作预查封裁定书和协助执行通知书，预查封的续封期限为一年。确有特殊情况需要再续封的，应当经过所属高级人民法院批准，且每次再续封的期限不得超过一年"。

二、轮候查封期限应当从轮候登记之时开始计算

笔者认为在国家没有出台明确的规定前，轮候查封的期限应当从办理轮候查封

登记之日起计算。理由如下：

一是轮候查封从登记之时起开始产生效力。按照《物权法》第十四条的规定："不动产物权的设立、变更、转让和消灭，依照法律规定应当登记的，自记载于不动产登记簿时发生效力。"人民法院对不动产的查封，应当办理查封登记，查封登记自记载于不动产登记簿时发生效力。除此之外，《通知》第二十条第一款中关于"查封法院对查封的土地使用权、房屋全部处理的，排列在后的轮候查封自动失效"的规定，也表明自登记之时，轮候查封就已经产生效力，否则也无"自动失效"之说。轮候查封的起算期限应当从其产生效力之日起开始计算。

二是轮候查封的起算时间可以参照预查封的起算时间。《通知》虽然没有对轮候查封的起算时间作出明确的规定，但是对预查封的起算时间作了明确的规定。《通知》第十六条明确规定："国土资源、房地产管理部门应当依据人民法院的协助执行通知书和所附的裁定书办理预查封登记。土地、房屋权属在预查封期间登记在被执行人名下的，预查封登记自动转为查封登记，预查封转为正式查封后，查封期限从预查封之日起开始计算。"对于轮候查封，《通知》第二十条第一款规定"轮候查封登记的顺序按照人民法院送达协助执行通知书的时间先后进行排列。查封法院依法解除查封的，排列在先的轮候查封自动转为查封；查封法院对查封的土地使用权、房屋全部处理的，排列在后的轮候查封自动失效；查封法院对查封的土地使用权、房屋部分处理的，对剩余部分，排列在后的轮候查封自动转为查封"，其中的有关表述同于预查封，即均为"自动转为"，不同的是《通知》明确规定了预查封的起算期限，没有规定轮候查封的起算期限。因此，轮候查封的起算期限可以参照预查封的起算期限。

三是轮候查封的期限从办理登记之时开始起算便于计算时间。轮候查封自动转为查封的时间是不确定的，有的查封很快就解除，有的查封有可能还要续封。原排列在后的执行法院虽然知道排列在前的为哪一法院，但并不一定能及时了解轮候查封在什么时间自动转为查封。按《通知》的规定，对预查封转为查封、轮候查封转为查封，没有要求登记机关书面告知法院，因此登记机关也没有通知法院的法定义务。如果轮候查封期限从自动转为正式查封之时起开始计算，那么轮候查封法院很难得知转为正式查封的时间。然而对于预查封转为正式查封的，就不存在这样一个问题。因为查封期限已从预查封之日起就开始计算。因此，无论预查封何时转为正式查封，执行法院都能把握时间，及时采取相应的措施。如果轮候查封期限从轮候查封登记之日起就开始计算，就十分方便轮候查封的法院掌握时限并及时采取相应的措施，从而充分发挥轮候查封制度的功能，更好地实现设立这一制度的目的。

（李志华　蔡卫华）

问题 81
登记机构如何协助公安、检察机关查封土地权利[①]

【问题】

实践中，除了人民法院要求协助查封土地权利外，还经常出现公安、检察等机关要求查封土地权利的情形。对于人民法院的查封，相关的司法解释和有关的政策文件已经加以明确规定，但是对于公安、检察等机关的查封协助要求，目前国家基本上没有相关的规定，土地登记管理机构应如何办理？

【解答】

根据实践需要以及公安部、最高人民检察院发布的相关规定，公安、检察等机关要求协助查封的，土地登记机构可以办理。

根据我国《刑事诉讼法》的规定，公安机关和检察机关可以扣押用以证明犯罪嫌疑人有罪或者无罪的各种物品、文件、邮件、电报或者冻结犯罪嫌疑人的存款、汇款，但没有规定其具有查封不动产的权利。最高人民法院、最高人民检察院、公安部、司法部、国家安全部、全国人大常委会法制工作委员会联合颁布的《关于刑事诉讼法实施中若干问题的规定》，只是明确公安机关和检察机关查扣赃款赃物的范围是动产，也没有明确规定不动产。

[①] 本部分内容曾发表于《土地矿产典型案例评析与法律实务操作指南》，中国法制出版社 2012 年 1 月版，第 175 页。

但《公安部关于公安机关在办理刑事案件中可否查封冻结不动产或投资权益问题的批复》（公复字〔2001〕17号）规定，"根据《中华人民共和国刑事诉讼法》第一百一十四条和最高人民法院、最高人民检察院、公安部、司法部、国家安全部、全国人大常委会法制工作委员会《关于刑事诉讼法实施中若干问题的规定》第四十八条的规定，公安机关在办理刑事案件中有权依法查封、冻结犯罪嫌疑人以违法所得购买的不动产"。

实践中，为了侦查案件的需要，或避免犯罪嫌疑人转移赃物，公安、检察等机关在办理案件的过程中，确实存在查封冻结犯罪嫌疑人土地权利的必要。土地登记机构在遇到公安、检察等机关要求查封时，也基本上都予以协助办理。笔者也认为，公安、检察等机关要求协助查封的，土地登记机构可以办理，但是笔者建议登记机构应当注意以下两个问题：

一是如果查封错误，应当由谁承担赔偿责任的问题。人民法院查封错误的，已经有司法解释明确由错误发出协助执行通知的法院承担司法赔偿责任，协助执行义务机关不承担赔偿责任。但是对于公安、检察等机关的查封错误，目前国家没有明确规定。而按照《物权法》的规定，"因登记错误，给他人造成损害的，登记机构应当承担赔偿责任，登记机构赔偿后，可以向造成登记错误的人追偿"。如果因为公安、检察等机关原因，导致协助查封登记错误，登记机构承担赔偿责任后向公安、检察等机关追偿将存在很大难度。

二是查封期限的问题。关于人民法院查封期限，已有司法解释明确规定一般为两年，另外查封期满后如何续封以及续封的时限等也有明确规定。对于公安、检察等机关的查封时限，则没有任何规定。如果查封时限不明确，将导致查封之后，即使案件侦查审判完毕但因查封机关不办理解封而使登记权利人的土地权利长期冻结的现象频繁出现。类似的问题，在人民法院和国土资源部、原建设部出台的《关于依法规范人民法院执行和国土资源房地产管理部门协助执行若干问题的通知》对法院的查封期限明确之前也曾出现过。如果这样，不仅登记权利人的权益难以得到保障，而且也违背了创设查封登记制度的初衷。

上述这两个问题，需要最高人民检察院、公安部等联合与国土资源部、住房和城乡建设部出台相关的文件加以明确。在相关的解决方案出台之前，建议登记机构与要求协助查封的公安、检察等机关书面明确上述相关内容之后再办理查封登记。

（蔡卫华　朱繁）

问题 82
登记机构能否协助公安、检察机关执行土地权利[①]

【问题】

实践中，除了出现公安、检察等机关要求查封土地权利的情形，还经常出现公安、检察等机关要求协助办理土地权利的过户登记的情形。土地登记机构能否办理？

【解答】

土地登记机构一般不得协助公安、检察等机关办理土地权利的过户登记。

因为公安、检察等机关无权要求登记机构协助执行土地权利。根据《刑事诉讼法》第三条的规定，公安机关负责对刑事案件的侦查、拘留、执行逮捕、预审，人民检察院负责检察、批准逮捕、检察机关直接受理的案件的侦查、提起公诉，人民法院负责审判。在侦查阶段，公安、检察等机关可能因防止犯罪嫌疑人转移财产或者罪证而要求对土地权利进行临时的查封冻结，但是其无权要求协助执行土地权利。其协助执行通知书不是法律意义上生效的法律文书，也不是《刑事诉讼法》规定的强制措施，对土地登记机构没有强制力。

另外《刑事诉讼法》第二百二十条也明确规定，"没收财产的判决，无论附加适用或者独立适用，都由人民法院执行；在必要的时候，可以会同公安机关执行"。由此可见，只有人民法院有权要求登记机构协助执行土地权利，其他机关都无权要求登记机关协助执行土地权利。因此，公安、检察等机关协助办理土地权利过户登记的要求，没有法律依据，土地登记机构不得办理。

（蔡卫华）

[①] 本部分内容曾发表于《土地矿产典型案例评析与法律实务操作指南》，中国法制出版社 2012 年 1 月版，第 177 页。

问题 83
登记机构因协助人民法院执行登记错误的是否应承担赔偿责任[①]

【问题】

按照《最高人民法院、国土资源部、建设部关于依法规范人民法院执行和国土资源房地产管理部门协助执行若干问题的通知》（法发〔2004〕5号，以下简称《通知》）的规定，土地登记机构在协助执行时，不对生效法律文书和协助执行通知书进行实体审查。但如果因此出现错误，登记机构是否承担赔偿责任？

【解答】

根据《土地登记办法》及《最高人民法院、国土资源部、建设部关于依法规范人民法院执行和国土资源房地产管理部门协助执行若干问题的通知》的相关规定，对人民法院要求协助执行的具体内容，登记机构不进行实体审查，如果协助执行中出现错误登记，登记机构不承担责任。

一、查封登记的特征与效力

查封，从字面上理解，一般是指人民法院对当事人的财产进行封存，不准任何人转移和处理。在民事诉讼中，查封是人民法院为限制债务人处分其财产而最常采用的一种强制措施。采取查封措施，目的在于维护债务人的财产现状，保障经过审判程序或其他程序确认的债权尽可能得到清偿。在刑事诉讼中，公安、检察机关为了侦查案件的需要，也可以对犯罪嫌疑人的财产进行查封。查封既可以适用于动产，也可以适用于不动产。对于动产的查封一般是在查封标的之上加贴封条，以起到公示之作用。而对于不动产，除了采取张贴封条的方式外，更重要的是应当到不

[①] 本部分内容曾发表于《土地矿产典型案例评析与法律实务操作指南》，中国法制出版社2012年1月版，第166页。

动产登记机构办理查封登记手续，否则，不得对抗其他已经办理了登记手续的查封行为。因为不动产以登记作为公示的手段。

由此可见，查封登记，是指不动产登记机构根据人民法院等提供的查封裁定书和协助执行通知书，将查封的情况在不动产登记簿上加以记载的行为。查封登记具有以下特征：一是查封登记不适用登记依申请原则。查封登记程序的启动并非因当事人的申请，而是人民法院的协助执行通知。在其他国家和地区，查封登记也不需要申请，如根据我国台湾地区《土地登记规则》和日本的《不动产登记法》，法院的查封登记属于嘱托登记，也不需要当事人申请。二是查封登记属于限制登记。因为查封登记的目的在于一定范围内限制、冻结登记名义人任意处分其土地之权利，以保全将来可能实现之土地权利。限制登记并不直接导致物权变动，只是限制了登记名义人处分其不动产权利，但有可能推进到本登记，发生物权变动的结果。预告登记、异议登记等也都属于限制登记。在我国台湾地区，限制登记是指限制登记名义人处分其土地权利所为之登记，不仅包括查封登记，而且还包括预告登记、假扣押、假处分或破产登记等。三是登记机构接到人民法院的协助执行通知书后，应当立即办理，不受收件先后顺序之限制。四是查封的时间一般为两年。期限届满可以续封一次，续封的期限不得超过一年。确有特殊情况需要再续封的，应当经过所属高级人民法院批准，且每次再续封的期限不得超过一年。

基于以上特征，查封登记具有以下效力：一是对当事人的效力。不动产被查封后，对当事人产生禁止处分的效力，当事人不得对已经查封的财产进行处分。二是对登记机构的效力。对于登记机构来说，进行查封登记之后，在查封没有失效或者解封之前，也不得对不动产进行处分，停止办理新的不动产登记，如不得办理权利移转的变更登记，不得办理抵押登记等。

二、登记机构协助执行不进行实体审查，如出现错误，不承担赔偿责任

在办理查封登记时，登记机构只需要审查执行人员是否表明了合法身份，是否出具了必备的法律文书和协助执行通知书等。因此，法院在要求登记机构协助执行时，执行人员需要出示本人工作证和执行公务证以表明其身份；另外需要出具必备的法律文书，如出具查封裁定书及协助执行通知书等；在一些特殊情况下，法院执行人员还需要出具相应的资料、证书。如在对权利人和登记名义人不一致的土地进行查封时，凡登记名义人承认其并非真正权利人、登记土地实际属于被执行人的，人民法院应当出具登记名义人签名的书面声明；凡被执行人因继承、判决或者强制执行取得，但尚未办理过户登记的土地，人民法院应当提交被执行人取得该地的有效证明或者法律文书等。

对人民法院要求协助执行的具体内容，登记机构不进行实体审查。因为《最高人民法院、国土资源部、建设部关于依法规范人民法院执行和国土资源房地产管理部门协助执行若干问题的通知》明确规定："国土资源、房地产管理部门在协助人民法院执行土地使用权、房屋时，不对生效法律文书和协助执行通知书进行实体审查。国土资源、房地产管理部门认为人民法院查封、预查封或者处理的土地、房屋权属错误的，可以向人民法院提出审查建议，但不应当停止办理协助执行事项。"但由于实践中经常出现基层法院错误判决要求强制执行的情形，因此地方从事土地登记工作实践的同志，对此规定不理解。《最高人民法院、国土资源部、建设部关于依法规范人民法院执行和国土资源房地产管理部门协助执行若干问题的通知》之所以如此规定，主要是因为司法机关具有最终裁判权，行政机关应当尊重司法机关的裁决。司法权优于行政权，人民法院有权要求行政机关协助执行。当出现法院裁决错误的情况，笔者认为登记机构除了可以按照《最高人民法院、国土资源部、建设部关于依法规范人民法院执行和国土资源房地产管理部门协助执行若干问题的通知》的规定向人民法院提出审查建议，还可以及时告知登记权利人，让其依法采取其他途径进行救济。

登记机构的审查建议虽然对人民法院没有法律约束力，但是并不意味着人民法院可以置之不理，人民法院应当予以重视，以免发生执行错误。如果出现错误，登记机构不承担责任。因为：

一是土地登记机构根据人民法院、仲裁机构的生效法律文书进行土地权属登记的行为不具有可诉性。2011年5月9日最高人民法院审判委员会第1522次会议通过的《最高人民法院关于审理涉及农村集体土地行政案件若干问题的规定》（法释〔2011〕20号）第二条明确规定，"土地登记机构根据人民法院生效裁判文书、协助执行通知书或者仲裁机构的法律文书办理的土地权属登记行为，土地权利人不服提起诉讼的，人民法院不予受理，但土地权利人认为登记内容与有关文书内容不一致的除外"。赵大光、杨临萍、马永欣法官在其发表的《〈关于审理涉及农村集体土地行政案件若干问题的规定〉的理解与适用》中阐述了具体的理由："按照物权法第二十八条规定，人民法院或者仲裁机构作出确权判决或裁决后，新的土地权利人就直接取得了土地所有权或使用权。土地权属登记机构必须按照判决或裁决作出登记，而不能对判决、协助执行通知书或裁决的合法性进行审查，此时的登记行为实际上并非土地权属登记机构的独立意志。不过土地权属登记机构登记的内容与法律文书的内容不一致时，登记就有了独立于司法意志的因素，应为可诉。"

二是依据有关规定应当由错误发出执行通知的人民法院承担责任。根据《最高人民法院关于审理人民法院国家赔偿确认案件若干问题的规定（试行）》（法释〔2004〕10号）第十一条和最高人民法院办公厅2006年对建设部办公厅《关于房地产管理部门协助人民法院执行造成转移登记错误，人民法院对当事人提起的行政诉讼的受理及赔偿责任问题的复函》（法办〔2006〕610号）的规定，应当由错误发出执行通知的人民法院承担相应的赔偿责任，而协助执行的登记机关不应当承担赔偿责任。

（李志华　蔡卫华）

四、其他类型登记

问题 84
申请产权证书遗失补证的，登记机构怎么处理[①]

【问题】

甲欲购买乙名下一宗土地，但资金尚未筹齐，经双方初步协商，乙按甲的要求，先将该宗土地的权利证书交由甲保管，待其筹集好资金，双方再一同办理该宗土地的转移登记。后乙又与他人达成购买意向，便以原土地权属证书遗失为由，向登记机关申请补发。对此登记机构应当如何处理？

【解答】

一、申请补发不动产权属证书，由不动产登记机构在门户网站刊发遗失声明，不再需要申请人在报刊上刊登遗失声明

《不动产登记暂行条例实施细则》（以下简称《细则》）第二十二条第二款规定："不动产权属证书或者不动产登记证明遗失、灭失，不动产权利人申请补发的，由不动产登记机构在其门户网站上刊发不动产权利人的遗失、灭失声明 15 个工作日后，予以补发。"该规定从便民利民的角度出发，改变了以往的相关规定，有利于群众及时便捷地办理证书补发手续。

二、对不动产权属证书遗失声明有异议的，登记机构应当根据情况分别处理

《细则》只是规定了刊登遗失声明 15 个工作日后，可以补发不动产权属证书，但是对于在此期间他人提出异议的情况应当如何处理，没有做出具体规定。笔者认

[①] 本部分内容曾发表于《中国土地》，2016 年 6 月刊，第 56 页。

为，登记机构应当结合提出异议的事由，分别处理：

一是有证据证明不动产权利证书未遗失的，登记机关不应补发。刊登遗失公告，既可以帮助权利人找回遗失的证书，也有利于不动产登记机构查证不动产权属证书是否真正遗失。例如：在不动产交易实践中，经常存在不动产权利人先将证书交给他人，事后再以遗失为由申请补办的情况。此种情形下，证书持有人可以向登记机关及时提出异议，用以证明不动产权利证书并未遗失，从而防止不动产权利人利用补发的权利证书擅自处置不动产的行为。如果不动产权利证书并未实际遗失，就不符合补发产权证书的前提条件，登记机关可以拒绝补发。当事人可就证书归属的物权纠纷，向法院提起诉讼。

二是当事人仅对不动产权利归属存在异议的，不影响登记机构补发证书。根据《物权法》的规定，不动产权属证书只是权利人享有该不动产物权的证明，不动产登记簿才是物权归属和内容的根据。登记机构补发不动产权利证书的行为，并不实际影响不动产权利的归属。若当事人仅仅对权利归属存在异议，而对于证书遗失没有异议的，登记机构依然可以补发证书，同时登记机关应当积极引导当事人通过异议登记、司法诉讼维护自身权益。须要注意的是，根据《最高人民法院关于审理房屋登记案件若干问题的规定》，"房屋登记机构作出未改变登记内容的换发、补发权属证书、登记证明或者更新登记簿的行为，公民、法人或者其他组织不服提起行政诉讼的，人民法院不予受理"。

本案中，乙作为登记簿记载的权利人，可以向登记机构申请补发不动产权属证书，不动产登记机构应当根据《细则》的规定，在其门户网站上刊发遗失声明。在公示期间内，若甲提出异议，并证明权属证书并未遗失的，登记机构则不宜补发证书，可以建议当事人通过诉讼等渠道及时解决相关纠纷。

（刘志强）

问题 85

房屋买卖但未办理过户卖方私下申请补证的，登记机构能否办理[①]

【问题】

甲与乙签订买卖合同，乙购买甲名下的商品房一套。乙依据合同约定支付了全部价款，但是甲以各种理由推脱，始终未办理房屋的转移登记。乙为了防止甲私下处分房屋，便将购房合同、房产证等拿来自己保管。后来，乙得知甲不但私下申请补发了新的房产证，而且还将房屋抵押给了银行，因此乙以不动产登记机构未尽合理审查义务为由，向法院提起诉讼，要求撤销登记机构补发的新房产证。请问登记机构能否补证？乙的利益如何保障？

【解答】

本案的争议的焦点是不动产登记机构向甲补发不动产权利证书的行为是否合法，以及乙能否通过诉讼方式保障自身利益。

一、不动产登记机构向甲补发不动产权利证书的行为合法

由于不动产权证书一般由不动产权利人实际保管，因此实践中难免会出现遗失、灭失的等情况，法律对此规定了严格补发程序。《房屋登记办法》第二十七条第二款规定："房屋权属证书、登记证明遗失、灭失的，权利人在当地公开发行的报刊上刊登遗失声明后，可以申请补发。房屋登记机构予以补发的，应当将有关事项在房屋登记簿上予以记载。补发的房屋权属证书、登记证明上应当注明'补发'字样。"

---

① 本部分内容曾发表于《土地矿产法律实务操作指南》（第八辑），中国法制出版社2016年6月版，第10页。

一是权利人可以申请补发不动产权证书。《物权法》第十六条规定："不动产登记簿是物权归属和内容的根据。"本案中虽然甲和乙签订了房屋买卖合同，而且乙实际占有了房屋，但是由于双方并未办理房屋的转移登记，不动产登记簿并未发生变更，因此在法律上甲依然是该房屋的合法所有权人。根据《房屋登记办法》，甲作为房屋的权利人有权申请补发不动产权属证书。

二是补发不动产权利证书应当进行公告。由于不动产登记机构对原权利证书是否遗失或者灭失等情况无法查证，因此法律规定了公告遗失声明的方式，方便利害关系人及时提出异议，保障不动产权利证书的严肃性。据此，甲申请补发新的房产证时，必须在当地报纸上刊登遗失声明，如果在法定期限内没有人对声明提出异议，则推定申请人的申请理由符合事实，不动产登记机构已尽法定审查义务，可以依法予以补发权利证书。

二、不动产登记机构补发房产证的行为不可诉

不动产权证书仅仅是由不动产登记机构颁发给不动产权利人用以证明其享有不动产权利的证明，补发证书的行为并不实际改变不动产权利的归属，其只是对原来颁证行为的一种重复，属于重复处置的行为，不具备可诉性。因此，《最高人民法院关于审理房屋登记案件若干问题的规定》第二条第二款规定："房屋登记机构作出未改变登记内容的换发、补发权属证书、登记证明或者更新登记簿的行为，公民、法人或者其他组织不服提起行政诉讼的，人民法院不予受理。"因此，当事人对不动产权利归属有异议的，应当通过异议登记，或者针对原颁证行为提出诉讼，而不能对补发行为提起诉讼。

三、乙应当及时向不动产登记机构提出异议并提起民事诉讼

本案中，为了避免发生损失，作为房屋的买受人的乙应当及时要求甲办理房屋转移登记，或者通过预告登记的方式保障自身的合法债权，不能因为持有原房产证或者实际占有房屋而放松警惕。乙应当关注当地媒体报道，发现卖方甲刊登房产证遗失公告，或者私下处置房屋的，应当及时向不动产登记机构提出异议，并提起民事诉讼，依法追究甲的违约责任，维护自身的合法权益。

（刘志强）

问题 86
存在异议登记的不动产可否进行转移登记[①]

【问题】

甲公司欲将其名下的土地使用权转让给乙公司,双方共同到不动产登记机构办理转移登记时被告知,该土地使用权已经在 5 日前被丙公司申请了异议登记。乙公司在权衡利弊后仍然要求不动产登记机构为其办理转移登记。依据《土地登记办法》的规定,异议登记期间,未经异议登记权利人同意,不得办理土地权利的变更登记或者设定土地抵押权。《不动产登记暂行条例实施细则》(以下简称《细则》)第八十四条则规定,书面告知申请人该权利存在异议登记有关事项,申请人申请继续办理的,登记机构应当予以办理。

【解答】

本案的争议焦点在于在异议登记有效期内,不动产登记机构能否为不动产登记簿上记载的权利人办理转移登记。

一、适用《细则》的规定,登记机构书面告知申请人所申请权利已存在异议登记的有关事项后,申请人申请继续办理的,登记机构应当予以办理

《土地登记办法》第六十条第三款规定:"异议登记期间,未经异议登记权利人同意,不得办理土地权利的变更登记或者设定土地抵押权。"《细则》第八十四条规定:"异议登记期间,不动产登记簿上记载的权利人以及第三人因处分权利申请登记的,不动产登记机构应当书面告知申请人该权利已经存在异议登记的有关事项。申请人申请继续办理的,应当予以办理,但申请人应当提供知悉异议登记存在并自担风险的书面承诺。"《土地登记办法》和《细则》均为部门规章,但《细

[①] 本部分内容曾发表于《中国土地》,2016 年 4 月刊,第 59 页。

则》颁布在后，因此在适用上应当优先适用《细则》的规定。本案中，不动产登记机构应当书面告知甲公司和乙公司该土地使用权已经存在异议登记的相关事项，如果甲公司和乙公司仍然申请继续办理转移登记的，在提供知悉异议登记存在并自担风险的书面承诺后，登记机构应当予以办理。

二、办理转移登记后，第三人自行承担不动产权利瑕疵可能形成的风险

如果不动产登记机构已经书面告知申请人其申请登记的权利已经存在异议登记的有关事项，申请人便已知悉不动产登记簿上记载的权利人可能并非实际权利人，并且申请人有权选择申请继续办理还是不再申请办理转移登记，此时，买受人并非善意，因此不受《物权法》第一百零六条所规定的善意取得制度的保护。本案中，如果乙公司在明知该不动产权利存在异议登记的情况下，仍要求登记机构继续登记，则表明乙公司自愿承担由于该不动产权利瑕疵引发的风险。

三、异议登记失效，登记机构也不能依据职权注销异议登记

允许登记机构依职权注销异议登记，一是不符合不动产登记依申请的原则。《细则》第二条规定："不动产登记应当依照当事人的申请进行，但法律、行政法规以及本实施细则另有规定的除外。"目前法律、行政法规以及《细则》中均未规定登记机构可以依职权注销异议登记。二是《土地登记办法》第六十一条和《房屋登记办法》第七十九条仅规定了异议登记申请人或者不动产登记簿记载的不动产权利人可以注销异议登记，并未赋予不动产登记机构注销异议登记的权利。三是依照《物权法》和《细则》的规定，如果条件成就，即使登记机构不办理注销登记，异议登记也将自动失效，登记机构没有必要依职权进行注销登记。《物权法》第十九条规定："登记机构予以异议登记的，申请人在异议登记之日起十五日内不起诉，异议登记失效。"《细则》第八十三条第二款进一步规定："异议登记申请人应当在异议登记之日起15日内，提交人民法院受理通知书、仲裁委员会受理通知书等提起诉讼、申请仲裁的材料；逾期不提交的，异议登记失效。"

（张颖）

问题87
未申请更正登记可否直接申请异议登记

【问题】

甲取得某地块的建设用地使用权，并办理了登记，后与乙因该地块产生权属争议，乙直接向不动产登记机构申请了异议登记。甲认为乙未申请更正登记直接申请异议登记的行为无效，登记机构不应受理乙的异议登记。乙认为异议登记不以更正登记为前提，登记机构应当受理。

【解答】

本案的争议焦点在于未申请更正登记可否直接申请异议登记。笔者认为，申请异议登记不以申请更正登记为前提，未申请更正登记的，也可以申请异议登记。

一是异议登记不以更正登记为前提符合立法原意。异议登记制度设立的目的之一在于保护不动产真实权利的时效性。异议登记一旦设立便具有公示效力，能够及时将不动产归属设定成"有异议"的状态，在保护不动产真实权利人权利的同时维护交易安全。若将更正登记设立为异议登记的前置条件，则不动产登记簿上记载的非真实权利人可在变更登记缓冲期间内对不动产进行处分，逃避法律责任。这与异议登记设立目的冲突，不利于保护不动产真实权利人。《物权法》第十九条规定："权利人、利害关系人认为不动产登记簿记载的事项错误的，可以申请更正登记。不动产登记簿记载的权利人书面同意更正或者有证据证明登记确有错误的，登记机构应当予以更正。不动产登记簿记载的权利人不同意更正的，利害关系人可以申请异议登记。登记机构予以异议登记的，申请人在异议登记之日起十五日内不起诉，异议登记失效。异议登记不当，造成权利人损害的，权利人可以向申请人请求损害赔偿。"该条并未规定权利人、利害关系人"应当"申请更正登记，而是规定了"可以"申请更正登记。可见，法律赋予了权利人选择权，更正登记并不是异议登记的前提条件。本案中，甲认为乙未申请更正登记直接申请异议登记的行为无效，缺乏法律依据。乙在未申请变更登记的情况下可以直接申请异议登记。

二是申请人提交了符合异议登记条件的申请材料的，不动产登记机构应当依法办理登记。《不动产登记暂行条例实施细则》（以下简称《细则》）第八十二条规定："利害关系人申请异议登记的，应当提交下列材料：（一）证实对登记的不动产权利有利害关系的材料；（二）证实不动产登记簿记载的事项错误的材料；（三）其他必要材料。"《不动产登记操作规范（试行）》（以下简称《规范》）17.1.3规定："申请材料申请异议登记需提交下列材料：1.不动产登记申请书；2.申请人身份证明；3.证实对登记的不动产权利有利害关系的材料；4.证实不动产登记簿记载的事项错误的材料；5.法律、行政法规以及《实施细则》规定的其他材料。"可见，《细则》和《规范》中均未规定申请异议登记要提交登记簿上记载的权利人不同意更正登记的材料，在申请人提交的异议登记申请材料符合《细则》和《规范》的规定的情况下，不动产登记机构应当依法办理异议登记。

需要指出的是，不同于异议登记的临时性，更正登记是为了使不动产登记簿上记载的信息与真实权利关系相一致而对不动产登记簿上存在的错误信息予以彻底纠正的行为，在登记簿上记载的权利人同意更正或者当事人有证据证明登记确有错误的情况下，权利人、利害关系人直接申请更正登记更能有效保护自身合法权益。

（罗琛）

问题 88
夫妻一方擅自处理房产，权利人如何保障自身权益[①]

【问题】

张某（男）和李某（女）系夫妻，后两人关系不和，两地分居。为防止离婚时李某分得房产，张某与生意伙伴赵某协商，将登记在其一人名下的两套房屋私下低价转让给赵某，双方签订了房屋买卖合同，并办理了不动产转移登记。张某和李某离婚后，李某得知了张某私下转移房产的行为，李某应当如何维护其房屋财产权益呢？

【解答】

一、首先提出异议登记，防止登记的权利人处分房产

《物权法》和《不动产登记暂行条例》中规定了异议登记制度。权利人发现不动产登记情况与真实情况不相符的，可以要求登记的权利人办理更正登记。权利人不同意更正的，真实权利人可以向登记机关申请办理异议登记。《房屋登记办法》第七十八条规定，异议登记期间，房屋登记簿记载的权利人处分房屋申请登记的，房屋登记机构应当暂缓办理。因此，本案中李某应当首先要求赵某和张某办理更正登记，如果两人不同意更正的，李某应当申请办理异议登记，第一时间防止登记的权利人赵某将房产转移给其他不知情的购房人，进而导致房产无法追回。

二、针对登记产权与事实情况不符的原因，提出相应的诉讼

异议登记只是对不动产权利人的临时保护，不能彻底解决不动产归属问题。《物权法》规定，登记机构办理异议登记后，申请人在登记之日起 15 日内不起诉

[①] 本部分内容曾发表于《土地矿产法律实务操作指南》（第八辑），中国法制出版社 2016 年 6 月版，第 41 页。

的，异议登记失效。异议登记后是提起民事诉讼，还是行政诉讼，法律没有明确规定，我们认定应当结合具体案情区别处理：

一是对于交易基础行为无效等非登记机关自身原因造成登记错误的，应当依法提起民事诉讼。对于因买卖、继承等基础行为导致登记错误的，登记机关应当引导当事人及时提起民事诉讼。

二是对于因为登记机关审查不严等原因导致登记错误的，应当依法提起行政诉讼。如果登记机关在办理具体登记时存在审查不严、违反登记程序等情形的，应当通过行政诉讼的方式由法院依法做出判决，撤销登记机关的登记行为修正错误登记结果。

三是对于因为既有民事争议，又有登记机关审查不严等问题导致的登记错误，可以根据当事人的意愿自由选择诉讼方式。例如：当事人提供虚假申请材料，登记机构审查把关不严导致登记结果错误的，当事人可以根据自身的案件的争议点，本着快速解决实际问题的原则，提起相应的诉讼。

三、本案的处理和启示

一是李某应在异议登记后，及时提起民事诉讼。本案中，不动产登记错误的发生原因主要是张某和赵某签订的买卖合同效力问题，属买卖基础关系存在争议，登记机关对3人之间的复杂经济关系难以判断。为了及时解决房屋权属争议，李某应在办理异议登记后，及时向法院提起民事诉讼，由法院确定房屋的最终归属，然后再由登记机构依据法院判决书确定的内容办理更正登记。

二是为了维护当事人权益，夫妻共同房产应当尽量登记在双方名下。《最高人民法院关于适用〈中华人民共和国婚姻法〉若干问题的解释（三）》第三十一条规定："一方未经另一方同意出售夫妻共同共有的房屋，第三人善意购买、支付合理对价并办理产权登记手续，另一方主张追回该房屋的，人民法院不予支持。"因此，为了防止夫妻一方擅自处分登记在其名下的共有房产，夫妻应当尽量将共同所有的房屋登记在双方共同名下，通过真实准确的不动产登记信息，维护好自身的合法财产权益。

（刘志强）

问题89

商品房预售合同登记备案行为是否具有物权公示效力[①]

【问题】

因房屋登记一事,原告李某将某市不动产登记部门诉至法院。原告李某诉称,原告在2005年10月18日从某房地产开发公司购买某小区某号房屋。法院在有关《民事判决书》中判决该房地产开发公司应当协助原告办理该房屋过户手续。但在原告申请执行该民事判决过程中得知该房地产开发公司已在2004年将该房屋卖给第三人刘某,并办理了有关商品房预售合同登记备案行为。现被告以此为由不为原告办理房产过户手续。原告认为有关商品房预售合同登记备案行为违反法定程序,且对原告产生了导致原告所购买的房产不能过户的后果。原告诉讼请求:1、撤销被告对涉案房屋做好的预售登记备案行为。

被告某不动产登记部门辩称,根据被诉的商品房预售合同登记备案行为做出时有效的《城市房地产管理法》及《北京市城市房地产转让管理办法》规定,市或者区、县不动产登记部门均有权进行商品房预售登记备案行为。经查,被诉的预售登记备案行为并非由我单位做出。因此原告起诉我单位不符合法定起诉条件。综上所述,请求法院驳回原告的起诉。

第三人刘某述称,其当年并非真正从某房地产开发公司处购房,当时其只是一家与该房地产开发公司合作的广告公司职员。该房地产开发公司为对外显示所售楼盘旺销,而要求广告公司配合签订购房合同,所以其作为广告公司职员才签订了所谓的商品房预售合同,并办理了本案被诉的商品房预售合同备案登记行为。其现也不想对该房屋主张权利,但由于房地产开发公司现已下落不明,银行向其主张有关购

[①] 本部分内容曾发表于《土地矿产法律实务操作指南》(第八辑),中国法制出版社2016年6月版,第35页。

房贷款还贷事宜,故其要求在有关银行还贷事宜了结后再解决本案行政争议问题。

法院认定的主要案件事实:某房地产开发公司开发建设某住宅小区。2004年6月7日该公司取得该小区《商品房预售许可证》。后该公司于2004年6月24日与第三人刘某签订了《商品房买卖合同》,将该小区内某号房屋出售给刘某。2004年6月25日,某区不动产登记部门办理了该《商品房买卖合同》预售登记备案手续,在不动产登记部门商品房预售合同联机备案电子系统中予以登记备案,并在该《商品房买卖合同》上加盖了某区不动产登记部门"商品房预售登记备案章"。但该住宅小区建成竣工后,该公司并未向刘某办理该房屋入住手续。

2005年该公司将本案涉案房屋又出售给原告李某,并于2005年10月18日向李某发放《入住通知单》。2005年12月31日,李某根据该《入住通知单》实际入住该房屋。2007年9月26日,某房地产开发公司取得该住宅小区整体楼房初始登记的《房屋所有权证》。2010年1月22日,该公司向李某出具证明:"某小区某号房屋业主李某,现因我公司原产权证暂不能办理,我公司承诺于2010年6月30日前将其房屋产权办理完毕。"但之后该公司并未如期与李某一同向不动产登记部门办理本案涉案房屋产权转移登记手续。李某遂于2010年向法院提出民事诉讼,要求某房地产开发公司办理涉案房屋产权过户手续。2010年11月23日,法院做出《民事判决书》,判决某房地产开发公司于判决生效后七日内协助李某至不动产登记部门办理涉案房屋的产权转移登记手续。后双方均未提出上诉,但某房地产开发公司亦未对民事判决内容自动履行,李某遂于2011年向法院提出执行该《民事判决书》的申请。在法院强制执行过程中,因不动产登记部门向法院提出涉案房屋存在房地产开发公司为刘某办理的《商品房买卖合同》预售登记备案行为,故法院执行程序受到影响。李某得知不动产登记部门曾对涉案房屋做出过商品房买卖合同预售登记备案行为后,遂向法院提出本案行政诉讼。

在一审法院审理过程中,因不动产登记部门已根据法院发出的有关《协助执行通知书》及生效《民事判决书》,将涉案房屋产权转移登记给原告李某,故李某向一审法院申请撤回起诉。一审法院依据修改前的《中华人民共和国行政诉讼法》第五十一条、最高人民法院《关于执行〈中华人民共和国行政诉讼法〉若干问题的解释》第六十三条第一款第(十)项之规定,裁定准予原告李某撤诉。请问:商品房预售合同登记备案行为是否具有物权公示效力?

【解答】

本案在审理过程中,表面上原、被告之间争议焦点在于某市不动产登记部门作为本案被告是否适格,但本案发生的原因却在于不动产登记部门以涉案房屋存在预售登记备案行为为由,使法院对涉案房屋产权转移登记至原告李某的执行程序受到影响所致。此外根据行政诉讼审判程序,在确定被告主体资格之前应首先确认原告主体资格是否适格。而原告主体资格问题属于行政诉讼程序性审查事项,不受当事人是否提出异议所限,应由法院依职权进行审查。本案中,虽然各方当事人均未对李某的原告主体资格提出异议,但法院仍应首先依职权对此进行审查。要正确确认李某是否具有原告主体资格,关键在于被诉预售登记备案行为与李某是否具有法律上的利害关系。因此对于本案被诉的预售登记备案行为应如何理解与认识才是本案司法审查的真正焦点。

一、预售登记备案行为法律属性的认定

1995年1月1日起实施的《中华人民共和国城市房地产管理法》(中华人民共和国主席令第29号)第四十四条第二款规定:"商品房预售人应当按照国家有关规定将预售合同报县级以上人民政府房地产主管部门和土地主管部门登记备案。"此条规定是商品房预售合同登记备案制度的法律基础。自1995年1月1日起实施的《城市商品房预售管理办法》(建设部令第40号)第十条规定:"商品房预售,开发经营企业应当与承购人签订商品房预售合同。预售人应当在签约之日起30日内持商品房预售合同向县级以上人民政府房地产管理部门和土地管理部门办理登记备案手续。"第十三条第(三)项规定:"开发经营企业在预售商品房中有下列行为之一的,由房地产管理部门处以警告、责令停止预售、责令补办手续、吊销《商品房预售许可证》,并可以处罚:(三)未按规定办理备案和登记手续的。"1998年7月20日国务院颁布《城市房地产开发经营管理条例》(中华人民共和国国务院令第248号)。该条例第二十七条第二款规定:"房地产开发企业应当自商品房预售合同签订之日起30日内,到商品房所在地的县级以上人民政府房地产开发主管部门和负责土地管理工作的部门备案。"第三十九规定:"违反本条例规定,擅自预售商品房的,由县级以上人民政府房地产开发主管部门责令停止违法行为,没收违法所得,可以并处已收取的预付款1%以下的罚款。"2001年8月15日,建设部依据《城市房地产管理法》和《城市房地产开发经营管理条例》对《城市商品房预售管理办法》进行了修正,修正后的《城市商品房预售管理办法》第十三条修改为:"开发企业未按本办法办理预售登记,取得商品房预售许可证明预售商品房的,责令停止预售、补办手续,没收违法所得,并可处以已收取的预付款1%以下的罚款。"2003年12月1日起北京市正式实施《北京市城市房地产管理办法》。该办法

第四十条规定："房地产开发企业应当自商品房预售合同签订之日起 30 日内，向市或者区、县国土房管局申请商品房预售登记，并提交下列文件：（一）房地产开发企业的营业执照和授权委托书；（二）预购人身份证明复印件；（三）商品房预售合同。房地产开发企业在前款规定的期间内未申请预售登记的，预购人可以申请预售登记。预售的商品房已抵押的，预售登记应当由房地产开发企业和预购人双方共同申请。"第四十一条规定："市或者区、县国土房管局应当审查预售登记申请，对符合下列条件的，在 5 个工作日内办理预售登记：（一）房地产开发企业名称与核准预售许可的预售人名称一致；（二）该商品房在预售许可核准的范围内；（三）该商品房未经预售登记；（四）该商品房未被司法机关和行政机关依法裁定、决定查封或者以其他方式限制房地产权利；（五）商品房预售合同上有当事人的签字或者盖章，当事人是自然人的应当签字，当事人是法人或者其他组织的应当盖章。"上述法规和规章均是本案被诉预售登记备案登记行为做出时有效的法律文件。这些法规和规章对商品房预售登记备案制度做出了进一步的细化规定，但根据这些规定，预售登记备案行为仅在商品房买卖合同双方之间发生有关法律效力，如未办理，则不动产登记部门仅会对房屋销售方的开发商进行行政处理。上述规定并未规定预售登记备案行为对商品房买卖合同双方之外第三方发生法律效力。

根据上述在本案被诉预售登记备案行为做出时有效的法律、法规、规章规定，预售登记备案制度并不是一种物权意义上登记备案，它的法律价值只在于通过行政管理的手段，来保护商品房交易的安全，最大限度地保障商品房买卖合同目的的实现。换言之，该制度只是一种行政管理手段而已，登记机关在登记备案的时候通过审查开发商的预售资格以及防止开发商一房多卖，这在一定程度上能保证交易的顺利进行。商品房预售合同登记备案制度通过登记备案来公示这个合同，公示的是一个特定的债权债务关系。这个公示当然不具有物权的公示效力，只是使得购房者获得了一种期待权，期待在将来可以顺利地实现该房屋的所有权。商品房预售合同的登记备案对开发商而言是一项行政意义上的义务，如果开发商未履行该义务，其所承担的不利后果也只是行政处罚。登记备案与否不仅对商品买卖合同的效力没有影响，而且更不会对合同之外第三方产生物权公示效力。

二、与预售登记备案容易混淆的预告登记行为法律属性认定

在司法实务中容易与预售登记备案行为混淆的是预告登记行为。其实二者是具有不同法律属性的法律制度。2007 年 10 月 1 日起实施的《中华人民共和国物权法》第二十条规定："当事人签订买卖房屋或者其他不动产物权的协议，为保障将来实现物权，按照约定可以向登记机构申请预告登记。预告登记后，未经预告登记的权利人同意，处分该不动产的，不发生物权效力。预告登记后，债权消灭或者自能够进行不动产登记之日起三个月内未申请登记的，预告登记失效。"此条规定是预告登记制度的法律基础。2008年7月1日起正式实施的《房屋登记办法》（建设部令第168号）中第三章"国有土地范围内房屋登记"中专设第四节"预告登记"，从第六十七条至第七十三条共七个条文将预告登记制度的具体实施方法和法律后果进行了进一步明确规定。其中第六十七条规定："有下列情形之一的，当事人可以申请预告登记：（一）预购商品房；（二）以预购商品房设定抵押；（三）房屋所有权转让、抵押；（四）法律、法规规定的其他情形。"第六十八条规定："预告登记后，未经预告登记的权利人书面同意，处分该房屋申请登记的，房屋登记机构应当不予办理。预告登记后，债权消灭或者自能够进行相应的房屋登记之日起三个月内，当事人申请房屋登记的，房屋登记机构应当按照预告登记事项办理相应的登记。"第六十九条规定："预售人和预购人订立商品房买卖合同后，预售人未按照约定与预购人申请预告登记，预购人可以单方申请预告登记。"第七十条规定："申请预购商品房预告登记，应当提交下列材料：……（三）已登记备案的商品房预售合同……预购人单方申请预购商品房预告登记，预售人与预购人在商品房预售合同中对预告登记附有条件和期限的，预购人应当提交相应的证明材料。"

通过上述法律与规章规定，预告登记属于不动产物权登记制度中的一种，其所登记的不是已经完成的不动产物权登记，也就是说不是现实的物权变动，而是目的在于保障将来实现物权，在法定期限内具有一定的物权公示效力。预告登记包括三种情况，即预购商品房的预告登记、以预购商品房设定抵押的预告登记及房屋所有权转让、抵押的预告登记。就预购商品房的预告登记而言，就是为了使得预购人在预购的房屋办理了所有权初始登记之后，能够办理所有权转移登记，从而确定取得房屋的所有权。所以预购人想要将来更好地实现物权，就应该在合同登记备案之后的法定期限内再进行预告登记。应当明确的是预告登记制度虽具有一定物权公示效力，但其毕竟不是一种真正完全意义上的物权登记，所以它是具有法定期限限制的，现行法律规定的期限为三个月。超过法定期限后，预告登记失去相应法律效力。

三、预售登记备案与预告登记的区别

通过上述对两种法律制度法律属性的认定，可以看出两种法律制度虽然有一定联系和相似之处，但也是具有明显区别的。

第一，二者法律属性不同。预售登记备案制度是一种行政管理制度，而预告登记制度是不动产登记制度，因此两者的法律效力也不一样。预告登记在法定期限内具有一定物权公示效力，而预售登记备案只具有债权合同公示效力，购房人如想进一步取得相应物权公示效力，必须在合同登记备案之后再进行预告登记。

第二，二者申请主体不同。预售登记备案是开发商一方申请登记备案的，这是具有强制性的，换言之它是开发商的一项义务，开发商如不履行该义务将会受到行政处罚。而预告登记是在双方合意之下申请的，不具有强制性。在双方达成合意后可以申请登记，也可以不用申请预告登记；双方达成合意后如果开发商不按照约定与购房人一起申请时，购房人也可以单方申请预告登记。

第三，二者适用范围不同。预售登记备案只是适用于商品房预售合同，适用范围较窄。而预告登记则适用于预购商品房预告登记、预购商品房抵押权预告登记、房屋所有权转移预告登记等多种情况，适用范围较宽。

第四，二者实施顺序不同。预售登记备案行为在前，而预告登记在后。预售登记备案起源于1995年起实施的《城市房地产管理法》。而预告登记起源于2007年10月1日起实施的《物权法》。《物权法》实施之后，特别是2008年7月1日后建设部颁布的《房屋登记办法》实施后，预售登记备案制度作用主要是和预购商品房预告登记制度相衔接，要办理预购商品房预告登记就必须要有已经登记备案的商品房预售合同原件才能办理。

四、对本案中被诉预售登记备案行为的理解与认识

有了上述对于预售登记备案制度与预告登记制度的认识，对本案中被诉预售登记备案行为就不难理解了。本案中被诉预售登记备案行为发生于2004年，当时《物权法》还没有颁布，因此当时只有预售登记备案制度而没有预告登记制度。所以被诉预售登记备案行为只是开发商根据《城市房地产管理法》的规定，单方对于《商品房买卖合同》进行的一项债权合同公示行为，根本不发生物权公示效力。该登记备案行为只是登记备案机关防止开发商进行"一房多卖"而采取的一项行政管理措施。此行为不仅不会对有关房屋产生物权公示效力，甚至不会对有关商品房买卖合同效力产生影响。只是在开发商不进行登记备案时，有关行政管理机关有权对开发商进行行政处罚。

即使在2007年10月1日《物权法》已经实施后，自动赋予本案被诉预售登记备案行为以所谓"预告登记"行为的法律效力，但到本案行政诉讼发生时，被诉预售登记备案行为也会因超过法定期限而丧失所谓"预告登记"法律效力。开发商在2007年9月时已取得了有关住宅小区整体楼房的初始登记，自那时开发商就已能够对与刘某签订的《商品房买卖合同》办理涉案房屋产权转移登记了，因此所谓"预告登记"的三个月法定期限也就应自此时开始起计算了。但开发商并未在有关期限内进行产权转移登记，故即使赋予其所谓"预告登记"法律效力，到本案行政诉讼发生时，也早已因超过法定期限丧失了。

所以无论如何，本案中被诉的预售登记备案行为对原告李某都不会具有法律上的利害关系，也不应对不动产登记部门为李某办理涉案房屋的产权转移登记手续发生法律意义上的影响，故李某作为本案原告实际上是不适格的。本案由于不动产登记部门在行政诉讼过程中根据法院有关执行手续，为李某办理了涉案房屋的产权转移登记手续，李某主动申请撤回起诉，因此法院做出裁定准予李某撤诉的裁判结果是正确的。

另外还应说明的是，如果不动产登记部门未在本案诉讼中办理有关房屋产权转移登记手续，李某的合法权益应通过何种方式给予保护呢？笔者认为，李某虽与本案被诉的预售登记备案行为不具有法律上的利害关系，但其根据法院生效《民事判决书》，具有要求不动产登记部门为其办理涉案房屋产权转移登记的权利，因此其虽不能通过本案保护其合法权益，但仍可以通过要求不动产登记部门履行房屋转移登记法定职责等其他途径保护其自身合法权益。

（滕恩荣）

问题 90
宅基地登记错误的如何处理[①]

【问题】

黄某有一处宅基地（历史形成的老宅，1961 年建成，但没有政府的批准文件及权属证明材料等），1988 年，政府进行土地总登记，当时房屋所有人黄某已去

[①] 本部分内容曾发表于《土地矿产典型案例评析与法律实务操作指南》，中国法制出版社 2012 年 1 月版，第 179 页。

世，其有四个儿子，当时老三在里面居住，土地登记时老三说父亲把房屋给他了，经村里同意，土地登记部门就把宅基地登记给了老三。如今，老二拿着一份分家单找到了国土资源部门，说当时登记的不对，宅基地和房屋应该有他的一半，应以分家单为准（分家单上面确实写着有老二一半，但不知真假），要求办理更正登记。但是，老三不承认分家单上的内容，一口咬定父亲把房产给他了，并且政府已经进行了土地登记。对于此类宅基地登记错误的问题，登记机构应当如何处理？

【解答】

根据《土地登记办法》，该宗地已登记发证，由于目前老二有异议，应让老二申请办理异议登记。理由如下：

第一，该案不属于土地权属争议。土地权属争议是未登记前因土地所有权和土地使用权及他项权利的归属问题而发生的争议；异议登记是利害关系人对不动产登记簿记载的权利提出异议并记入登记簿的行为，是在更正登记不能获得权利人同意后的补救措施。老二对此确权登记提出了异议，说宅基地有他的一半，但老三对此不认同。依据《土地登记办法》第六十条的规定，土地登记簿记载的权利人不同意更正的，利害关系人可以申请异议登记。因此，老二可以提交土地登记申请书和证明登记事项错误的有关材料（分家单），向土地登记部门申请异议登记。土地登记部门在权属审核的过程中，若有证据证明这份分家单有假，可拒绝办理异议登记；相反，就可以办理异议登记。由于异议登记只是暂时限制土地登记簿上记载的土地权利人的权利，在异议登记期间，未经异议登记权利人同意，不得办理土地权利的变更登记或者设定土地抵押权登记。

第二，该宗地在初始登记时，老三提交了相应的资料，经土地管理部门审核后发了《集体土地使用权证》，就已经被认为符合登记要求。依法登记的土地所有权和使用权受法律保护，任何单位和个人不得侵犯。如果当时的土地总登记程序合法，那么老三的宅基地使用权就应得到法律保护。

第三，老二在异议登记之日起十五日内向法院提起诉讼。如果异议登记申请人在异议登记之日起十五日内没有起诉，或者法院对异议登记申请人的起诉不予受理，再或者法院对异议登记申请人的诉讼请求不予支持，依据《土地登记办法》第61条的规定，土地登记簿记载的土地权利人（老三）可以持相关材料申请注销异议登记。异议登记失效后，原申请人（老二）就同一事项再次申请异议登记的，国土资源行政主管部门不予受理。如果法院受理后并作出判决，国土资源行政主管部门应依据法院的判决文书及相关权利人提供的材料，报政府批准注销土地登记簿记载的土地权利人（老三）的土地登记，收回该宗地的原土地权利证书，并对该宗地重新进行土地登记。

（周玥）

问题91
利害关系人对土地权利证书遗失声明提出异议应如何处理[①]

【问题】

某房地产公司三位股东不和，其中二位股东持有公司的一本国有土地使用证拒不交出，另一位股东以法定代表人身份在公司所在市《××日报》登报声明遗失，并向该市国土资源局申请补办土地使用权证。该国土资源局发出补发公告，公告期间，持有证书的两位股东提出异议，并向该局出示了声明遗失的国有土地使用证，证实该证书没有遗失。该国土资源局应如何处理？

【解答】

国土局不应补发国有土地使用证给该公司。这个问题属于双方当事人之间的民事纠纷，应该由双方自行协商解决，或提交司法部门处理后，由土地登记部门根据处理意见办理相关手续。

首先，该问题不属于土地证书灭失、遗失后补发的情形。

《土地登记办法》第七条规定，土地权利证书补发可以单方申请。第七十七条规定："土地权利证书灭失、遗失的，土地权利人应当在指定媒体上刊登灭失、遗

[①] 本部分内容曾发表于《土地矿产典型案例评析与法律实务操作指南》，中国法制出版社2012年1月版，第191页。

失声明后，方可申请补发。补发的土地权利证书应当注明'补发'字样。"可见，土地权利证书灭失、遗失声明的主体是土地权利人。原文中，相关部门应该先查证在《××日报》刊登遗失声明的股东其法定代表人身份是否属实，否则不能刊登遗失声明。实践中，各地均将遗失声明无异议作为补发土地权利证书的申请条件。如《江西省土地登记办法》第三十二条规定："土地权利证书遗失、灭失的，土地权利人应当向土地主管部门书面报失，并在本地报纸刊登启事；启事刊登后30日内无异议的，可以申请补发土地权利证书。申请补发土地权利证书应当提交下列文件资料：（一）遗失、灭失原因的书面说明和承担法律责任的具结保证书。（二）刊登遗失、灭失土地权利证书启事的报纸。补发的土地权利证书应当加注'补发'字样。"原文中，持有证书的两位股东在公告期间提出异议，并出示了声明遗失的国有土地使用证，证实证书没有遗失。可见本案不符合遗失声明无异议的申请条件，因此不能进行补发。

其次，利害关系也不应以启动异议登记程序作为解决途径。

有人认为，由于在报纸上刊登了该证书的遗失公告，即说明该证书已经无效，因此国土局应将两位股东手里的证书收回，补发给声明遗失的一方，并告知两位股东可以申请异议登记，在异议登记期限内到法院起诉，然后等法院的判决，或等异议申请期限过后继续办理登记。这样，由于有了异议登记申请，对补发的登记申请可以不予受理。

这样处理不妥。一是误解了遗失公告的作用，并非刊登了公告，该证书就当然失效，而是应该看遗失公告是否有异议，没有异议的，证书失效，进入补发程序。若有异议，如有证据证明没有灭失、遗失的，证书仍旧有效。

二是误解了异议登记的目的。《土地登记办法》第五十九条规定："利害关系人认为土地登记簿记载的事项错误的，可以持土地权利人书面同意更正的证明文件，申请更正登记。"异议登记的目的是暂时限制土地登记簿上的权利人的权利，以保障提出异议登记的利害关系人的权利。如属于甲的土地被登记到了乙名下，甲申请更正登记遭乙拒绝，为防止乙将土地转移给丙，甲申请异议登记。原文中，该宗土地应该登记在房地产公司名下，虽然股东意见不合，但其实质是同一权利人内部意见不合。

（于丽娜）

第三部分　其他与登记有关的问题

问题92
直辖市、设区的市不动产登记机构如何设立[①]

【问题】

甲市为地级市，其下辖A、B、C三个区。甲市成立了甲市国土资源局，A、B、C三个区分别成立了相应的区国土资源分局。根据《不动产登记暂行条例》的规定，A、B、C三个区的不动产登记机构应当如何设立？

【解答】

一、直辖市、设区的市确定本级不动产登记机构统一具体办理所属各区的不动产登记的，所属各区无需再单独设立不动产登记机构

《条例》第七条规定："不动产登记由不动产所在地的县级人民政府不动产登记机构办理；直辖市、设区的市人民政府可以确定本级不动产登记机构统一办理所属各区的不动产登记。"据此，直辖市和设区的市人民政府可以决定由本级不动产登记机构办理所属区域不动产登记，具体可以有两种方式：

一是由市本级不动产登记机构办理，区不再具体办理不动产登记业务。例如，甲市政府可以根据当地实际情况，指定该市的某个政府部门，例如甲市国土资源局作为该市的不动产登记机构，由甲市国土资源局直接统一办理本市所辖各区的不动

[①] 本部分内容曾发表于《土地矿产法律实务操作指南》（第八辑），中国法制出版社2016年6月版，第6页。

产登记工作，市所辖区的A、B、C三区国土资源分局则不再承担登记职责。

二是区国土资源分局以市国土资源局的名义具体办理辖区内的不动产登记。在相关法律法规未明确授权区国土资源局独立行使登记职责的情况下，若甲市政府指定甲市国土资源局作为本级不动产登记机构的，A、B、C三区的国土资源分局可以作为不动产登记机构的派出机构，根据规定的权限也可以以甲市国土资源局的名义具体本行政区内的不动产登记工作，不动产登记的相关后果由甲市国土资源局承担。

二、直辖市、设区的市本级不动产登记机构不统一具体办理所属各区的不动产登记的，区政府可以确定政府组成部门承担不动产登记职责

《条例》第六条规定："国务院国土资源主管部门负责指导、监督全国不动产登记工作。县级以上地方人民政府应当确定一个部门为本行政区域的不动产登记机构，负责不动产登记工作，并接受上级人民政府不动产登记主管部门的指导、监督。"据此，直辖市、设区的市人民政府没有确定本级不动产登记机构统一办理所属各区的不动产登记的，区政府可以确定本区不动产登记机构，但是应当注意以下两点：

一是不动产登记机构应当是独立的行政主体。《条例》第六条的规定明确了国土资源部负责指导、监督全国不动产登记工作，但是关于地方不动产登记由哪个部门负责，对此并没有明确。区政府作为一级政府可以根据当地的实际情况，指定一个政府组成部门，为本行政区域的不动产登记主管部门，办理所在辖区的不动产登记业务。但是，无论指定哪个部门从事不动产登记工作，都必须接受上级人民政府不动产登记主管部门的指导和监督，国家层面则应当接受国土资源部统一的监督和指导。

二是区国土资源分局属于市国土资源局的派出机构，无法成为独立的登记机构。不动产登记机构应当是县级以上人民政府依法确定的、统一负责不动产登记工作的部门，应当具备独立的法人资格，对外能独立承担相应的法律责任。各级国土资源主管部门内设的、不具有独立法人资格的不动产登记局（处、科、股），不能作为不动产登记机构。根据《国务院关于做好省级以下国土资源管理体制改革有关问题的通知》（国发〔2004〕12号）的规定，"市（州、盟）、县（市、旗）国土资源主管部门是同级人民政府的工作部门，其机构编制仍由同级人民政府管理；地区国土资源主管部门的机构编制仍由行署管理。市辖区国土资源主管部门的机构编制上收到市人民政府管理，改为国土资源管理分局，为市国土资源主管部门的派出机构。"可见，市辖区国土资源管理部门是市国土资源局的派出机构，并不是独立的行政主体，也不是隶属于区政府的政府部门，无法对外独立承担相应的法律责任。当区国土资源分局负责本行政区域内不动产登记工作时，登记机构其实是市国土资源局。

（刘志强）

问题93
土地登记代理机构能否开展权属调查代理业务[1]

【问题】

《物权法》和《土地登记办法》颁布实施后，土地登记实行自我举证制度。实践中，对于经有关部门依法审批的土地评估机构的业务范围产生争议，特别是对于土地登记代理机构能否开展权属调查代理业务，有的地方，国土资源部门明确，土地权属调查不能由中介机构代理，必须由国土部门组织实施；有的地方则允许土地登记代理机构开展权属调查代理业务，认识十分不统一。

【解答】

地籍测量和权属调查均可委托给中介机构代理。

按照1995年修订的《土地登记规则》第六条规定，过去土地登记的程序一直是：申请→地籍调查→权属审核→注册登记→颁发或更换证书。土地登记的程序严格统一，其中地籍调查是土地登记机关的一项重要职责，一直由国土资源行政主管部门完成。随着经济社会的发展，尤其是我国社会主义市场经济制度的不断健全和完善，不动产交易特别是土地的交易越来越频繁，同时随着测绘行业市场化改革的

---

[1] 本部分内容曾发表于《土地矿产典型案例评析与法律实务操作指南》，中国法制出版社2012年1月版，第168页。

推进，由国土资源行政主管部门负责地籍调查的工作模式以及现行的土地登记程序已不能满足经济社会发展对土地登记的高效、便捷、及时等多元化需求。

为了适应经济社会发展的需要，国土资源部于2003年3月决定在广东和浙江两省开始了为期两年的土地登记自我举证试点。而在与此同时的土地登记实践中，为了满足土地使用者对国土资源行政主管部门土地行政审批行为的合法、高效、准确的要求，根据工作实际，成都市按照《地籍调查规程》相关规定，于2004年初在全国率先进行了地籍调查前置的积极探索，取得了积极成效。2007年，根据《物权法》的规定，以及我国土地登记自我举证、地籍调查前置的丰富实践成果，《土地登记办法》对土地登记的程序作出了新的规定。按照新规定，当事人在申请土地登记时，就须提交土地权属来源证明、地籍调查表、宗地图及宗地界址坐标等必要材料。而且《土地登记办法》明确规定申请人提交的"地籍调查表、宗地图及宗地界址坐标，可以委托有资质的专业技术单位进行地籍调查获得"。这意味着，过去由行政机关包办的地籍调查等事务工作，不再是行政机关的分内之事，土地登记必需的相关资料要由申请者自我提供，即自我举证。这样土地登记（土地总登记除外）的程序简化为申请→权属审核→注册登记→颁发或更换证书，地籍调查则因为土地登记自我举证制度的实行而变为申请之前的必要过程，其成果则成为申请登记的必须要件。《办法》对土地登记程序的新规定能够更加符合社会主义市场经济发展的需要，更加便民、高效和优质。

实践中，由于相关配套制度不够健全，如土地登记代理制度建设滞后等，许多基层国土资源部门的同志，尤其是土地登记一线的同志对土地登记自我举证制度还不能准确把握，影响了自我举证制度的推进和作用的发挥。对此，可以从以下几个方面来把握：

第一，准确区分自我举证制度、地籍调查前置和土地登记代理制度。

自我举证制度，是指土地登记申请时由土地权利人自我提交登记资料和宗地调查成果。谈到自我举证制度，与之相似、紧密相连的两个概念不能回避：地籍调查前置和土地登记代理制度。

所谓地籍调查前置就是指在集体土地征收、农用地或未利用地转用、签订《国有土地使用权出让合同》、核发《国有土地划拨决定书》前，需对批准用地进行勘测定界，先行完成地籍调查工作，出具地籍调查前置成果。地籍调查前置是土地管理工作实践创新的结果，地籍调查前置后土地登记的程序就变为：地籍调查→申请→权属审核→注册登记→颁发或更换证书。需要注意的是，地籍调查前置，仅仅是将过去土地登记的程序中地籍调查环节的顺序进行了调整，提前至整个登记程序的最先，地籍调查仍然是土地登记程序的重要环节，而且仍然由国土资源部门负责组织实施。

土地登记代理是指土地登记代理机构在受托权限内，为委托人提供土地登记咨询、代理等业务服务，并由委托人直接承担相应法律责任的经营活动。由于土地登记是法律性、政策性和技术性很强的工作，普通老百姓不可能、也没必要了解那么多与土地登记有关的法律、政策和技术，因此，必须委托土地登记代理人来完成。我国早于2003年开始实行以土地登记代理人员职业资格制度为主要内容的土地登记代理制度。但需要注意的是，土地登记代理制度与自我举证制度和地籍调查前置没有必然的因果关系，无论是否实现自我举证制度或地籍调查前置，都可以施行土地登记代理制度。实践中2003年我国开始施行土地登记代理制度之时，并未施行自我举证制度或地籍调查前置。

通过上述分析，很明显土地登记自我举证制度必然要求地籍调查前置，但地籍调查不再是包含于土地登记程序之中的一个重要环节。同时，自我举证制度的实施必然要求有成熟的土地登记代理制度作为支撑，必须有一定数量的土地登记人员及机构来服务土地登记代理市场。而地籍调查前置和土地登记代理制度不受自我举证制度的必然影响，无论是否实施自我举证制度，都可以实行地籍调查前置和土地登记代理制度。

第二，地籍测量和权属调查均可委托给中介机构。

随着测绘市场的发展和健全，许多基层同志认为将地籍调查中的地籍测量工作委托给中介组织开展无可非议，但将地籍调查中的权属调查工作委托给中介组织实施是不可行的，认为权属调查是一项行政性工作，不能委托给中介组织。这种观点明显站不住脚，理由如下：

首先，受委托开展包括土地权属调查在内的地籍调查工作是土地登记代理机构及人员的合法职能和业务。根据《关于印发〈土地登记代理人职业资格制度暂行规定〉和〈土地登记代理人职业资格考试实施办法〉的通知》的规定，土地登记代理机构及代理人的业务范围包括七项：一是办理土地登记申请、指界、地籍调查、领取土地证书等；二是收集、整理土地权属来源证明材料等与土地登记有关的资料；三是帮助土地权利人办理解决土地权属纠纷的相关手续；四是查询土地登记资料；五是查证土地产权；六是提供土地登记及地籍管理相关法律咨询；七是与土地登记业务相关的其他事项。第一项明确规定可以受委托开展地籍调查工作，而地籍调查的概念是指国家采用科学方法，依照有关土地法律程序，通过权属调查和地籍测量，查清每一宗土地的位置、权属、界线、面积和用途等基本情况，用于满足土地登记的需要。地籍调查本身就包括了权属调查和地籍测量。

其次，确权是行政性工作，不等于权属调查。权属调查不是行政性工作，仅仅是确权过程中的一部分事务性工作。确权是国土资源部门的法定职责，确权以权属调查和地籍测量为基础，是指依照法律、政策的规定确定某一范围内的土地（宗地）的所有权、使用权的隶属关系和他项权利的内容。每宗地的土地权属要经过地籍调查、土地登记申请、核属审核、登记注册、颁发土地证书等程序，才能得到最后的确认和确定。许多人认为，权属调查是地籍调查的核心和前提，具有行政性，权属调查如果出了问题，地籍测量成果就不能作为土地登记的依据，国土管理部门如果忽视了权属调查的实质性审查，一旦出错后果非常严重，因此不能委托中介。其实，即使权属调查不出错，地籍测量如果出错，其结果一样都将是登记错误，需要进行更正；即使由国土资源部实施权属调查也不能保证不出差错。所以，保障土地登记准确的关键是要明确国土资源部门、权利人以及土地登记代理机构在登记过程中的各自权利和责任，而不是一定要规定由谁具体承担事务性工作。而从权利人角度来看，选择和委托有资质的中介组织代理登记，进行指界、权属调查和地籍测量不仅仅是配合国土资源部门完成登记的义务，而且是其应有的权利。权属调查仅仅是确权的事务性工作，调查了解清楚权属现状，依法确权的职能仍然是国土资源部门的法定职责，由国土资源部门负责。权属调查结果最终能否被国土资源管理部门作为登记材料采用，还有待国土资源部门审核，甚至复查，重新进行地籍调查，所以地籍测量和权属调查都可以委托给中介组织承担。

第三，充分认识自我举证制度的积极作用。

实行土地登记自我举证制度是转变政府职能，提高土地登记效率和社会化服务水平的重要措施，可以进一步优化土地登记程序，以减少政府部门工作量，提高办事效率和质量。一是更加便民，体现了土地权利人的主体地位。过去土地登记的地籍调查等事务性工作只能是全部由国土资源行政主管部门包揽，这样一方面土地登记申请人没有自主选择的余地；另一方面，"一对多"的供需关系使得国土资源行政主管部门疲于事务性工作，不能全心依法行政，降低了工作效率。自我举证制度让土地权利人成为自主维权的主角，在办理土地登记中，根据相关中介的信誉、价格等市场综合情况自主选择中介进行地籍调查、土地登记代理，土地权利人不再是被动接受政府要求登记的对象，而是主动请求政府给予合法权益保护，大大方便了土地权利人。二是优化了土地登记程序，提高了土地登记工作效率和质量。土地登记自我举证后，国土资源行政主管部门将从地籍测绘等沉重的事务性工作中解脱出来，专心于土地登记行政工作，更有利于政企分开、依法行政，同时避免了因地籍测绘等事务性工作引起的相关土地登记诉讼、赔偿等责任，提高了土地登记工作的效率和质量。

第四，为推行自我举证制度创造条件。

一是要健全和完善土地登记代理制度。自我举证必然要求市场有能够为土地权利人提供相关服务的人员和机构，即地籍调查中介、土地登记代理中介等。但我国推行土地登记代理制度后，由于各种原因，土地登记代理人员及机构还不能实行有效的行业自律管理，与之配套的管理制度和办法也没有明确，全国只有云南、浙江、黑龙江、内蒙古等少数省市成立了土地登记代理人机构和协会，限制了土地登记代理制度对自我举证制度的有效支撑。

二是建立健全土地登记错误赔偿制度。《物权法》第二十一条规定，当事人提供虚假材料申请登记，给他人造成损害的，应当承担赔偿责任。因登记错误，给他人造成损害的，登记机构应当承担赔偿责任。登记机构赔偿后，可以向造成登记错误的人追偿。对于因登记机构造成登记错误，给他人造成损害的，登记机构应当承担赔偿责任，其赔偿的标准是多少；如果由登记机构赔偿，其资金来源和性质是什么；是否是国家政府赔偿，由财政支付；对于登记代理机构操作错误的如何赔偿，是否建立登记机构赔偿基金，这些都需要加强研究，完善制度，以明确参与土地登记过程中各方主体的权利与责任。

三是制定出台新的土地登记收费标准制度。《物权法》第二十二条规定，不动产登记按件收取，不得按照不动产的面积、体积或者价款的比例收取。具体收费标准由国务院有关部门会同价格主管部门规定。但目前新的土地登记收费标准尚未出台，实践中仍然沿用1990年原国家土地管理局、国家测绘局、原国家物价局、财政部下发的《关于土地登记收费及其管理办法》规定的标准执行。一方面此收费办法颁布时间较早，与相关行业（特别是房屋管理部门）相比，收费标准过低，不能完全适应社会经济发展和工作的需要；另一方面，按照此收费办法规定，土地登记收费标准统一按面积计取，收费内容包括土地权属调查、地籍测绘和土地注册登记发证（证书工本费），收费性质为行政事业性收费。但自我举证制度实施后，地籍调查收费应当属于社会中介收取的经营服务性收费。目前将土地登记行政事业性收费与地籍调查经营服务性收费混在一起收取，明显违背了《物权法》的规定要求。

另外值得注意的是，实践中，云南、黑龙江等省已经出台土地登记代理管理办法及收费标准，包括权属调查在内的地籍调查业务都已委托中介有序开展。如

2011年1月1日起施行的《云南省土地登记代理办法》第六条规定，土地登记代理的业务范围包括办理地籍测量、权属调查、土地登记申请、领取土地证书等；《黑龙江省物价监督管理局关于土地登记及相关事务代理服务收费标准的批复》（黑价行字〔2010〕33号）规定土地登记代理服务内容包括代写土地登记申请所需文书、代办土地登记申请、指界、地籍调查（不含地籍测量）、领取土地权利证书。

（姜武汉）

问题94
取得建设用地批准书是否就是取得了土地的使用权[①]

【问题】

某企业取得了建设用地批准书，即认为已经取得了该宗地的国有土地使用权，该认识是否正确？

【解答】

取得建设用地批准书并不意味着取得了该宗地的国有土地使用权。

一、建设用地批准书，只是建设单位或者个人可以依法使用土地进行开发建设的证明

建设用地批准书，是建设单位或者个人的用地申请按照法定程序经批准后，由市、县人民政府向其颁发的准予使用建设用地的证件。按照《土地管理法实施条例》第二十二条第一款第三项的规定，具体建设项目需要占用土地利用总体规划确定的城市建设用地范围内的国有建设用地的，供地方案经批准后，由市、县人民

[①] 本部分内容曾发表于《土地矿产典型案例评析与法律实务操作指南》（第六辑），中国法制出版社2013年6月版，第185页。

政府向建设单位颁发建设用地批准书。有偿使用国有土地的，由市、县人民政府土地行政主管部门与土地使用者签订国有土地有偿使用合同；划拨使用国有土地的，由市、县人民政府土地行政主管部门向土地使用者核发国有土地划拨决定书。按照《土地管理法实施条例》第二十三条第一款第三项的规定，能源、交通、水利、矿山、军事设施等建设项目确需使用土地利用总体规划确定的城市建设用地范围外的土地，涉及农用地的，农用地转用方案、补充耕地方案、征收土地方案和供地方案经批准后，由市、县人民政府组织实施，向建设单位颁发建设用地批准书。有偿使用国有土地的，由市、县人民政府土地行政主管部门与土地使用者签订国有土地有偿使用合同；划拨使用国有土地的，由市、县人民政府土地行政主管部门向土地使用者核发国有土地划拨决定书。《建设用地审查报批管理办法》（1999年3月2日国土资源部令第3号公布，根据2010年11月30日《国土资源部关于修改部分规章的决定》修正）第二十一条规定："以有偿使用方式提供国有土地使用权的，由市、县人民政府土地行政主管部门与土地使用者签订土地有偿使用合同，并向建设单位颁发《建设用地批准书》。土地使用者缴纳土地有偿使用费后，依照规定办理土地登记。以划拨方式提供国有土地使用权的，由市、县人民政府土地行政主管部门向建设单位颁发《国有土地划拨决定书》和《建设用地批准书》，依照规定办理土地登记。《国有土地划拨决定书》应当包括划拨土地面积、土地用途、土地使用条件等内容。建设项目施工期间，建设单位应当将《建设用地批准书》公示于施工现场。市、县人民政府土地行政主管部门应当将提供国有土地的情况定期予以公布。"

可见，发放建设用地批准书，属于一种行政许可行为。取得了建设用地批准书，只是表明当事人的建设使用国有土地的行为得到许可。

二、土地权利证书才是土地权利人享有土地权利的证明

按照《物权法》第十七条的规定，不动产权属证书是权利人享有该不动产物权的证明。按照《土地登记办法》第十六条的规定，土地权利证书是土地权利人享有土地权利的证明。我国目前土地权利证书只有四种，国有土地使用证、集体土地所有证、集体土地使用证、土地他项权利证明书。其中国有建设用地使用权和国有农用地使用权在国有土地使用证上载明；集体建设用地使用权、宅基地使用权和集体农用地使用权在集体土地使用证上载明；土地抵押权和地役权可以在土地他项权利证明书上载明。土地登记是将国有土地使用权、集体土地所有权、集体土地使用权和土地抵押权、地役权以及依照法律法规规定需要登记的其他土地权利记载于土地登记簿公示的行为。建设用地批准书只是可以依法开发使用国有建设用地的证明，如果当事人要取得土地权利，必须依法向土地所在地的土地登记机关申请土地登记，提供相应的证明材料，取得国有土地使用证之后，才取得了土地权利。

三、取得建设用地批准书之后须申请登记取得土地权利证书才取得土地权利，但建设用地批准书不是申请土地登记必须提供的材料

按照《土地登记办法》第二十六条第一款的规定，"依法以划拨方式取得国有建设用地使用权的，当事人应当持县级以上人民政府的批准用地文件和国有土地划拨决定书等相关证明材料，申请划拨国有建设用地使用权初始登记"，当事人申请划拨土地使用权的初始登记，需要提供建设用批准书。按照《土地登记办法》第27条的规定，"依法以出让方式取得国有建设用地使用权的，当事人应当在付清全部国有土地出让价款后，持国有建设用地使用权出让合同和土地出让价款缴纳凭证等相关证明材料，申请出让国有建设用地使用权初始登记"，当事人申请出让土地使用权登记不需要提供建设用地批准书。进行土地登记发证时，关键是需要当事人提供划拨决定书或者出让合同等证明材料，不需当事人提供建设用地批准书。

（李志华　蔡卫华）

问题 95
对土地进行承包管护等行为能否作为确权登记的依据[①]

【问题】

A村与B村相邻，在农村土地确权登记的过程中，两村对于面积为3000亩的一块土地的权属产生争议。经查，1992年第一次土地详查时，两村曾签订有《土地权属界限协议书》明确该宗土地归A村所有。虽然B村对该协议的真实性表示

---

① 本部分内容曾发表于《土地矿产典型案例评析与法律实务操作指南》（第七辑），中国法制出版社2015年4月版，第96页。

认可，但是，自 2005 年以来，园林绿化部门开始对该块山地林地给予经济补贴，B 村实际对该地块进行管护，并实际接收林业补贴。B 村提供了承包荒山协议书、生态林补偿机制责任书等资料。因此，双方均认为该处土地应当归其所有。

【解答】

本案的焦点在于如何界定双方对于该宗土地所享有的权利，如何更好地协调好双方的利益。

一是双方当事人之间达成的协议，可以作为集体土地确权的依据。

根据《国土资源部、中央农村工作领导小组办公室、财政部、农业部关于农村集体土地确权登记发证的若干意见》（国土资发〔2011〕178 号）文件中明确规定："农村集体土地确权登记依据的文件资料包括：人民政府或者有关行政主管部门的批准文件、处理决定；县级以上人民政府国土资源行政主管部门的调解书；人民法院生效的判决、裁定或者调解书；当事人之间依法达成的协议；履行指界程序形成的地籍调查表、土地权属界线协议书等地籍调查成果；法律、法规等规定的其他文件等。"本案中，双方在 1992 年达成的权属界线协议书即属于当事人之间依法达成的协议，并且双方对协议书的真实性均表示认同，在无其他合法证明文件的前提下，可以将其作为确权登记的依据。

二是 B 村长期管护的行为不影响土地权属的界定。

森林管护主要是指，政府给予当地群众一定补助，由当地群众配合林业管理部门对森林资源开展管理和维护等工作，例如协助进行防火、防止乱砍滥伐、保护野生动物、开展病虫害防治等工作，其针对的主要是地上附着物的管理。依照《天然林资源保护工程森林管护管理办法》中的规定：集体和个人所有的公益林由林权所有者或者经营者负责管护，经林权所有者同意可以委托其他组织和个人管护。就是说可以结合当地的实际情况，选择适当的群体委托协助其开展管护工作。因此，其并不是判断土地归属的依据。

本案中，考虑到双方分歧较大，由政府直接裁定可能会有不利于社会稳定的因素，本着尊重历史、注重现实、有利生产生活、促进社会和谐稳定的原则，由双方进行协调，由 A 村享有争议地块的所有权，同时继续由 B 村在一定期限内继续履行管护义务，并领取相关补助。

（周嘉诺　刘志强）

问题 96
存在尚未解决的权属争议能否登记[①]

【问题】

孟某与某村集体签订《林地承包合同书》，该村集体将村内某块林地交由孟某承包经营，期限为30年。签订合同后，孟某向登记机构申请办理承包经营权登记。登记办理期间，赵某向法院提起诉讼，同时向登记机构提出，孟某承包的林地地块中有部分面积与其取得的林地承包地块面积重叠，村集体与孟某签订的《林地承包合同书》侵害了其已经取得的林地承包经营权。孟某认为，其与村委会签订的《林地承包合同书》合法有效，没有侵害赵某的承包权益。该情况下，登记机构应如何办理登记？

【解答】

不动产登记具有极强的公示性和公信力，这就要求登记的不动产权利必须是归属清晰、无争议。如果对有权属争议的不动产权利予以登记，将会对不动产登记的公信力造成根本性冲击，对交易安全和物权稳定带来很大隐患。因此，《不动产登记暂行条例》第二十二条规定，"登记申请有下列情形之一的，不动产登记机构应当不予登记，并书面告知申请人……（二）存在尚未解决的权属争议的……"

需要注意的是，实践中要对存在"权属争议"有正确理解。如上述案例中，孟某已经完成承包经营权登记，后在承包经营权转移登记中，赵某提出异议，认为孟某的承包经营权侵害了自己的承包权益的，是否属于"存在权属争议"的情形？不动产权属争议应是就尚未进行登记发证的不动产而言，不动产权利利害关系人因

[①] 本部分内容曾发表于《土地矿产法律实务操作指南》（第八辑），中国法制出版社2016年6月版，第17页。

不动产所有权或使用权的归属而发生的争议。《物权法》第九条规定，"不动产物权的设立、变更、转让和消灭，经依法登记，发生效力"，完成登记发证的不动产权利，因不动产物权登记具有公信力，在不动产登记被依法撤销前，不动产的所有权和使用权依法处于清晰明确的法律状态。按照国土资源部办公厅作出的《关于土地登记发证后提出的争议能否按权属争议处理问题的复函》（国土资厅函〔2007〕60号），该复函指出："土地权属争议是指土地登记前，土地权利利害关系人因土地所有权和使用权的归属而发生的争议。土地登记发证后已经明确了土地的所有权和使用权，土地登记发证后提出的争议不属于土地权属争议。"就该情况下利害关系人的救济途径，根据复函精神，不动产权利依法登记后第三人对其结果提出异议的，利害关系人可向原登记机关申请更正登记，也可向原登记机关的上级主管机关提出行政复议或直接向法院提起行政诉讼。

（翟国徽）

问题97
合伙份额转让所得不动产如何办理登记[①]

【问题】

2002年，甲公司以位于某市的一栋房屋作价5500万元、乙公司以300万元、丙（个人）以1000万元共同出资成立了某合伙企业。后经协商，甲公司将份额转让给乙公司，但一直未办理不动产登记。2015年3月1日，该市开始实行不动产统一登记，甲公司和乙公司对如何申请不动产登记产生了疑惑。

---

① 本部分内容曾发表于《中国不动产》，2016年第7期，第78页。

【解答】

一、不动产统一登记以前，权利人需要到房产管理部门和土地管理部门分别办理登记

《物权法》第一百四十六条规定："建设用地使用权转让、互换、出资或者赠与的，附着于该土地上的建筑物、构筑物及其附属设施一并处分。"该法第一百四十七条同时规定："建筑物、构筑物及其附属设施转让、互换、出资或者赠与的，该建筑物、构筑物及其附属设施占用范围内的建设用地使用权一并处分。"《城市房地产管理法》第六十一条规定："以出让或者划拨方式取得土地使用权，应当向县级以上地方人民政府土地管理部门申请登记，经县级以上地方人民政府土地管理部门核实，由同级人民政府颁发土地使用权证书。在依法取得的房地产开发用地上建成房屋的，应当凭土地使用权证书向县级以上地方人民政府房产管理部门申请登记，由县级以上地方人民政府房产管理部门核实并颁发房屋所有权证书。"虽然在自然状态上房屋依附于土地不可分离，但不动产统一登记以前，房屋登记和土地登记分属于不同的部门管理，通过合伙份额转让的方式取得建设用地使用权的，如果土地上建有房屋等建筑物且需要办理不动产登记的，权利人不仅要到土地管理部门办理土地登记，还要到房屋登记部门办理房屋登记。

二、不动产统一登记以后，权利人只需要到不动产登记机构申请不动产登记即可

《不动产登记暂行条例》第六条规定："国务院国土资源主管部门负责指导、监督全国不动产登记工作。县级以上地方人民政府应当确定一个部门为本行政区域的不动产登记机构，负责不动产登记工作，并接受上级人民政府不动产登记主管部门的指导、监督。"可见，不动产统一登记以后不动产登记的职责整合为一个部门承担，权利人只需要到不动产登记机构申请不动产登记即可，不必再跑两个部门，减轻了群众负担。

三、让群众感觉不到变化，实现不动产登记的平稳过渡

在《条例》和《不动产登记暂行条例实施细则》的起草过程中，为了实现不动产登记的平稳过渡，无论是在登记程序的设置上，还是登记材料的提交上，都努力做到针对土地、房屋、林地、草地、海域登记发证工作的特点，采取不同的衔接模式，合理衔接，不增加权利人负担，使权利人在办理登记过程中基本感觉不到变化。因此，权利人除了从以前到两个部门分别登记变成现在只需要到一个部门进行登记外基本不需要额外提交其他材料，也不需要进行更多的登记程序，可以直接到不动产登记机构申请不动产登记。

（张颖）

问题 98
建设用地使用权未到期能否提前办理续期[①]

【问题】

1998 年某开发商以出让方式取得一宗国有土地使用权，土地用途为住宅和配套商业，土地使用年限住宅 70 年，商业 40 年，住宅终止日期为 2068 年 4 月 5 日；2013 年，该开发商以出让方式取得上述宗地相邻一宗国有土地使用权，土地用途为零售商业、住宅用地，土地使用年限商业 40 年，住宅 70 年，住宅用地终止日期为 2083 年 9 月 16 日。在开发中，市规划部门对两块宗地合并一起审批总平面布置，开发商也按照审批的总平面布置对两地块进行综合开发建设，现已建成，部分建筑跨在两个地块相邻红线上。

该房产已公开销售，部分已发放房产证，现开发商申请办理土地使用证，因开发商没有按两块地出让时的用途和规划指标建设，且部分建筑跨在两个地块相邻红线上，登记机关无法办理。开发商提出将 1998 年取得的宗地使用年限延长至 2013 年取得土地的使用年限，即 2083 年 9 月 16 日，并将两宗地合并颁发土地证。

请问：1. 能否将 1998 年取得的宗地使用年限延长至相邻地块土地使用权的使用年限？2. 若两宗地年限一致时，能否将两宗地合并为一宗地，重新颁发土地使用权证？

[①] 本部分内容曾发表于《土地矿产法律实务操作指南》（第八辑），中国法制出版社 2016 年 6 月版，第 74 页。

【解答】

一、开发商申请续期不违反现行法律规定

本案中开发商申请续期不违反我国《物权法》、《城市房地产管理法》、《城镇国有土地使用权出让和转让暂行条例》等法律法规的相关规定。《物权法》第一百四十九条规定:"住宅建设用地使用权期间届满的,自动续期。非住宅建设用地使用权期间届满后的续期,依照法律规定办理。"《城镇国有土地使用权出让和转让暂行条例》四十一条规定:"土地使用权期满,土地使用者可以申请续期。需要续期的,应当依照本条例第二章的规定重新签订合同,支付土地使用权出让金,并办理登记。"《城市房地产管理法》第二十二条规定:"土地使用权出让合同约定的使用年限届满,土地使用者需要继续使用土地的,应当至迟于届满前一年申请续期,除根据社会公共利益需要收回该幅土地的,应当予以批准。经批准准予续期的,应当重新签订土地使用权出让合同,依照规定支付土地使用权出让金。"就理论上而言,在不违反公共利益的前提下,开发商在取得土地使用权至土地使用权限届满前一年的期间内可以申请续期,但需注意申请续期的年限不得超过《城镇国有土地使用权出让和转让暂行条例》第十二条规定的建设用地使用权出让最高年限,即居住用地不超过70年,商业用地不超过40年。

二、提前续期在实践操作中面临诸多问题

我国土地管理的实践中尚未出现住宅用地续期的个案,国家相关政策法规也未明确对此做出规定,在实际操作中如果允许提前续期可能会面临以下几个问题:第一,可能不符合将来的土地规划。《城市房地产管理法》第十条规定"土地使用权出让,必须符合土地利用总体规划、城市规划和年度建设用地计划",提前申请续期时难以预测将来的土地规划与土地管理政策,可能导致土地出让合同与规划方案无法衔接。第二,从合同约定的角度看,土地出让合同尚未履行完毕,一般来说不能提前续约。第三,土地出让金价格难以确定。根据《城市房地产管理法》第十三条、《协议出让国有土地使用权规定》第五条、《城镇国有土地使用权出让和转让暂行条例》第十四条等关于土地出让金的相关规定可知土地出让金是一个可变量而非固定值,土地用途、土地供需情况、国家政策和规划、经济发展等因素都影响着土地出让金的标准,提前续期时无法预测几十年后的土地出让价格,也就无法按规定缴纳土地出让金。

鉴于目前我国土地使用权提前续期的政策空白和实践困境,尚不具备办理提前

续期的条件，实践中一般不予以办理。但由于本案中开发商已经按照市规划部门审批通过的总平面布置进行开发建设并发放房产证的特殊情况，在已购房业主同意的前提下，可尝试允许其提前续期以盘活土地利用，有效开发。

关于土地能否并宗的问题，《国土资源部关于规范土地登记的意见》（国土资发〔2012〕134号）规定"宗地一经确定，不得随意调整。宗地确需分割、合并或调整边界的，应经国土资源主管部门会同有关部门同意"。因此，在满足符合土地规划、权利人同意的前提条件下，可以允许土地并宗开发并办理变更登记手续，在实践中广东在三旧改造中也有并宗的规定，如《广东省人民政府关于推进"三旧"改造促进节约集约用地的若干意见》（粤府〔2009〕78号）规定，对于收购改造的，"市、县土地行政主管部门可根据收购人的申请，将分散的土地归宗，为收购人办理土地变更登记手续"。

（张倩）

问题99
民事案件当事人能否查询对方当事人房屋登记信息[①]

【问题】

张某借给李某人民币100万元，到期李某拒绝还款，张某遂向法院起诉并胜诉，但李某仍称无钱可还。张某只好申请法院强制执行，但法院要求张某提供李某可执行的财产线索。张某听说李某的名下有房，于是便到登记机构申请查询李某名下房屋信息。请问登记机构应否提供查询？

---

① 本部分内容曾发表于《土地矿产典型案例评析与法律实务操作指南》（第七辑），中国法制出版社2015年4月版，第104页。

【解答】

张某查询李某的房屋，属于以人查房。能否以人查房，目前已成舆论热点。不少地方登记机构为了保障当事人的隐私，也为了防止不动产登记资料被不正当利用，规定不能以人查房。但是笔者认为，在此案中，张某作为利害关系人，可以要求查询李某的房屋登记信息。理由如下：

一是利害关系人可以查询复制不动产登记资料。《物权法》第十八条明确规定："权利人、利害关系人可以申请查询、复制登记资料，登记机构应当提供。"虽然《物权法》及相关的法律法规等都没有明确"利害关系人"的范围，但是在本案中，张某与李某有金钱债务关系，且张某胜诉并申请法院执行，张某对该房屋具有利益关系，属于对该房屋登记信息有利害关系的人，应当可以查询李某的房屋登记信息。

二是任何单位和个人都可以查询房屋权属登记机关对房屋权利的记载信息。按照《房屋权属登记信息查询暂行办法》第七条的规定："房屋权属登记机关对房屋权利的记载信息，单位和个人可以公开查询。"房屋权利的记载信息（包括房屋自然状况〔坐落、面积、用途等〕，房屋权利状况〔所有权情况、他项权利情况和房屋权利的其他限制等〕，以及登记机关记载的其他必要信息）的查询不应受到限制。受到限制的只是该《房屋权属登记信息查询暂行办法》所规定的原始登记凭证。

三是诉讼案件的当事人可以查询与仲裁事项、诉讼案件直接相关的原始登记凭证。按照《房屋权属登记信息查询暂行办法》第八条第（五）项的规定，"仲裁事项、诉讼案件的当事人可以查询与仲裁事项、诉讼案件直接相关的原始登记凭证"，可见，张某作为案件的当事人，不仅可以查询房屋权利的记载信息，而且可以查询有关原始登记凭证（包括房屋权利登记申请表，房屋权利设立、变更、转移、消灭或限制的具体依据，以及房屋权属登记申请人提交的其他资料）。

为发挥不动产权属登记的公示作用，保障不动产交易安全，维护不动产交易秩序，保护不动产权利人及相关当事人的合法权益，应当鼓励不动产登记资料的查询利用，不应以保护隐私之名限制不动产登记资料的查询。建议目前国家正在制定的《不动产登记条例》充分保障公民正当查询不动产登记资料的权利，充分发挥不动产登记资料的作用，促使不动产登记为经济社会发展作出更大贡献。

（张颖）

问题 100
夫妻一方能否查询配偶名下的不动产登记信息[①]

【问题】

甲先生与乙女士为夫妻，两人婚后感情不和欲离婚，乙女士怀疑甲先生婚后擅自以共同财产购买过房产，但没有证据，便到不动产登记机构申请查询甲先生名下的全部不动产登记信息。登记机构的工作人员告知乙女士，不能仅以姓名为条件查询他人名下的不动产登记信息。乙女士则认为，如果甲先生真的以共同财产购买过不动产，登记信息的取得将直接影响到自己的财产权利，登记机构应当提供查询。

【解答】

本案的争议焦点在于夫妻一方能否以姓名为条件查询对方名下的不动产登记信息。笔者认为，一般情况下不能仅以姓名为条件查询他人名下不动产登记信息，但夫妻一方查询对方名下不动产登记信息的应不受该限制。

一、一般情况下不能仅以姓名为条件查询他人名下全部不动产登记信息

不动产登记资料的查询方式可以分为两类，一是以不动产查人，二是以人查不动产。允许以不动产查人方式进行的查询，基本无较大争议。而对于以人查不动产方式进行的查询，我国则进行了限制性规定。《房地产登记技术规程》6.1.4 规定："登记资料不得仅以权利人姓名或名称为条件进行查询。"作此规定的目的，是为了防止不动产登记信息被不正当利用导致个人隐私被泄露，是对登记资料查询人需要的满足和对权利人隐私保护的一种平衡，避免了查询人滥用查询权利对他人个人

[①] 本部分内容曾发表于《土地矿产法律实务操作指南》（第八辑），中国法制出版社 2016 年 6 月版，第 27 页。

隐私侵犯的风险。

二、权利人、利害关系人查询不动产登记信息可以不受"不能以人查不动产"规定的限制

特殊《物权法》第十八条明确规定了登记机构在权利人、利害关系人申请查询、复制登记资料时应当提供的义务，且并未在查询方式上进行限制。为了查询上的方便快捷，享有多个不动产权利的权利人应当能够通过以人查不动产的方式查询自身名下的不动产权利，利害关系人也可以根据需要查询与继承、诉讼等有关的他人名下的不动产登记信息，此时以姓名为条件查询是可以的。因此，权利人、利害关系人查询、复制不动产登记资料不受"不能以人查不动产"规定的限制。

三、夫妻一方可以以姓名为条件查询对方名下的不动产登记信息

对于夫妻共有不动产，根据《婚姻法》的规定，在没有特别约定的情况下，婚后所得的不动产为夫妻共有，夫妻一方作为共有不动产的所有人当然可以查询相关登记信息。对于夫妻一方取得的个人不动产，通常配偶查询时都涉及财产分割等利害关系，虽然对方没有所有权，但基于婚姻的属性及夫妻间的特殊身份关系，另一方也应当享有知情权。实践中，有的地方已经作出类似规定。如《广州市妇女权益保障规定》第二十三条规定，夫妻一方持身份证、户口本和结婚证等证明夫妻关系的有效证件，可以向工商行政管理部门、房地产行政管理部门、车辆管理部门等机构申请查询另一方的财产状况，有关行政管理部门或者单位应当受理，并且为其出具相应的书面材料。

不动产登记信息查询的目的是维护不动产权利人合法权益，规范不动产市场交易秩序，不能以保护个人隐私之名限制申请人获取信息的正当权利。

（张颖）

问题 101
权利人、利害关系人如何查询不动产登记资料[①]

【问题】

某镇政府招商引资引进一化工企业,并在 A 村附近一片荒地上建成投产。A 村村民认为,该化工企业排放的废水废气不达标,会给村民带来污染,影响到村民生命健康,要求企业搬走。该企业负责人向该村村民解释,企业排放的废水废气已做过无害处理,完全符合环保标准。为促使企业搬走,A 村村民经向法律人士了解,企业投资建厂应该使用国有建设用地,未经批准并办理合法用地手续不得占用农村集体土地。村民以该企业属于违法占地为由,再次要求企业搬走。但该企业坚称建设厂房前已依法办理用地手续,拥有使用土地的权利。为查清该企业是否合法占地并建设厂房的事实,村民代表决定向不动产登记机构申请查询该企业所占土地及厂房目前的权利归属等相关信息。该情况下,不动产登记机构是否应允许村民查询该地块的权利归属状况?

【解答】

《物权法》第十八条规定:"权利人、利害关系人可以申请查询、复制登记资料,登记机构应当提供。"《不动产登记暂行条例》第二十七条也规定:"权利人、利害关系人可以依法查询、复制不动产登记资料,不动产登记机构应当提供。"正如全国人大法工委编写的《物权法释义》中指出的,立法机关经研究,认为"物权公示本来的含义或者真正目的,不是要求全社会的人都知道特定不动产的信息……登记资料只要能够满足合同双方当事人以外或者物权权利人以外的人中可能和

[①] 本部分内容曾发表于《土地矿产法律实务操作指南》(第八辑),中国法制出版社 2016 年 6 月版,第 31 页。

这个物权发生联系的这部分人的要求，就达到了登记的目的和物权公示的目的了。如果不加区别地认为所有人都可以去查询、复制登记资料，实际上是一种误导，做了没有必要做的事情，甚至会带来没有必要的麻烦"。

登记信息查询不同于政府信息公开，但从政府信息公开实践中暴露出的问题来看，权利人或利害关系人倾向于以申请信息公开作为维权或监督手段，登记机构如果对申请主体的资格问题把握不好，过"宽"或过"窄"都极易引发诉讼风险，将有关社会矛盾引向自身。因此，尽管对"利害关系人"作出实体判断很大程度上是司法机关的司法裁量权范畴，但从规避涉诉风险的角度出发，登记机构应当对"利害关系人"的判定有一个基本的把握。

笔者认为，对"利害关系"的把握应主要限定于"市场交易"及"物的流转"中产生的"利害关系"。比如因不动产交易、继承、赠与、租赁等不动产"交易"及"流转"中涉及的利害关系人，能够向不动产登记机构提交充分证据，证明不动产登记结果影响或可能影响其合法权益的，不动产登记机构应当允许其查询有关登记信息。

上述案例中，村民将登记资料查询制度视为一种"维权"手段，显然是对物权公示制度的误导。在目前已存在相关救济制度的情况下，不动产登记查询制度不应承担过多的群众"监督"或"维权"职能，否则会将有关社会矛盾不合理地引向登记机构，严重影响登记机构的正常运转。以上案例中，因该企业并未建在该村所有的集体土地上，村民不属于该化工企业所占地块的权利人。其次，村民认为企业排放不达标影响村民健康，只是主观上的臆断，企业生产与村民健康之间是否存在利害关系尚不确定。即使企业是否拥有合法的土地使用权与村民生命权和健康权存在一定利害关系，但这一利害关系不属于不动产"交易"及"流转"中产生，且该利害关系是通过企业违法排放污染物这一中间环节连接，属于间接利害关系而非直接利害关系，对村民生命健康权带来危害的直接因素是企业的违法生产行为而非登记机构的土地权利登记结果，村民由此申请查询该地块权利人，进而查明企业用地手续是否合法，不宜属于登记资料查询范畴，应通过政府信息公开这一渠道实现维权目的。村民可以以维护自身生命健康安全为由向有关规划部门、国土资源管理部门及建设部门申请公开该企业用地批准手续、厂房建设批准手续等政府信息，也可以向环保部门申请公开该企业环保批准手续，以此确定该化工企业是否存在违法占地、违法建设厂房以及违法排污等行为。

（翟国徽）

问题 102
不服国土部门行政行为的能否直接向法院提起行政诉讼[①]

【问题】

某单位与某公司发生经济纠纷，法院判决将该单位名下的建设用地使用权转让给该公司，国土部门依据法院向其下达的办理土地权属过户登记的《协助执行通知书》，将该单位名下的一宗建设用地使用权过户登记在该公司名下，并向该公司颁发了建设用地使用权证书。请问，如不服国土部门为该单位办理土地权属过户登记并颁发建设用地使用权证书的行为，能否直接向法院提起行政诉讼，请求撤销该登记行为？法院是否会立案受理？

【解答】

对该问题的处理应分"两步走"，一是应首先判定"不服土地权属过户登记并颁发建设用地使用权证书的行为"是否属于"复议前置"；二是该问题如果不属于"复议前置"的情形，是否属于行政诉讼受案范围。

首先解决第一个问题："不服土地权属过户登记并颁发建设用地使用权证书的行为"是否属于"复议前置"。依据《行政复议法》第三十条第一款"公民、法人或者其他组织认为行政机关的具体行政行为侵犯其已经依法取得的土地、矿藏、水流、森林、山岭、草原、荒地、滩涂、海域等自然资源的所有权或者使用权的，应当先申请行政复议；对行政复议决定不服的，可以依法向人民法院提起行政诉讼"的规定，土地使用权受到行政机关的具体行政行为侵犯的，属于"复议前置"的情形，应当先申请行政复议。

---

① 本部分内容曾发表于《土地矿产典型案例评析与法律实务操作指南》（第六辑），中国法制出版社 2013 年 6 月版，第 162 页。

随后的司法解释对此作了限缩性规定,依据《最高人民法院关于适用〈行政复议法〉第三十条第一款有关问题的批复》(法释〔2003〕5号)规定,"根据《行政复议法》第三十条第一款的规定,公民、法人或者其他组织认为行政机关确认土地、矿藏、水流、森林、山岭、草原、荒地、滩涂、海域等自然资源的所有权或者使用权的具体行政行为,侵犯其已经依法取得的自然资源所有权或者使用权的,经行政复议后,才可以向人民法院提起行政诉讼,但法律另有规定的除外;对涉及自然资源所有权或者使用权的行政处罚、行政强制措施等其他具体行政行为提起行政诉讼的,不适用《行政复议法》第三十条第一款的规定",最高人民法院将需要"复议前置"的行政行为种类限缩为"行政机关确认自然资源所有权和使用权的行为"。

因此,问题的关键是土地权属过户登记并颁发建设用地使用权证书的行为是否属于以上所指的"确认自然资源所有权和使用权的行为"。依照《最高人民法院行政审判庭关于行政机关颁发自然资源所有权或者使用权证的行为是否属于确认行政行为问题的答复》(〔2005〕行他字第4号),"最高人民法院法释〔2003〕5号"批复中的"确认",是指当事人对自然资源的权属发生争议后,行政机关对争议的自然资源的所有权或者使用权所作的确权决定。有关土地等自然资源所有权或者使用权的初始登记,属于行政许可性质,不应包括在行政确认范畴之内。据此,行政机关颁发自然资源所有权或者使用权证书的行为不属于复议前置的情形的规定,复议前置的适用范围进一步被限定在当事人因自然资源权属发生争议,行政机关作出的确权决定,当事人拥有自然资源所有权证或者使用权证的,行政机关侵犯其合法权益的,被排除在外。从上述咨询问题反映内容来看,该单位与某公司并未发生土地权属争议,因此不属于复议前置的情形。

接着来看第二个问题:"不服土地权属过户登记并颁发建设用地使用权证书的行为"是否属于行政诉讼受案范围。一般情况下,对国土部门作出的土地过户登记行为不服的,可以向人民法院提起行政诉讼,请求撤销该登记。但该咨询问题中,国土部门作出的土地过户登记行为是依据法院向其下达的办理土地权属过户登记的《协助执行通知书》作出的,这就使得问题复杂化。

依据最高人民法院、国土资源部、建设部《关于依法规范人民法院执行和国土资源房地产管理部门协助执行若干问题的通知》(法发〔2004〕5号)中"国土资源、房地产管理部门在协助人民法院执行土地使用权、房屋时,不对生效法律文书和协助执行通知书进行实体审查"的规定,协助法院执行的行政行为完全依附于司法行为，是司法行为在行政管理中的继续和延伸，不具有独立的法律意义。此外，按照物权法第二十八条"因人民法院、仲裁委员会的法律文书或者人民政府的征收决定等，导致物权设立、变更、转让或者消灭的，自法律文书或者人民政府的征收决定等生效时发生效力"的规定，人民法院作出的确权判决或裁定生效后，某公司就直接取得了该宗建设用地使用权，因此，土地权利丧失与登记机关的土地登记行为之间没有法律上的因果关系。

依据最高人民法院《关于审理涉及农村集体土地行政案件若干问题的规定》（法释〔2011〕20号）第二条规定，土地登记机构根据人民法院生效裁判文书、协助执行通知书办理的土地权属登记行为，土地权利人不服提起诉讼的，人民法院不予受理。因此，不服国土资源部门协助法院执行而作出的土地登记行为，不应提起行政诉讼，就提起的行政诉讼，法院应不予受理。

（翟国徽）

问题 103
公证机构因公证错误导致房屋错误登记如何担责[①]

【问题】

刘某与张某共同出资购买了一套商业铺面，并决定商铺所有权由双方共有。刘某到国外洽谈业务期间，张某私自委托公证机构进行公证，公证机构在没有严格审查的情况下出具了房屋由张某独自出资购买的公证意见。张某由此到登记机构办理了房屋所有权登记，将房屋所有权登记在自己名下。此后不久，张某将该铺面进行出售，转让给不知情的李某，并最终办理了房屋转让登记。李某因善意取得拥

[①] 本部分内容曾发表于《土地矿产典型案例评析与法律实务操作指南》（第七辑），中国法制出版社2015年4月版，第94页。

有了该套铺面的所有权。刘某得知后认为，公证机构出具了错误的公证材料，导致房屋登记部门房屋登记错误，给其造成损害，公证机构应承担赔偿责任。现行有关法律法规对公证机构公证错误造成他人损害的，对公证机构责任承担有何具体规定？

【解答】

公证机构及其公证员因过错给当事人、公证事项的利害关系人造成损失的，应承担相应的赔偿责任，且公证赔偿责任主体以公证机构为主，公证员承担补充责任。

公证活动要遵循真实性、合法性的原则。如果当事人申请的法律行为、事实以及文书不符合真实性、合法性原则，但公证机构已对其进行公证，结果导致出现错误公证的，公证机构以及公证员应承担相应的民事赔偿责任。公证机构承担赔偿责任问题，可以从以下几方面把握：

首先，公证机构赔偿责任以公证机构及公证员有"过错"为前提。在过错责任原则制度下，要追究公证机构在不动产登记公证中的赔偿责任，应当符合四个条件：一是公证机构为当事人办理了不动产登记公证；二是公证机构接受委托办理不动产登记公证时存在过错；三是当事人的民事权益受到损害；四是公证机构的公证活动与当事人的损害之间存在因果关系。其中，如何理解与判断公证机构及公证员的"过错"是关键。

法律对公证机构与公证员的主观过错标准有不同要求。我国《公证法》对于公证机构及公证员所承担的责任采取的是过错责任归责原则。不过，对于公证机构与公证员的主观过错标准要求不同。《公证法》第四十三条规定："公证机构及其公证员因过错给当事人、公证事项的利害关系人造成损失的，由公证机构承担相应的赔偿责任；公证机构赔偿后，可以向有故意或者重大过失的公证员追偿。"因此，公证机构只要有过错，无论是故意，还是过失，即有责任。而公证员只有在故意或重大过失的情况下，才有被追偿的法定责任。

公证赔偿责任中的"过错"标准应不同于一般民事责任。在公证体制改革之后，公证机构变身为事业单位，公证机构这种性质的变化使公证赔偿由过去的国家赔偿性质转为民事赔偿性质。但公证行为毕竟与一般的民事法律行为不同，它虽然有民事行为的特性，但本质上仍是履行公共职务职权的行为，我们不能仅按照一般民事责任中认定"过错"的标准来认定公证赔偿的"过错"，而应当充分考虑公证行为本身的特殊性，只有这样才能准确地来确认公证机构和公证员的"过错"内涵。

由于《公证法》对公证赔偿责任规定比较笼统，公证赔偿责任中的"过错"究竟应该按照一般民事责任构成中主观要件中有关过错的内涵和标准来认定，还是应当按照特殊民事责任中过错的内涵和标准来认定，目前存在争议。我们认为，在公证赔偿责任中，过失的判断标准应当是公证执业准则，如果公证员在办证过程中严格遵循了执业准则的各项规定，即使给当事人及其他利害关系人造成损害，他也无过失。我国《公证法》第二十八、二十九条明确规定了公证机构的审查注意义务，司法部颁布的《公证程序规则》也规定了公证机构的审查义务，这是目前司法实务中判断公证人员是否尽到法定注意义务的主要依据。如上海市高级人民法院在2006年发布的《上海市高级人民法院〈关于涉及公证民事诉讼若干问题的解答〉》，该解答就过错的判断标准指出："认定公证机构是否存在过错应当综合判断公证人员是否已经尽到应尽的义务、出具公证书是否严格按照法律、法规及规章的规定。"该解答是根据公证机构和公证员在履行职务过程中是否违反法定义务来确定其过错的有无的。认定公证机构法定义务的法律依据是《公证法》及司法部制定的《公证程序规则》等部门规章。除了法律和规章规定的义务之外，违反了行业规则和惯例中的义务也可能构成过错。

其次，公证赔偿的范围以直接损失为主。在赔偿范围的界定上，对于当事人的经济损失，一般以公证员可以预见的直接经济损失为限。公证机构及公证员在办理公证事项中，站在中立的立场维护双方当事人的权利义务关系，公证行为并不直接导致损害的发生，在这种情况下，让公证机构承担间接损失的赔偿显失公平。公证服务的非营利性，其主要职能是对民事、经济活动进行法律监督，体现着一定社会公共利益的服务职能，其公证收费的标准是经过物价部门审核批准的，不得擅自提高协商收费标准，从这个意义上讲，要求公证机构承担所有的赔偿责任也是不合适的。

最后，公证赔偿责任主体以公证机构为主，公证员承担补充责任。《公证赔偿基金管理试行办法》明确规定，公证机构每年年初应当按上一自然年度公证业务收入总额的3%一次性提取公证赔偿基金。此外，中国公证员协会与中国人民保险公司还就公证保险正式签订了公证职业责任保险协议。现行《公证法》第四十三条也认为应当首先由公证机构承担赔偿责任。因此，公证员因错误公证或不当公证给当事人造成损失时，该公证员所在的公证机构为赔偿义务主体。公证机构在赔偿有关当事人的损失后,可以向有故意或重大过失的公证员追索全部或部分的赔偿金。当然,这种责任仅限于民事责任,对于需要追究刑事和行政责任的,则一般应当追究公证员的个人责任,公证处有错误的,则也应当承担相应的责任。

(翟国徽)

问题 104
地籍调查表中签字造假能否导致登记行为被撤销[1]

【问题】

2010 年 8 月,贵州省六盘水市村民黄某因建房向所在乡镇国土所提出办理宅基地手续申请,随后,村委会对该宅基地进行丈量并制作了《地籍调查表》,黄某填写的《个人建房用地申请表》,经村委会、乡土管所以及乡人民政府同意后,上报县国土资源局。2013 年 3 月县人民政府向黄某颁发了宅基地使用证。在宅基地使用证、宅基地申请书、《个人建房用地申请表》以及《地籍调查表》中均载明黄某宅基地"北至刘某林地 1 米处"。2014 年 5 月第三人刘某以县政府向黄某颁发宅基地使用证的行为违法为由,向六盘水市人民政府申请行政复议。复议过程中,刘某申请对黄某地籍调查表中"刘某"签名进行司法鉴定,鉴定意见为:签名不是刘某本人所写。同年 8 月,市人民政府以上述颁证行为认定事实不清、证据不足、程序不当为由,作出行政复议决定,撤销了县政府颁发的《农村宅基地使用证》。黄某不服复议决定,向市中级人民法院提起行政诉讼。请问:1. 地籍调查表是否属于土地登记的必备要件?2. 登记申请材料部分内容错误能否导致登记行为被撤销?

---

[1] 本部分内容曾发表于《土地矿产法律实务操作指南》(第八辑),中国法制出版社 2016 年 6 月版,第 33 页。

【解答】

地籍调查表是宅基地登记发证的重要依据。原国家土地管理局1993年6月22日颁布的《城镇地籍调查规程》规定，界址的认定必须由本宗地及相邻宗地使用者亲自到现场共同指界，经双方认定的界址，必须由双方指界人在地籍调查表上签字盖章。2007年12月，国土资源部颁布的《土地登记办法》第九条规定，申请人申请土地登记，应当根据不同的登记事项提交下列材料：（一）土地登记申请书；（二）申请人身份证明材料；（三）土地权属来源证明；（四）地籍调查表、宗地图及宗地界址坐标等。申请人申请土地登记，应当如实向国土资源行政主管部门提交有关材料和反映真实情况，并对申请材料实质内容的真实性负责；第18条规定，土地权属有争议的，不予登记。2015年3月1日起施行的《不动产登记暂行条例》第十六条规定，申请人应当提交不动产界址、空间界限、面积等材料，并对申请材料的真实性负责；第二十二条规定，存在尚未解决的权属争议的，不动产登记机构应当不予登记，并书面告知申请人。本案中，黄某申请宅基地登记，应当提交《地籍调查表》，并对其内容的真实性负责。但是，黄某提交《地籍调查表》中邻宗地一栏签章处署名"刘某"的签名经鉴定不是刘某本人所签，刘某也对此提出了异议。显然，黄某提交登记的申请材料存在错误，不符合登记要求。

《行政复议法》第二十八条规定，具体行政行为有下列情形之一的，决定撤销、变更或者确认该具体行政行为违法；决定撤销或者确认该具体行政行为违法的，可以责令被申请人在一定期限内重新作出具体行政行为：(1) 主要事实不清、证据不足的；(2) 适用依据错误的；(3) 违反法定程序的等。市人民政府据此按照法定程序，撤销县人民政府颁发的宅基地使用证的复议决定，符合法律规定。因此，一审法院经审理后认为，复议机关认定事实清楚，适用法律正确，程序合法。黄某的起诉理由无事实和法律依据，不予支持。随后，判决驳回黄某的诉讼请求。黄某不服一审判决，向省高级人民法院提起上诉，二审认为，本案中县人民政府在为上诉人黄某颁发宅基地使用证的过程中，没有相邻方参与指界，地籍调查表上相邻方的签名系伪造，违法了相关法律法规的规定。市人民政府行政复议决定撤销该颁证是正确的。一审判决认定事实清楚，适用法律正确，判决得当。上诉人黄某的上诉理由无事实和法律依据，不予采纳。据此，于2015年3月判决驳回上诉，维持原判。

（钟京涛）

问题 105
不动产登记错误应当由谁承担赔偿责任[①]

【问题】

张某在和王某商谈租房事宜时，要求复印该房的所有权证及王某身份证等相关资料，王某将相关证件交由张某复印。复印时，张某将所有权证原件调包，将伪造的房屋所有权证归还王某。后张某伪造王某身份证等证件，将该房以市场价格卖给李某，并到登记部门申请办理过户手续。李某取得了该房屋的所有权证书。同年，王某以自己才是房屋的合法产权人为由向法院提起诉讼，要求确认李某房屋买卖合同无效，同时注销李某的房屋所有权证，返还房屋。法院经审理后认为，李某在不知张某无处分权处置该房屋的情况下，作为善意取得人取得房屋的所有权，故驳回王某要求确认买卖合同无效，收回房屋的诉讼请求。该情况下，登记机构是否应对王某损失承担赔偿责任？

【解答】

不动产登记中的登记错误赔偿责任分担问题，涉及当前阶段登记人员素质水平、登记机构经费来源及赔偿能力、社会诚信体系建设水平以及公证、保险等配套制度完善情况等复杂的社会环境。登记错误赔偿责任的承担既是一个理论问题，更是一项实践问题，需要综合考量实践中的不同个案情况进行灵活把握和全面分析。

从法律法规规定来看，《物权法》第二十一条分两款对发生不动产登记错误时的赔偿责任问题作出了原则性规定，对该两款规定结合起来理解可以看出，《物权法》第二十一条实质上解决的是责任主体问题，并不涉及归责原则问题。

[①] 本部分内容曾发表于《土地矿产法律实务操作指南》（第八辑），中国法制出版社 2016 年 6 月版，第 45 页。

从司法实践来看，登记行为是否"合法"是法院判定登记机构是否承担责任的基础和前提。《最高人民法院关于审理房屋登记案件若干问题的规定》（法释〔2010〕15号）第九条明确规定，"被告对被诉房屋登记行为的合法性负举证责任"，第十条规定"被诉房屋登记行为合法的，人民法院应当判决驳回原告的诉讼请求"，第十二条规定，"申请人提供虚假材料办理房屋登记，给原告造成损害，房屋登记机构未尽合理审慎职责的，应当根据其过错程度及其在损害发生中所起作用承担相应的赔偿责任"。由此可见，司法机关在把握不动产登记机构赔偿责任问题上，是以登记行为是否"合法"、登记机构是否尽到"合理审慎职责"为承担责任的前提。而对登记行为是否"合法"、登记机构是否尽到"合理审慎职责"的判定，实质上涉及登记机构的审查义务标准，即对申请材料的真实性进行审查的合理程度问题。对于材料的真实性，登记机构应只承担与其审查义务标准相一致的保证责任，不能苛求登记机构对申请材料的真实性负绝对保证责任。

登记机构在登记审查中是否尽到相应的审查义务或审查职责，在很大程度上是司法审理中的个案认定问题，无法在规范层面进行全面明确界定，应根据不同登记材料的可识别性以及登记机构的识别能力进行具体认定。具体来讲，对于登记机构制作发放的材料，如土地使用权证书、林权证书等，登记机构作为制作方理应具有很高的识别能力识别其真伪，登记机构应积极发挥自身识别能力优势，以高度负责的态度穷尽利用有关识别手段，否则即为没有尽到应有的注意义务或合理审慎职责，应该承担相应赔偿责任。对于非由登记机构制作的材料，尤其是登记机构不具有审查真伪的便利和优势的材料，如身份证名、司法文书等，登记机构应依其职责范围和能力所及，以认真负责的态度对材料真伪进行仔细核实。如以上案例中对于伪造身份证的识别，如果一名具有高度责任心的普通公民能够识别而登记机构没有成功识别，则不管登记人员主观状况如何，应推定登记机构及登记人员没有尽到相应审查义务或审查职责，应承担相应赔偿责任。

（翟国徽）

问题 106
登记后产生的不动产权纠纷能否争议调处[①]

【问题】

A 市村民刘某一家于 1983 年经原人民公社和县建设局批准后取得一宗 200 平方米的宅基地，并建房由其全家居住生活。1988 年，刘某搬家，上述房屋由其妹妹一家借住。2009 年，刘某所在村纳入征地拆迁范围，在与交涉补偿时刘某发现上述房屋已于 1991 年被登记在妹妹一家名下，经与有关部门多次反映交涉无果后，刘某于 2014 年 3 月向区国土部门提出土地权属争议调处申请，国土部门审查后作出了不予受理决定。刘某不服，将区政府诉至人民法院，要求确认区政府不予受理其权属争议申请的行政行为违法。请问：1. 区政府是否具有土地权属争议处理职责？2. 本案争议是否属于土地权属争议？

【解答】

土地权属争议调处是由各级政府来处理土地所有权和使用权争议的一项法律制度。《土地管理法》第十六条规定，土地所有权和使用权争议，由当事人协商解决；协商不成的，由人民政府处理。当事人对有关人民政府的处理决定不服的，可以自接到处理决定通知之日起 30 日内，向人民法院起诉。2002 年国土资源部发布的《土地权属争议调查处理办法》第四条规定，县级以上国土资源行政主管部门负责土地权属争议案件的调查和调解工作；对需要依法做出处理决定的，拟定处理意见，报同级人民政府作出处理决定。第十三条规定，对申请人提出的土地权属争议调查处理的申请，国土资源行政主管部门应当依照本办法第十条的规定进行审

---

① 本部分内容曾发表于《土地矿产法律实务操作指南》（第八辑），中国法制出版社 2016 年 6 月版，第 62 页。

查，并在收到申请书之日起 7 个工作日内提出是否受理的意见。认为不应当受理的，应当及时拟定不予受理建议书，报同级人民政府作出不予受理决定。因此，区政府具有处理土地权属争议的法定职权，作为区政府职能部门的区国土部门作出不予受理的决定是以区政府名义作出的。刘某以区政府为被告起诉到人民法院，符合法律规定，对此，本案中人民法院也予以认可。

关于土地权属争议范围的界定，《土地权属争议调查处理办法》第二条规定，土地权属争议是指土地所有权或者使用权归属争议。2007 年 3 月，全国人大通过的《物权法》第九条规定，不动产物权的设立、变更、转让和消灭，经依法登记，发生效力。2007 年 2 月 8 日，国土资源部办公厅《关于土地登记发证后提出的争议能否按权属争议处理问题的复函》也明确指出，土地权属争议是指土地登记前，土地权利利害关系人因土地所有权和使用权的归属而发生的争议。土地登记发证后，已经明确了土地的所有权和使用权，土地登记发证后提出的争议不属于土地权属争议。因此，经依法登记后的不动产权利在法律上属于权属明晰的状态，对此持有的权利归属争议，不能再通过权属争议调处程序解决。

本案中，人民法院在判决书中指出，本案所涉宅基地已于 1991 年登记并核发了宅基地使用证，确认了土地使用权人，区政府作出不予受理决定的具体行政行为事实清楚，适用法律正确，程序合法，判决驳回了刘某的诉讼请求。从本案情况看，刘某虽然存在被侵权的事实，但由于维权路径选择错误，导致其合法权益未能在争议调处和诉讼中维护。从正确的维权途径看，刘某应针对 1991 年其宅基地转移登记的行为提起诉讼，而不是走权属争议调处的程序。

（钟京涛）

问题 107
依嘱托登记行为是否属于复议和诉讼范围[①]

【问题】

1998年,北京市民陈某与张某结婚,2002年张某购买一套商品房并登记在其名下,2010年2月,张某通过签订买卖合同的方式将该房屋登记到其妹妹张某某名下,同年4月,张某之妻陈某以张某私自处理共有财产为名起诉到区人民法院,要求确认张某与张某某所签订的房屋买卖合同无效。该案经人民法院一、二审,均判决支持了陈某的诉讼请求。2013年6月,不动产登记机构根据人民法院的《协助执行通知书》和生效判决书将诉争房屋所有权人变更为陈某和张某;同年10月,张某和张某某向高级人民法院申请再审,再审法院判决撤销原一、二审判决并驳回陈某的诉讼请求。判决后,不动产登记机构又根据人民法院的《协助执行通知书》和生效法律文书将涉案房屋恢复至张某某名下,并发布了关于陈某所持房屋所有权证作废的公告,陈某不服,向市政府复议机关申请行政复议,复议机关于2014年2月驳回了其复议申请,陈某不服,诉至中级人民法院。

疑惑:

1. 什么是依嘱托登记行为?
2. 依嘱托登记行为的法律后果由谁承担?

【解答】

本案是典型的依嘱托登记行为。2012年修订的《民事诉讼法》及2015年最高人民法院发布的《关于适用〈中华人民共和国民事诉讼法〉的解释》规定,人民

[①] 本部分内容曾发表于《中国不动产》,2016年第7期,第66页。

法院在执行中需要办理房产证、土地证、林权证等有关财产权证照转移手续的，可以向有关单位发出协助执行通知书，有关单位必须办理。2016年1月，国土资源部颁布的《不动产登记暂行条例实施细则》第十九条规定，有下列情形之一的，不动产登记机构直接办理不动产登记：人民法院持生效法律文书和协助执行通知书要求不动产登记机构办理登记的；人民检察院、公安机关依据法律规定持协助查封通知书要求办理查封登记的；人民政府依法做出征收或者收回不动产权利决定生效后，要求不动产登记机构办理注销登记的；法律、行政法规规定的其他情形。2016年5月，国土资源部关于印发的《不动产登记操作规范（试行）》规定了"需要协助执行的生效法律文书应当由该法律文书做出机关的工作人员送达，送达时应当提供工作证件和执行公务的证明文件"等依嘱托登记的程序内容。

　　对于依嘱托登记行为，除登记内容与有关文书内容不一致的情形外，不动产登记机构不承担由此产生的法律后果。最高人民法院颁布的《关于审理房屋登记案件若干问题的规定》和《关于审理涉及农村集体土地行政案件若干问题的规定》都有相关规定。因此，不动产登记机构根据人民法院的协助执行通知书等实施的依嘱托登记行为，是其应当履行的法律义务。另外，《物权法》第二十八条规定，因人民法院、仲裁委员会的法律文书或者人民政府的征收决定等，导致物权设立、变更、转让或者消灭的，自法律文书或者人民政府的征收决定等生效时发生效力。因此，不动产登记机构严格按照法律文书要求履行的依嘱托登记，是相应司法行为或行政行为的延伸，其产生的法律后果自然不应由登记机构承担，该行为理应享有被行政复议或诉讼的豁免权。

　　本案中，不动产登记机构先后两次对诉争房屋所有权进行变更，都是根据法院的生效司法文书进行的，陈某行政复议申请所指向的行为是不动产登记机构根据法院的《协助执行通知书》等法律文书作出的依嘱托登记行为，且在实施该行为过程中未超出法律文书要求的范围。因此，中级人民法院驳回了陈某的诉讼请求；陈某不服上诉到高级人民法院后，高级人民法院经审理维持了一审法院判决。

（钟京涛）

问题 108
不动产重复登记如何处理

【问题】

甲乙为夫妻，育有一儿子丙。1984年10月，城建部门为甲颁发了土地使用证，用地面积为270平方米，建筑面积为68平方米。而在1992年4月，国土部门为丙办理了同一宗国有土地使用权登记，用地面积270平方米，建筑面积76.07平方米，土地权属来源资料为甲的土地使用权证，但该土地使用证未在该档案中存档，且档案中无相关转让、赠与等其他方面的材料。2002年10月，在甲死亡后，国土部门为乙又办理了同一宗国有土地使用权登记，用地面积为270平方米，建筑面积为111.23平方米，土地权属来源资料也为甲的土地使用证，该证在此档案中存档，并有基层组织出具的关于甲乙为夫妻关系、甲已死亡的证明材料，但没有丙关于放弃继承方面的材料。2016年，乙发现丙也有同宗用地的土地使用权证，遂发生争议。面对此类情况，国土资源管理部门应当如何处理？

【解答】

就以上的案例来看，乙和丙产生争议的直接原因，是因为该宗土地目前办理了两次土地登记，颁发了两个权利主体不同的国有土地使用权证，属于同一宗土地重复登记发证的情况，所以关键是解决土地重复登记的问题。笔者认为，可以通过以下途径解决重复登记的问题。

途径1：通过更正登记的方式解决重复登记问题

《物权法》第十九条第一款规定："权利人、利害关系人认为不动产登记簿记载的事项错误的，可以申请更正登记。不动产登记簿记载的权利人书面同意更正或者有证据证明登记确有错误的，登记机构应当予以更正。"《不动产登记暂行条例实施细则》、《土地登记办法》、《房屋登记办法》等对不动产的"更正登记"做了更为明确的规定。

能否通过更正登记来解决重复登记的问题？实践中有两种观点：

第一种观点认为，重复登记的问题不能通过更正登记的方式解决。理由是："登记错误"与"登记簿记载错误"不是同一概念，前者范围大于后者。不动产登记应该是"一宗地对应一个不动产登记簿"，重复登记则存在两个或两个以上不动产登记簿，属于登记错误，已经超出登记簿记载错误的范围。更正登记中"更正"只能是登记簿记载的错误内容，不能更正登记行为本身，而重复登记是至少其中一宗登记是错误的，所以无法通过更正登记的方式来解决。解决重复登记必须通过复议、诉讼、仲裁等方式，确定不动产的权利归属或者撤销原来错误登记行为。

第二种观点认为，更正登记包括对重复登记的更正。

不动产登记簿记载的事项错误的，既包括权利归属的错误也包括登记内容的错误。重复登记属于权利归属记载错误，可以通过更正登记的方式予以纠正。比如某不动产的权利主体本来应该是张三，但被错误登记为李四的名下，此时张三可以就权利归属错误提出更正登记申请，只要张三提交符合《不动产登记暂行条例》及其实施细则规定的资料，李四出具同意更正的证明，登记机关经审查确认确有错误的，就可以予以办理更正登记。本案中虽然就同一宗土地办理了两次登记手续，颁发了两个权利证书，仍然属于登记簿记载错误的范畴，在相互矛盾的两个登记簿中，至少有一个登记簿记载是错误的，可以通过更正登记的方式予以更正。

笔者同意第二种意见。重复登记在理论上可以通过更正登记的方式加以解决。此前提到的案例，乙和丙任何一方均可以提出更正登记的申请，假如一方提出更正登记申请，另一方书面同意更正的，登记机关经过审核认为确有错误的，应当予以更正。登记机关应当依职权办理注销登记的手续，注销错误的土地登记，收回错误的土地权利证明。通过更正登记解决重复登记问题的好处在于易于操作，成本较低，但仅限于重复登记的一方当事人同意更正的前提下。

途径2：通过异议登记的程序解决重复登记的问题

《物权法》第十九条第二款规定："不动产登记簿记载的权利人不同意更正的，利害关系人可以申请异议登记。登记机构予以异议登记的，申请人在异议登记之日起15日内不起诉，异议登记失效。异议登记不当，造成权利人损害的，权利人可以向申请人请求损害赔偿。"

《不动产登记暂行条例实施细则》第八十三条规定："不动产登记机构受理异议登记申请的，应当将异议事项记载于不动产登记簿，并向申请人出具异议登记证明。异议登记申请人应当在异议登记之日起 15 日内，提交人民法院受理通知书、仲裁委员会受理通知书等提起诉讼、申请仲裁的材料；逾期不提交的，异议登记失效。异议登记失效后，申请人就同一事项以同一理由再次申请异议登记的，不动产登记机构不予受理。"

《土地登记办法》、《房屋登记办法》等对不动产的"异议登记"也做了相应的规定。

上面提到的案例，乙和丙因登记争议要求国土资源管理部门予以解决的，在一方提出更正登记，另一方不同意的情况下，国土资源管理部门应当建议一方办理异议登记，然后通过诉讼和仲裁程序解决双方的权属争议，确定该不动产最后的权利归属。按照《不动产登记暂行条例》第十四条、《不动产登记暂行条例实施细则》第十九条之规定，注销原来的错误登记，重新办理争议不动产的登记。本案例中若因登记机构的错误登记，给乙或丙一方造成损害的，还应当依法承担赔偿责任。

需要特别指出的是，本案例在一方不同意进行变更登记时，登记机构不能依据《不动产登记暂行条例实施细则》第八十一条之规定，依职权对该宗不动产进行更正登记。不动产登记本意亦是不动产登记机构将不动产权利归属记载于不动产登记簿的行为。不动产登记依当事人的申请为原则，登记机构依职权办理登记是例外。登记机构依职权进行的更正登记，应当仅限于在登记程序和登记记载形式错误方面，对不动产登记实体权利方面应当特别慎重。

本案例出现的重复登记问题，正是由于登记机构在办理前述登记时存在程序错误、登记申请材料未尽审查义务所致，导致该宗不动产存在权属争议。乙和丙对该宗不动产的权属争议，已经属于实体的民事法律关系，登记机构无权做出权利归属的认定，只能交由法院或仲裁机构做出最终裁决。

（吴永高　李洪涛）

问题 109
同一宗土地存在两本权属证书的，登记机构能否办理转移登记

【问题】

2008年，甲企业取得某宗地的建设用地使用权，并办理了国有建设用地使用权证书。后甲企业谎称该宗地的使用权证书丢失，向不动产登记机构申请了补办。登记机构在其门户网站上刊发甲企业遗失、灭失声明15个工作日后，为甲企业补办了证书，但未在登记簿上记载，也未在证书上注明"补发"字样。2015年，甲企业将该宗地的建设用地使用权转让给乙企业并依法办理了登记。2016年，乙企业与丙企业签订合同约定将该宗地的建设用地使用权转移给丙企业，双方到不动产登记机构申请转移登记时发现甲企业手中仍然持有补发前建设用地使用权证书。登记机构能否办理转移？

【解答】

一、物权状况以不动产登记簿的记载为准

《物权法》第十六条规定："不动产登记簿是物权归属和内容的根据。"该法第十七条同时规定："不动产权属证书是权利人享有该不动产物权的证明。不动产权属证书记载的事项，应当与不动产登记簿一致；记载不一致的，除有证据证明不动产登记簿确有错误外，以不动产登记簿为准。"据此可知，不动产权属证书只是权利人享有不动产物权的证明，在效力上低于不动产登记簿，当不动产权属证书与登记簿不一致时一般应当以不动产登记簿的记载为准。本案中，判断该宗地的权属状况应当以不动产登记簿的记载为准，除非有证据证明不动产登记簿确有错误。因此本案涉及的该宗地的建设用地使用权权利人应当为记载在不动产登记簿上的乙企业。

二、在符合转移登记条件下，不动产登记机构应当依法办理转移登记

《不动产登记暂行条例》第二十二条规定："登记申请有下列情形之一的，不

动产登记机构应当不予登记，并书面告知申请人：（一）违反法律、行政法规规定的；（二）存在尚未解决的权属争议的；（三）申请登记的不动产权利超过规定期限的；（四）法律、行政法规规定不予登记的其他情形。"本案中，虽然甲企业仍然持有补办前的证书，但是在登记机构完成刊发遗失、灭失声明的程序并在不动产登记簿上记载该宗地的建设用地使用权权利人为乙企业起，原土地权利证书就已经失效了，并不属于该条规定的存在权属争议的情形。乙企业作为合法的权利人，不动产登记机构可以为其办理转移登记。

三、不动产登记机构在向权利人补发新证时应当及时刊发声明，并在不动产登记簿和权属证书上记载补发情况

《不动产登记暂行条例实施细则》第二十二条规定："不动产权属证书或者不动产登记证明遗失、灭失，不动产权利人申请补发的，由不动产登记机构在其门户网站上刊发不动产权利人的遗失、灭失声明15个工作日后，予以补发。不动产登记机构补发不动产权属证书或者不动产登记证明的，应当将补发不动产权属证书或者不动产登记证明的事项记载于不动产登记簿，并在不动产权属证书或者不动产登记证明上注明'补发'字样。"本案中，不动产登记机构在甲企业申请补发新证时，已经在不动产登记机构门户网站上刊发了甲企业的遗失、灭失声明，15个工作日满无异议的，应当及时将补发不动产权属证书的事项记载在不动产登记簿上，并在补发的不动产权属证书上注明"补发"字样，避免不动产权属证书持有人产生疑惑，引发纠纷。

（张颖）

问题110
双方共同出资，但登记在一方名下的不动产归谁所有

【问题】

张某（男）和李某（女）系男女朋友关系，为结婚双方协商共同购买商品住宅一套，但是考虑到张某工作较为稳定，办理贷款较为方便等因素，由张某具体办

理购房事宜。于是，张某以自己的名义与原房屋所有权人签订了房屋买卖合同，并办理了银行按揭贷款，同时将房屋登记在自身名下。贷款由双方共同偿还。之后由于房屋价值不断攀升，张某便私下出资还完贷款，并以房屋登记在其名下为由，将房屋据为己有。李某向法院提起诉讼，要求确认房屋归属。

【解答】

本案主要涉及不动产登记的法律效力和未登记的不动产权利人如何保护等问题。

一、不动产登记簿的记载并不是判断不动产归属的唯一依据

虽然《物权法》第十六条规定"不动产登记簿是物权归属和内容的根据"，但是由于当事人利用虚假材料申请登记，以及不动产登记簿记载信息更新不及时等缘故，不动产登记簿记载的权利状况难以总能反映真实的权利状况。最高人民法院《物权法司法解释（一）》第二条规定："当事人有证据证明不动产登记簿的记载与真实权利状态不符、其为该不动产物权的真实权利人，请求确认其享有物权的，应予支持。"可见，不动产登记的记载只是对不动产权利归属的一种推定，登记簿记载的权利人并不一定必然是法律上认可的真实的权利人，谁是不动产真正的权利人可以通过诉讼举证等方式，根据《物权法》、《合同法》、《婚姻法》、《继承法》等实体法进行判断。根据法院的判决结果，登记机关对登记簿记载的内容依法作出相应的更正。

二、未登记的不动产权利人，面临着巨大的法律风险

目前，实践中有些当事人出于资格限制、银行贷款等因素，存在以他人名义办理不动产登记的现象。这样的做法存在一定的法律风险，一方面，容易滋生真实权利人与登记权利人的内部纠纷。根据依申请登记的原则，如果申请人提供的权属来源资料能够证明其单独对不动产享有权利，则登记机关应当为其办理相应的登记。一旦发生纠纷，由于出资行为可能被认定借款、共同购买、投资合作等不同性质的法律行为，房屋归属难以准确认定，因此，真实权利人将会面临很大的举证责任；另一方面，容易发生登记权利人向第三人转移不动产的法律风险。登记的权利人处分不动产的，则可能产生第三人善意取得的法律后果，未登记的权利人的权益也会受到侵害。例如，对于登记在夫妻一方名下的不动产，我国《婚姻法司法解释（三）》就规定，"一方未经另一方同意出售夫妻共同共有的房屋，第三人善意购买、支付合理对价并办理产权登记手续，另一方主张追回该房屋的，人民法院不予

支持"。

本案中房屋虽然登记在张某名下，但是如果李某能够证明房屋为双方共同出资购买，且明确约定房屋为双方共同所有等相关证据的，则应当根据实际的交易关系确定房屋的真实归属，不能以登记在张某名下作为认定不动产归属的唯一依据。为避免发生此类纠纷，相关当事人应当尽量保证登记申请材料真实准确，从源头做到权利归属清晰；另一方面，也应当注意保存好相关付款凭证、买卖当事人的证明、不动产归属协议等证据材料，确保发生纠纷时有足够的证据证明自己对不动产享有合法权益。

（刘志强）

问题 111
不动产权属证书遗失补证怎么处理

【问题】

甲欲购买乙名下一宗土地，为防止乙私下再将该宗土地卖与他人，甲要求乙先将该宗土地的权利证书交由其保管，待其筹集好资金，即刻与乙一同办理该宗土地的转移登记。后乙与他人达成购买意向，为了防止甲从中阻挠，乙便以原土地权属证书遗失为由，向登记机关申请补发，登记机构应当如何处理？

【解答】

一、申请补发不动产权属证书，由不动产登记机构在门户网站刊发遗失声明，不再需要申请人在报刊上刊登遗失声明

《不动产登记暂行条例实施细则》（以下简称《细则》）第二十二条第二款规定："不动产权属证书或者不动产登记证明遗失、灭失，不动产权利人申请补发的，由不动产登记机构在其门户网站上刊发不动产权利人的遗失、灭失声明 15 个

工作日后，予以补发。"该规定从便民利民的角度出发，改变了以往《土地登记办法》和《房屋登记办法》关于证书补发的规定。根据原规定，房屋和土地权属证书遗失后，权利人必须在当地公开发行的报刊或指定媒体上刊登遗失声明后才可以申请补发。过去的做法不仅增加了不动产权利人的经济负担，特别是在媒体平台逐步多元化的背景下，不仅媒体的选择面临困难，而且在媒体刊登后，也难以真正起到信息公示、提示风险的作用。因此，《细则》对此进行了改进，明确登记簿记载的权利人申请补发不动产权属证书，在提交相关申请材料后，只需要在不动产登记机构门户网站上刊登遗失声明，不再要求在报刊上刊登，这有利于群众及时便捷地办理证书补发手续。

二、对不动产权属证书遗失声明有异议的，登记机构应当根据情况分别处理

《细则》只是规定了刊登遗失声明15个工作日后，可以补发不动产权属证书，但是对于在此期间他人提出异议的应当如何处理，没有做出具体规定。笔者认为，登记机构应当结合提出异议的事由，分别处理：

一是有证据证明不动产权利证书未遗失的，登记机关不应补发。刊登遗失公告，既可以帮助权利人找回遗失的证书，也有利于不动产登记机构查证不动产权属证书是否真正遗失。例如，在不动产交易实践中，经常存在不动产权利人先将证书交给他人，事后再以遗失为由申请补办的情况。此种情形下，证书持有人可以向登记机关及时提出异议，用以证明不动产权利证书并未遗失，从而防止不动产权利人利用补发的权利证书擅自处置不动产。由于这种情况下，不动产权利证书并未实际遗失，因此不符合补发的前提条件，登记机关可以拒绝补发。当事人可就证书归属的物权纠纷，向法院提起诉讼。

二是当事人仅对不动产权利归属存在异议的，不影响登记机构补发证书。根据《物权法》的规定，不动产权属证书只是权利人享有该不动产物权的证明，不动产登记簿才是物权归属和内容的根据。登记机构补发不动产权利证书的行为，并不实际影响不动产权利的归属。若当事人仅仅对权利归属存在异议，而对于证书遗失没有异议的，登记机构依然可以补发证书，同时登记机关应当积极引导当事人通过异议登记、司法诉讼维护自身权益。需要注意的是，根据《最高人民法院关于审理房屋登记案件若干问题的规定》，"房屋登记机构作出未改变登记内容的换发、补发权属证书、登记证明或者更新登记簿的行为，公民、法人或者其他组织不服提起行政诉讼的，人民法院不予受理"。

本案中，乙作为登记簿记载的权利人，可以向登记机构申请补发不动产权属证

书，不动产登记机构应当根据《细则》的规定，在其门户网站上刊发遗失声明。在公示期间内，若甲提出异议，并证明权属证书并未遗失的，登记机构则不宜补发证书，可以建议当事人通过诉讼等渠道及时解决相关纠纷。

（刘志强）

问题 112
不动产登记机构在何种情况下颁发集成版《不动产权证书》

【问题】

集成版的《不动产权证书》是不是将一户的宅基地使用权、房屋所有权、土地承包经营权、林地使用权等等在该证书中体现？

【解答】

根据《国土资源部关于启用不动产登记簿证样式（试行）的通知》（国土资发〔2015〕25号）的规定，《不动产权证书》有单一版和集成版两个版本。单一版证书记载一个不动产单元上的一种权利或者互相兼容的一组权利。集成版证书记载同一权利人在同一登记辖区内享有的多个不动产单元上的不动产权利。目前主要采用单一版证书。这里需要明确三点：

一是《不动产权证书》有单一版和集成版，但是目前主要采用单一版证书。如果有需要，可以采用集成版证书。采用单一版证书还是集成版证书，应当由当事人自行选择。

二是单一版证书和集成版证书具有不同的使用条件，单一版证书记载一个不动产单元上的一种权利或者互相兼容的一组权利，比如说一个证书上记载一个国有建设用地使用权或者记载一个国有建设用地使用权和房屋所有权；集成版证书记载同一权利人在同一登记辖区内享有的多个不动产单元上的不动产权利，比如说一个权利人在一个村同时拥有一个宅基地使用权和房屋所有权、一个土地承包经营权、一个土地承包经营权和林木所有权，在尊重权利人的意愿下，可以将这些权利记载在三本单一版证书上，也可以记载在一本集成版证书上。

三是集成版证书记载不动产权利，应当是同一权利人在同一登记辖区内的不动产权利；集成版证书同一页记载不动产权利，应当是同一权利人、同一坐落、同一权利类型、同一权利性质、同一使用期限、同一时间登簿，且数量不超过四个的不动产权利。即使是同一权利人、同一坐落、同一权利类型、同一权利性质、同一使用期限的几个不动产权利，但是登簿时间不同，也应当在证书不同页记载。

（肖攀）

问题113
宗地合并或者分割的，不动产单元代码如何编制

【问题】

宗地合并或者分割后，不动产单元代码如何编制？

【解答】

《不动产登记暂行条例》第八条规定，不动产以不动产单元为基本单位进行登记。不动产单元具有唯一编码。不动产单元的概念是伴随不动产统一登记的出现应运而生的。分散登记时期，土地以宗地为基本单位登记，房屋以幢、层、套、间为基本单位登记，统一登记后，不能再实行房地分别登记，需要将宗地形式的土地和幢、层、套、间形式的房屋组合在一起，形成房地一体的不动产单元。这个意义上看，不动产单元具有明显的整体性、组合性特征。单就土地而言，不动产单元又具有转换性特征，即将原来作为土地登记单位的宗地转换为不动产单元。需要注意的是，宗地作为土地调查和管理的基本单位，仍然存续并且有效。宗地和土地不动产单元在登记上，没有本质的差异，只是在编码方式上有一些区别。这就是说，宗地的形成和划分与土地不动产单元的形成是一致的，什么样的宗地对应什么样的土地

不动产单元。

由于土地是不动产的基础，不动产单元的编码规则又是在宗地编码基础上形成的，不动产单元编码与宗地编码具有天然的关联。按照《不动产单元设定与代码编制规则（试行）》，不动产单元编码有28位，宗地编码有19位，一个宗地的不动产单元编码是19位宗地编码加上W（表示地上无定着物）加上8位0，此时，宗地编码是影响土地不动产单元编码的唯一因素。若地上有定着物，不动产单元编码是19位宗地编码加上1位定着物特征码（如房屋是F，林木是L）加上8位定着物编码（房屋前4位表示幢号，后4位表示户号），此时，不动产单元编码同时受宗地编码和定着物编码影响。

宗地的分割和合并，一般表现为宗地界址的变化，实践中有两种情况，一种是地上无定着物的宗地变化，一种是地上有定着物的宗地变化。这两种情况下的不动产单元代码编制方法，《不动产单元设定与代码编制规则（试行）》做了明确规定。对于地上无定着物的宗地合并或者分割，导致宗地界址发生变化的，在地籍子区内，新的宗地顺序号在相应宗地特征码的最大宗地顺序号后续编，形成新的宗地代码，进而生成新的不动产单元编码。对于地上有定着物的宗地合并或者分割，导致宗地界址发生变化的，在地籍子区内，新的宗地顺序号在相应宗地特征码的最大宗地顺序号后续编，形成新的宗地代码，而定着物代码的编制分两种情形：若定着物为房屋且房屋内定着物单元空间范围未发生变化，房屋幢号在地籍子区内统一编号的，房屋幢号和户号不变；房屋幢号在宗地内统一编号的，在新宗地内，房屋幢号按要求重新编制，房屋户号不变。若定着物为房屋且房屋内定着物单元空间范围已发生变化，房屋幢号在地籍子区内统一编号的，房屋幢号不变，新的房屋户号在该幢房屋内的最大户号后续编；房屋幢号在宗地内统一编号的，在新宗地内，房屋幢号按要求重新编制，新的房屋户号在该幢房屋内的最大户号后续编。在此基础上，按照宗地编码加上定着物特征码加上定着物编码的规则，生成不动产单元编码。

（肖攀）

问题114
执行裁决书涉及转移闲置土地，不动产登记机构如何处理

【问题】

甲公司持仲裁委员会的裁决书到不动产登记机构申请某地块的转移登记，不动产登记机构审查后发现该地块是由于建设用地使用权人的原因造成的闲置土地，登记机构应当如何处理？

【解答】

本案的核心问题在于当不动产登记机构依据裁决书办理登记可能违反法律法规规定的情况下，不动产登记机构是否应当办理登记。

第一，当事人可以依据仲裁书申请登记。《物权法》第二十八条规定，"因人民法院、仲裁委员会的法律文书或者人民政府的征收决定等，导致物权设立、变更、转让或者消灭的，自法律文书或者人民政府的征收决定等生效时发生效力。"仲裁委员会的裁决书本身就具有物权变动的效力，但是由于裁决书针对的是特定主体，公示公信力较弱，不利于权利人更好地保护自己的合法权益，所以《不动产登记暂行条例》第十四条规定，"属于下列情形之一的，可以由当事人单方申请：……（三）人民法院、仲裁委员会生效的法律文书或者人民政府生效的决定等设立、变更、转让、消灭不动产权利的；……"

第二，通常情况下，不动产登记机构应当依据仲裁委员会的裁决书办理登记，但不动产登记机构认为登记事项存在异议的除外。《不动产登记暂行条例实施细则》第十九条规定："当事人可以持人民法院、仲裁委员会的生效法律文书或者人民政府的生效决定单方申请不动产登记。有下列情形之一的，不动产登记机构直接办理不动产登记：（一）人民法院持生效法律文书和协助执行通知书要求不动产登记机构办理登记的；（二）人民检察院、公安机关依据法律规定持协助查封通知书

要求办理查封登记的；（三）人民政府依法做出征收或者收回不动产权利决定生效后，要求不动产登记机构办理注销登记的；（四）法律、行政法规规定的其他情形。不动产登记机构认为登记事项存在异议的，应当依法向有关机关提出审查建议。"由于仲裁裁决书自作出之日起就发生法律效力，在符合法律法规规定的情况下，登记机构可以直接依据仲裁裁决书的内容进行登记，但并不是任何情况下登记机构都要按照仲裁裁决进行登记，本条规定了登记机构不予执行仲裁裁决的特殊情况，即不动产登记机构认为登记事项存在异议的，应当依法向有关机关提出审查建议。

第三，不动产登记机构对仲裁书有异议的，可以告知申请人申请法院执行。《民事诉讼法》第237条规定："对依法设立的仲裁机构的裁决，一方当事人不履行的，对方当事人可以向有管辖权的人民法院申请执行。受申请的人民法院应当执行。被申请人提出证据证明仲裁裁决有下列情形之一的，经人民法院组成合议庭审查核实，裁定不予执行：（一）当事人在合同中没有订有仲裁条款或者事后没有达成书面仲裁协议的；（二）裁决的事项不属于仲裁协议的范围或者仲裁机构无权仲裁的；（三）仲裁庭的组成或者仲裁的程序违反法定程序的；（四）裁决所根据的证据是伪造的；（五）对方当事人向仲裁机构隐瞒了足以影响公正裁决的证据的；（六）仲裁员在仲裁该案时有贪污受贿，徇私舞弊，枉法裁决行为的。人民法院认定执行该裁决违背社会公共利益的，裁定不予执行。……"本案中，甲公司申请转移登记的地块为闲置土地，如果不动产登记机构办理转移登记，则会违反《闲置土地处置办法》第二十四条关于因建设用地使用权人的原因造成的闲置土地在依法处理完毕前不得办理转移登记的规定。因此，不动产登记机构可以告知甲公司申请法院执行，由人民法院组成合议庭审查核实是否执行仲裁裁决书。

（张颖）

附 录

不动产登记暂行条例

（2014年11月24日中华人民共和国国务院令第656号公布　自2015年3月1日起施行）

第一章　总　则

第一条　为整合不动产登记职责，规范登记行为，方便群众申请登记，保护权利人合法权益，根据《中华人民共和国物权法》等法律，制定本条例。

第二条　本条例所称不动产登记，是指不动产登记机构依法将不动产权利归属和其他法定事项记载于不动产登记簿的行为。

本条例所称不动产，是指土地、海域以及房屋、林木等定着物。

第三条　不动产首次登记、变更登记、转移登记、注销登记、更正登记、异议登记、预告登记、查封登记等，适用本条例。

第四条　国家实行不动产统一登记制度。

不动产登记遵循严格管理、稳定连续、方便群众的原则。

不动产权利人已经依法享有的不动产权利，不因登记机构和登记程序的改变而受到影响。

第五条　下列不动产权利，依照本条例的规定办理登记：

（一）集体土地所有权；

（二）房屋等建筑物、构筑物所有权；

（三）森林、林木所有权；

（四）耕地、林地、草地等土地承包经营权；

（五）建设用地使用权；

（六）宅基地使用权；

（七）海域使用权；

（八）地役权；

（九）抵押权；

（十）法律规定需要登记的其他不动产权利。

第六条　国务院国土资源主管部门负责指导、监督全国不动产登记工作。

县级以上地方人民政府应当确定一个部门为本行政区域的不动产登记机构，负责不动产登记工作，并接受上级人民政府不动产登记主管部门的指导、监督。

第七条　不动产登记由不动产所在地的县级人民政府不动产登记机构办理；直辖市、设区的市人民政府可以确定本级不动产登记机构统一办理所属各区的不动产登记。

跨县级行政区域的不动产登记，由所

跨县级行政区域的不动产登记机构分别办理。不能分别办理的，由所跨县级行政区域的不动产登记机构协商办理；协商不成的，由共同的上一级人民政府不动产登记主管部门指定办理。

国务院确定的重点国有林区的森林、林木和林地，国务院批准项目用海、用岛，中央国家机关使用的国有土地等不动产登记，由国务院国土资源主管部门会同有关部门规定。

第二章 不动产登记簿

第八条 不动产以不动产单元为基本单位进行登记。不动产单元具有唯一编码。

不动产登记机构应当按照国务院国土资源主管部门的规定设立统一的不动产登记簿。

不动产登记簿应当记载以下事项：

（一）不动产的坐落、界址、空间界限、面积、用途等自然状况；

（二）不动产权利的主体、类型、内容、来源、期限、权利变化等权属状况；

（三）涉及不动产权利限制、提示的事项；

（四）其他相关事项。

第九条 不动产登记簿应当采用电子介质，暂不具备条件的，可以采用纸质介质。不动产登记机构应当明确不动产登记簿唯一、合法的介质形式。

不动产登记簿采用电子介质的，应当定期进行异地备份，并具有唯一、确定的纸质转化形式。

第十条 不动产登记机构应当依法将各类登记事项准确、完整、清晰地记载于不动产登记簿。任何人不得损毁不动产登记簿，除依法予以更正外不得修改登记事项。

第十一条 不动产登记工作人员应当具备与不动产登记工作相适应的专业知识和业务能力。

不动产登记机构应当加强对不动产登记工作人员的管理和专业技术培训。

第十二条 不动产登记机构应当指定专人负责不动产登记簿的保管，并建立健全相应的安全责任制度。

采用纸质介质不动产登记簿的，应当配备必要的防盗、防火、防渍、防有害生物等安全保护设施。

采用电子介质不动产登记簿的，应当配备专门的存储设施，并采取信息网络安全防护措施。

第十三条 不动产登记簿由不动产登记机构永久保存。不动产登记簿损毁、灭失的，不动产登记机构应当依据原有登记资料予以重建。

行政区域变更或者不动产登记机构职能调整的，应当及时将不动产登记簿移交相应的不动产登记机构。

第三章 登记程序

第十四条 因买卖、设定抵押权等申请不动产登记的，应当由当事人双方共同申请。

属于下列情形之一的，可以由当事人单方申请：

（一）尚未登记的不动产首次申请登记的；

（二）继承、接受遗赠取得不动产权利的；

（三）人民法院、仲裁委员会生效的法律文书或者人民政府生效的决定等设立、变更、转让、消灭不动产权利的；

（四）权利人姓名、名称或者自然状况发生变化，申请变更登记的；

（五）不动产灭失或者权利人放弃不动产权利，申请注销登记的；

（六）申请更正登记或者异议登记的；

（七）法律、行政法规规定可以由当事人单方申请的其他情形。

第十五条　当事人或者其代理人应当到不动产登记机构办公场所申请不动产登记。

不动产登记机构将申请登记事项记载于不动产登记簿前，申请人可以撤回登记申请。

第十六条　申请人应当提交下列材料，并对申请材料的真实性负责：

（一）登记申请书；

（二）申请人、代理人身份证明材料、授权委托书；

（三）相关的不动产权属来源证明材料、登记原因证明文件、不动产权属证书；

（四）不动产界址、空间界限、面积等材料；

（五）与他人利害关系的说明材料；

（六）法律、行政法规以及本条例实施细则规定的其他材料。

不动产登记机构应当在办公场所和门户网站公开申请登记所需材料目录和示范文本等信息。

第十七条　不动产登记机构收到不动产登记申请材料，应当分别按照下列情况办理：

（一）属于登记职责范围，申请材料齐全、符合法定形式，或者申请人按照要求提交全部补正申请材料的，应当受理并书面告知申请人；

（二）申请材料存在可以当场更正的错误的，应当告知申请人当场更正，申请人当场更正后，应当受理并书面告知申请人；

（三）申请材料不齐全或者不符合法定形式的，应当当场书面告知申请人不予受理并一次性告知需要补正的全部内容；

（四）申请登记的不动产不属于本机构登记范围的，应当当场书面告知申请人不予受理并告知申请人向有登记权的机构申请。

不动产登记机构未当场书面告知申请人不予受理的，视为受理。

第十八条　不动产登记机构受理不动产登记申请的，应当按照下列要求进行查验：

（一）不动产界址、空间界限、面积等材料与申请登记的不动产状况是否一致；

（二）有关证明材料、文件与申请登记的内容是否一致；

（三）登记申请是否违反法律、行政法规规定。

第十九条　属于下列情形之一的，不

动产登记机构可以对申请登记的不动产进行实地查看：

（一）房屋等建筑物、构筑物所有权首次登记；

（二）在建建筑物抵押权登记；

（三）因不动产灭失导致的注销登记；

（四）不动产登记机构认为需要实地查看的其他情形。

对可能存在权属争议，或者可能涉及他人利害关系的登记申请，不动产登记机构可以向申请人、利害关系人或者有关单位进行调查。

不动产登记机构进行实地查看或者调查时，申请人、被调查人应当予以配合。

第二十条　不动产登记机构应当自受理登记申请之日起30个工作日内办结不动产登记手续，法律另有规定的除外。

第二十一条　登记事项自记载于不动产登记簿时完成登记。

不动产登记机构完成登记，应当依法向申请人核发不动产权属证书或者登记证明。

第二十二条　登记申请有下列情形之一的，不动产登记机构应当不予登记，并书面告知申请人：

（一）违反法律、行政法规规定的；

（二）存在尚未解决的权属争议的；

（三）申请登记的不动产权利超过规定期限的；

（四）法律、行政法规规定不予登记的其他情形。

第四章　登记信息共享与保护

第二十三条　国务院国土资源主管部门应当会同有关部门建立统一的不动产登记信息管理基础平台。

各级不动产登记机构登记的信息应当纳入统一的不动产登记信息管理基础平台，确保国家、省、市、县四级登记信息的实时共享。

第二十四条　不动产登记有关信息与住房城乡建设、农业、林业、海洋等部门审批信息、交易信息等应当实时互通共享。

不动产登记机构能够通过实时互通共享取得的信息，不得要求不动产登记申请人重复提交。

第二十五条　国土资源、公安、民政、财政、税务、工商、金融、审计、统计等部门应当加强不动产登记有关信息互通共享。

第二十六条　不动产登记机构、不动产登记信息共享单位及其工作人员应当对不动产登记信息保密；涉及国家秘密的不动产登记信息，应当依法采取必要的安全保密措施。

第二十七条　权利人、利害关系人可以依法查询、复制不动产登记资料，不动产登记机构应当提供。

有关国家机关可以依照法律、行政法规的规定查询、复制与调查处理事项有关的不动产登记资料。

第二十八条　查询不动产登记资料的单位、个人应当向不动产登记机构说明查询目的，不得将查询获得的不动产登记资料用于其他目的；未经权利人同意，不得泄露查询获得的不动产登记资料。

第五章 法律责任

第二十九条 不动产登记机构登记错误给他人造成损害，或者当事人提供虚假材料申请登记给他人造成损害的，依照《中华人民共和国物权法》的规定承担赔偿责任。

第三十条 不动产登记机构工作人员进行虚假登记，损毁、伪造不动产登记簿，擅自修改登记事项，或者有其他滥用职权、玩忽职守行为的，依法给予处分；给他人造成损害的，依法承担赔偿责任；构成犯罪的，依法追究刑事责任。

第三十一条 伪造、变造不动产权属证书、不动产登记证明，或者买卖、使用伪造、变造的不动产权属证书、不动产登记证明的，由不动产登记机构或者公安机关依法予以收缴；有违法所得的，没收违法所得；给他人造成损害的，依法承担赔偿责任；构成违反治安管理行为的，依法给予治安管理处罚；构成犯罪的，依法追究刑事责任。

第三十二条 不动产登记机构、不动产登记信息共享单位及其工作人员，查询不动产登记资料的单位或者个人违反国家规定，泄露不动产登记资料、登记信息，或者利用不动产登记资料、登记信息进行不正当活动，给他人造成损害的，依法承担赔偿责任；对有关责任人员依法给予处分；有关责任人员构成犯罪的，依法追究刑事责任。

第六章 附 则

第三十三条 本条例施行前依法颁发的各类不动产权属证书和制作的不动产登记簿继续有效。

不动产统一登记过渡期内，农村土地承包经营权的登记按照国家有关规定执行。

第三十四条 本条例实施细则由国务院国土资源主管部门会同有关部门制定。

第三十五条 本条例自 2015 年 3 月 1 日起施行。本条例施行前公布的行政法规有关不动产登记的规定与本条例规定不一致的，以本条例规定为准。

不动产登记暂行条例实施细则

（2016 年 1 月 1 日国土资源部令第 63 号公布 自公布之日起施行）

第一章 总 则

第一条 为规范不动产登记行为，细化不动产统一登记制度，方便人民群众办理不动产登记，保护权利人合法权益，根据《不动产登记暂行条例》（以下简称《条例》），制定本实施细则。

第二条 不动产登记应当依照当事人的申请进行，但法律、行政法规以及本实施细则另有规定的除外。

房屋等建筑物、构筑物和森林、林木等定着物应当与其所依附的土地、海域一并登记，保持权利主体一致。

第三条 不动产登记机构依照《条例》第七条第二款的规定，协商办理或者接受指定办理跨县级行政区域不动产登记的，应当在登记完毕后将不动产登记簿记载的不动产权利人以及不动产坐落、界址、面积、用途、权利类型等登记结果告知不动产所跨区域的其他不动产登记机构。

第四条 国务院确定的重点国有林区的森林、林木和林地，由国土资源部受理并会同有关部门办理，依法向权利人核发不动产权属证书。

国务院批准的项目用海、用岛的登记，由国土资源部受理，依法向权利人核发不动产权属证书。

中央国家机关使用的国有土地等不动产登记，依照国土资源部《在京中央国家机关用地土地登记办法》等规定办理。

第二章 不动产登记簿

第五条 《条例》第八条规定的不动产单元，是指权属界线封闭且具有独立使用价值的空间。

没有房屋等建筑物、构筑物以及森林、林木定着物的，以土地、海域权属界线封闭的空间为不动产单元。

有房屋等建筑物、构筑物以及森林、林木定着物的，以该房屋等建筑物、构筑物以及森林、林木定着物与土地、海域权属界线封闭的空间为不动产单元。

前款所称房屋，包括独立成幢、权属界线封闭的空间，以及区分套、层、间等可以独立使用、权属界线封闭的空间。

第六条 不动产登记簿以宗地或者宗海为单位编成，一宗地或者一宗海范围内的全部不动产单元编入一个不动产登记簿。

第七条 不动产登记机构应当配备专门的不动产登记电子存储设施，采取信息网络安全防护措施，保证电子数据安全。

任何单位和个人不得擅自复制或者篡改不动产登记簿信息。

第八条 承担不动产登记审核、登记簿的不动产登记工作人员应当熟悉相关法律法规，具备与其岗位相适应的不动产登记等方面的专业知识。

国土资源部会同有关部门组织开展对承担不动产登记审核、登记簿的不动产登记工作人员的考核培训。

第三章 登记程序

第九条 申请不动产登记的，申请人应当填写登记申请书，并提交身份证明以及相关申请材料。

申请材料应当提供原件。因特殊情况不能提供原件的，可以提供复印件，复印件应当与原件保持一致。

第十条 处分共有不动产申请登记的，应当经占份额三分之二以上的按份共有人或者全体共同共有人共同申请，但共有人另有约定的除外。

按份共有人转让其享有的不动产份额，应当与受让人共同申请转移登记。

建筑区划内依法属于全体业主共有的不动产申请登记，依照本实施细则第三十六条的规定办理。

第十一条 无民事行为能力人、限制民事行为能力人申请不动产登记的,应当由其监护人代为申请。

监护人代为申请登记的,应当提供监护人与被监护人的身份证或者户口簿、有关监护关系等材料;因处分不动产而申请登记的,还应当提供为被监护人利益的书面保证。

父母之外的监护人处分未成年人不动产的,有关监护关系材料可以是人民法院指定监护的法律文书、经过公证的对被监护人享有监护权的材料或者其他材料。

第十二条 当事人可以委托他人代为申请不动产登记。

代理申请不动产登记的,代理人应当向不动产登记机构提供被代理人签字或者盖章的授权委托书。

自然人处分不动产,委托代理人申请登记的,应当与代理人共同到不动产登记机构现场签订授权委托书,但授权委托书经公证的除外。

境外申请人委托他人办理处分不动产登记的,其授权委托书应当按照国家有关规定办理认证或者公证。

第十三条 申请登记的事项记载于不动产登记簿前,全体申请人提出撤回登记申请的,登记机构应当将登记申请书以及相关材料退还申请人。

第十四条 因继承、受遗赠取得不动产,当事人申请登记的,应当提交死亡证明材料、遗嘱或者全部法定继承人关于不动产分配的协议以及与被继承人的亲属关系材料等,也可以提交经公证的材料或者生效的法律文书。

第十五条 不动产登记机构受理不动产登记申请后,还应当对下列内容进行查验:

(一)申请人、委托代理人身份证明材料以及授权委托书与申请主体是否一致;

(二)权属来源材料或者登记原因文件与申请登记的内容是否一致;

(三)不动产界址、空间界限、面积等权籍调查成果是否完备,权属是否清楚、界址是否清晰、面积是否准确;

(四)法律、行政法规规定的完税或者缴费凭证是否齐全。

第十六条 不动产登记机构进行实地查看,重点查看下列情况:

(一)房屋等建筑物、构筑物所有权首次登记,查看房屋坐落及其建造完成等情况;

(二)在建建筑物抵押权登记,查看抵押的在建建筑物坐落及其建造等情况;

(三)因不动产灭失导致的注销登记,查看不动产灭失等情况。

第十七条 有下列情形之一的,不动产登记机构应当在登记事项记载于登记簿前进行公告,但涉及国家秘密的除外:

(一)政府组织的集体土地所有权登记;

(二)宅基地使用权及房屋所有权,集体建设用地使用权及建筑物、构筑物所有权,土地承包经营权等不动产权利的首次登记;

(三)依职权更正登记;

（四）依职权注销登记；

（五）法律、行政法规规定的其他情形。

公告应当在不动产登记机构门户网站以及不动产所在地等指定场所进行，公告期不少于15个工作日。公告所需时间不计算在登记办理期限内。公告期满无异议或者异议不成立的，应当及时记载于不动产登记簿。

第十八条 不动产登记公告的主要内容包括：

（一）拟予登记的不动产权利人的姓名或者名称；

（二）拟予登记的不动产坐落、面积、用途、权利类型等；

（三）提出异议的期限、方式和受理机构；

（四）需要公告的其他事项。

第十九条 当事人可以持人民法院、仲裁委员会的生效法律文书或者人民政府的生效决定单方申请不动产登记。

有下列情形之一的，不动产登记机构直接办理不动产登记：

（一）人民法院持生效法律文书和协助执行通知书要求不动产登记机构办理登记的；

（二）人民检察院、公安机关依据法律规定持协助查封通知书要求办理查封登记的；

（三）人民政府依法做出征收或者收回不动产权利决定生效后，要求不动产登记机构办理注销登记的；

（四）法律、行政法规规定的其他情形。

不动产登记机构认为登记事项存在异议的，应当依法向有关机关提出审查建议。

第二十条 不动产登记机构应当根据不动产登记簿，填写并核发不动产权属证书或者不动产登记证明。

除办理抵押权登记、地役权登记和预告登记、异议登记，向申请人核发不动产登记证明外，不动产登记机构应当依法向权利人核发不动产权属证书。

不动产权属证书和不动产登记证明，应当加盖不动产登记机构登记专用章。

不动产权属证书和不动产登记证明样式，由国土资源部统一规定。

第二十一条 申请共有不动产登记的，不动产登记机构向全体共有人合并发放一本不动产权属证书；共有人申请分别持证的，可以为共有人分别发放不动产权属证书。

共有不动产权属证书应当注明共有情况，并列明全体共有人。

第二十二条 不动产权属证书或者不动产登记证明污损、破损的，当事人可以向不动产登记机构申请换发。符合换发条件的，不动产登记机构应当予以换发，并收回原不动产权属证书或者不动产登记证明。

不动产权属证书或者不动产登记证明遗失、灭失，不动产权利人申请补发的，由不动产登记机构在其门户网站上刊发不动产权利人的遗失、灭失声明15个工作日后,予以补发。

不动产登记机构补发不动产权属证书或者不动产登记证明的,应当将补发不动产权属证书或者不动产登记证明的事项记载于不动产登记簿,并在不动产权属证书或者不动产登记证明上注明"补发"字样。

第二十三条 因不动产权利灭失等情形,不动产登记机构需要收回不动产权属证书或者不动产登记证明的,应当在不动产登记簿上将收回不动产权属证书或者不动产登记证明的事项予以注明;确实无法收回的,应当在不动产登记机构门户网站或者当地公开发行的报刊上公告作废。

第四章 不动产权利登记

第一节 一般规定

第二十四条 不动产首次登记,是指不动产权利第一次登记。

未办理不动产首次登记的,不得办理不动产其他类型登记,但法律、行政法规另有规定的除外。

第二十五条 市、县人民政府可以根据情况对本行政区域内未登记的不动产,组织开展集体土地所有权、宅基地使用权、集体建设用地使用权、土地承包经营权的首次登记。

依照前款规定办理首次登记所需的权属来源、调查等登记材料,由人民政府有关部门组织获取。

第二十六条 下列情形之一的,不动产权利人可以向不动产登记机构申请变更登记:

(一)权利人的姓名、名称、身份证明类型或者身份证明号码发生变更的;

(二)不动产的坐落、界址、用途、面积等状况变更的;

(三)不动产权利期限、来源等状况发生变化的;

(四)同一权利人分割或者合并不动产的;

(五)抵押担保的范围、主债权数额、债务履行期限、抵押权顺位发生变化的;

(六)最高额抵押担保的债权范围、最高债权额、债权确定期间等发生变化的;

(七)地役权的利用目的、方法等发生变化的;

(八)共有性质发生变更的;

(九)法律、行政法规规定的其他不涉及不动产权利转移的变更情形。

第二十七条 因下列情形导致不动产权利转移的,当事人可以向不动产登记机构申请转移登记:

(一)买卖、互换、赠与不动产的;

(二)以不动产作价出资(入股)的;

(三)法人或者其他组织因合并、分立等原因致使不动产权利发生转移的;

(四)不动产分割、合并导致权利发生转移的;

(五)继承、受遗赠导致权利发生转移的;

(六)共有人增加或者减少以及共有不动产份额变化的;

（七）因人民法院、仲裁委员会的生效法律文书导致不动产权利发生转移的；

（八）因主债权转移引起不动产抵押权转移的；

（九）因需役地不动产权利转移引起地役权转移的；

（十）法律、行政法规规定的其他不动产权利转移情形。

第二十八条 有下列情形之一的，当事人可以申请办理注销登记：

（一）不动产灭失的；

（二）权利人放弃不动产权利的；

（三）不动产被依法没收、征收或者收回的；

（四）人民法院、仲裁委员会的生效法律文书导致不动产权利消灭的；

（五）法律、行政法规规定的其他情形。

不动产上已经设立抵押权、地役权或者已经办理预告登记，所有权人、使用权人因放弃权利申请注销登记的，申请人应当提供抵押权人、地役权人、预告登记权利人同意的书面材料。

第二节 集体土地所有权登记

第二十九条 集体土地所有权登记，依照下列规定提出申请：

（一）土地属于村农民集体所有的，由村集体经济组织代为申请，没有集体经济组织的，由村民委员会代为申请；

（二）土地分别属于村内两个以上农民集体所有的，由村内各集体经济组织代为申请，没有集体经济组织的，由村民小组代为申请；

（三）土地属于乡（镇）农民集体所有的，由乡（镇）集体经济组织代为申请。

第三十条 申请集体土地所有权首次登记的，应当提交下列材料：

（一）土地权属来源材料；

（二）权籍调查表、宗地图以及宗地界址点坐标；

（三）其他必要材料。

第三十一条 农民集体因互换、土地调整等原因导致集体土地所有权转移，申请集体土地所有权转移登记的，应当提交下列材料：

（一）不动产权属证书；

（二）互换、调整协议等集体土地所有权转移的材料；

（三）本集体经济组织三分之二以上成员或者三分之二以上村民代表同意的材料；

（四）其他必要材料。

第三十二条 申请集体土地所有权变更、注销登记的，应当提交下列材料：

（一）不动产权属证书；

（二）集体土地所有权变更、消灭的材料；

（三）其他必要材料。

第三节 国有建设用地使用权及房屋所有权登记

第三十三条 依法取得国有建设用地

使用权，可以单独申请国有建设用地使用权登记。

依法利用国有建设用地建造房屋的，可以申请国有建设用地使用权及房屋所有权登记。

第三十四条　申请国有建设用地使用权首次登记，应当提交下列材料：

（一）土地权属来源材料；

（二）权籍调查表、宗地图以及宗地界址点坐标；

（三）土地出让价款、土地租金、相关税费等缴纳凭证；

（四）其他必要材料。

前款规定的土地权属来源材料，根据权利取得方式的不同，包括国有建设用地划拨决定书、国有建设用地使用权出让合同、国有建设用地使用权租赁合同以及国有建设用地使用权作价出资（入股）、授权经营批准文件。

申请在地上或者地下单独设立国有建设用地使用权登记的，按照本条规定办理。

第三十五条　申请国有建设用地使用权及房屋所有权首次登记的，应当提交下列材料：

（一）不动产权属证书或者土地权属来源材料；

（二）建设工程符合规划的材料；

（三）房屋已经竣工的材料；

（四）房地产调查或者测绘报告；

（五）相关税费缴纳凭证；

（六）其他必要材料。

第三十六条　办理房屋所有权首次登记时，申请人应当将建筑区划内依法属于业主共有的道路、绿地、其他公共场所、公用设施和物业服务用房及其占用范围内的建设用地使用权一并申请登记为业主共有。业主转让房屋所有权的，其对共有部分享有的权利依法一并转让。

第三十七条　申请国有建设用地使用权及房屋所有权变更登记的，应当根据不同情况，提交下列材料：

（一）不动产权属证书；

（二）发生变更的材料；

（三）有批准权的人民政府或者主管部门的批准文件；

（四）国有建设用地使用权出让合同或者补充协议；

（五）国有建设用地使用权出让价款、税费等缴纳凭证；

（六）其他必要材料。

第三十八条　申请国有建设用地使用权及房屋所有权转移登记的，应当根据不同情况，提交下列材料：

（一）不动产权属证书；

（二）买卖、互换、赠与合同；

（三）继承或者受遗赠的材料；

（四）分割、合并协议；

（五）人民法院或者仲裁委员会生效的法律文书；

（六）有批准权的人民政府或者主管部门的批准文件；

（七）相关税费缴纳凭证；

（八）其他必要材料。

不动产买卖合同依法应当备案的，申

请人申请登记时须提交经备案的买卖合同。

第三十九条 具有独立利用价值的特定空间以及码头、油库等其他建筑物、构筑物所有权的登记，按照本实施细则中房屋所有权登记有关规定办理。

第四节 宅基地使用权及房屋所有权登记

第四十条 依法取得宅基地使用权，可以单独申请宅基地使用权登记。

依法利用宅基地建造住房及其附属设施的，可以申请宅基地使用权及房屋所有权登记。

第四十一条 申请宅基地使用权及房屋所有权首次登记的，应当根据不同情况，提交下列材料：

（一）申请人身份证和户口簿；

（二）不动产权属证书或者有批准权的人民政府批准用地的文件等权属来源材料；

（三）房屋符合规划或者建设的相关材料；

（四）权籍调查表、宗地图、房屋平面图以及宗地界址点坐标等有关不动产界址、面积等材料；

（五）其他必要材料。

第四十二条 因依法继承、分家析产、集体经济组织内部互换房屋等导致宅基地使用权及房屋所有权发生转移申请登记的，申请人应当根据不同情况，提交下列材料：

（一）不动产权属证书或者其他权属来源材料；

（二）依法继承的材料；

（三）分家析产的协议或者材料；

（四）集体经济组织内部互换房屋的协议；

（五）其他必要材料。

第四十三条 申请宅基地等集体土地上的建筑物区分所有权登记的，参照国有建设用地使用权及建筑物区分所有权的规定办理登记。

第五节 集体建设用地使用权及建筑物、构筑物所有权登记

第四十四条 依法取得集体建设用地使用权，可以单独申请集体建设用地使用权登记。

依法利用集体建设用地兴办企业，建设公共设施，从事公益事业等的，可以申请集体建设用地使用权及地上建筑物、构筑物所有权登记。

第四十五条 申请集体建设用地使用权及建筑物、构筑物所有权首次登记的，申请人应当根据不同情况，提交下列材料：

（一）有批准权的人民政府批准用地的文件等土地权属来源材料；

（二）建设工程符合规划的材料；

（三）权籍调查表、宗地图、房屋平面图以及宗地界址点坐标等有关不动产界址、面积等材料；

（四）建设工程已竣工的材料；

（五）其他必要材料。

集体建设用地使用权首次登记完成后，申请人申请建筑物、构筑物所有权首次登记的，应当提交享有集体建设用地使用权

的不动产权属证书。

第四十六条 申请集体建设用地使用权及建筑物、构筑物所有权变更登记、转移登记、注销登记的，申请人应当根据不同情况，提交下列材料：

（一）不动产权属证书；

（二）集体建设用地使用权及建筑物、构筑物所有权变更、转移、消灭的材料；

（三）其他必要材料。

因企业兼并、破产等原因致使集体建设用地使用权及建筑物、构筑物所有权发生转移的，申请人应当持相关协议及有关部门的批准文件等相关材料，申请不动产转移登记。

第六节 土地承包经营权登记

第四十七条 承包农民集体所有的耕地、林地、草地、水域、滩涂以及荒山、荒沟、荒丘、荒滩等农用地，或者国家所有依法由农民集体使用的农用地从事种植业、林业、畜牧业、渔业等农业生产的，可以申请土地承包经营权登记；地上有森林、林木的，应当在申请土地承包经营权登记时一并申请登记。

第四十八条 依法以承包方式在土地上从事种植业或者养殖业生产活动的，可以申请土地承包经营权的首次登记。

以家庭承包方式取得的土地承包经营权的首次登记，由发包方持土地承包经营合同等材料申请。

以招标、拍卖、公开协商等方式承包农村土地的，由承包方持土地承包经营合同申请土地承包经营权首次登记。

第四十九条 已经登记的土地承包经营权有下列情形之一的，承包方应当持原不动产权属证书以及其他证实发生变更事实的材料，申请土地承包经营权变更登记：

（一）权利人的姓名或者名称等事项发生变化的；

（二）承包土地的坐落、名称、面积发生变化的；

（三）承包期限依法变更的；

（四）承包期限届满，土地承包经营权人按照国家有关规定继续承包的；

（五）退耕还林、退耕还湖、退耕还草导致土地用途改变的；

（六）森林、林木的种类等发生变化的；

（七）法律、行政法规规定的其他情形。

第五十条 已经登记的土地承包经营权发生下列情形之一的，当事人双方应当持互换协议、转让合同等材料，申请土地承包经营权的转移登记：

（一）互换；

（二）转让；

（三）因家庭关系、婚姻关系变化等原因导致土地承包经营权分割或者合并的；

（四）依法导致土地承包经营权转移的其他情形。

以家庭承包方式取得的土地承包经营权，采取转让方式流转的，还应当提供发包方同意的材料。

第五十一条 已经登记的土地承包经

营权发生下列情形之一的，承包方应当持不动产权属证书、证实灭失的材料等，申请注销登记：

（一）承包经营的土地灭失的；

（二）承包经营的土地被依法转为建设用地的；

（三）承包经营权人丧失承包经营资格或者放弃承包经营权的；

（四）法律、行政法规规定的其他情形。

第五十二条 以承包经营以外的合法方式使用国有农用地的国有农场、草场，以及使用国家所有的水域、滩涂等农用地进行农业生产，申请国有农用地的使用权登记的，参照本实施细则有关规定办理。

国有农场、草场申请国有未利用地登记的，依照前款规定办理。

第五十三条 国有林地使用权登记，应当提交有批准权的人民政府或者主管部门的批准文件，地上森林、林木一并登记。

第七节 海域使用权登记

第五十四条 依法取得海域使用权，可以单独申请海域使用权登记。

依法使用海域，在海域上建造建筑物、构筑物的，应当申请海域使用权及建筑物、构筑物所有权登记。

申请无居民海岛登记的，参照海域使用权登记有关规定办理。

第五十五条 申请海域使用权首次登记的，应当提交下列材料：

（一）项目用海批准文件或者海域使用权出让合同；

（二）宗海图以及界址点坐标；

（三）海域使用金缴纳或者减免凭证；

（四）其他必要材料。

第五十六条 有下列情形之一的，申请人应当持不动产权属证书、海域使用权变更的文件等材料，申请海域使用权变更登记：

（一）海域使用权人姓名或者名称改变的；

（二）海域坐落、名称发生变化的；

（三）改变海域使用位置、面积或者期限的；

（四）海域使用权续期的；

（五）共有性质变更的；

（六）法律、行政法规规定的其他情形。

第五十七条 有下列情形之一的，申请人可以申请海域使用权转移登记：

（一）因企业合并、分立或者与他人合资、合作经营、作价入股导致海域使用权转移的；

（二）依法转让、赠与、继承、受遗赠海域使用权的；

（三）因人民法院、仲裁委员会生效法律文书导致海域使用权转移的；

（四）法律、行政法规规定的其他情形。

第五十八条 申请海域使用权转移登记的，申请人应当提交下列材料：

（一）不动产权属证书；

（二）海域使用权转让合同、继承材

料、生效法律文书等材料；

（三）转让批准取得的海域使用权，应当提交原批准用海的海洋行政主管部门批准转让的文件；

（四）依法需要补交海域使用金的，应当提交海域使用金缴纳的凭证；

（五）其他必要材料。

第五十九条 申请海域使用权注销登记的，申请人应当提交下列材料：

（一）原不动产权属证书；

（二）海域使用权消灭的材料；

（三）其他必要材料。

因围填海造地等导致海域灭失的，申请人应当在围填海造地等工程竣工后，依照本实施细则规定申请国有土地使用权登记，并办理海域使用权注销登记。

第八节 地役权登记

第六十条 按照约定设定地役权，当事人可以持需役地和供役地的不动产权属证书、地役权合同以及其他必要文件，申请地役权首次登记。

第六十一条 经依法登记的地役权发生下列情形之一的，当事人应当持地役权合同、不动产登记证明和证实变更的材料等必要材料，申请地役权变更登记：

（一）地役权当事人的姓名或者名称等发生变化；

（二）共有性质变更的；

（三）需役地或者供役地自然状况发生变化；

（四）地役权内容变更的；

（五）法律、行政法规规定的其他情形。

供役地分割转让办理登记，转让部分涉及地役权的，应当由受让人与地役权人一并申请地役权变更登记。

第六十二条 已经登记的地役权因土地承包经营权、建设用地使用权转让发生转移的，当事人应当持不动产登记证明、地役权转移合同等必要材料，申请地役权转移登记。

申请需役地转移登记的，或者需役地分割转让，转让部分涉及已登记的地役权的，当事人应当一并申请地役权转移登记，但当事人另有约定的除外。当事人拒绝一并申请地役权转移登记的，应当出具书面材料。不动产登记机构办理转移登记时，应当同时办理地役权注销登记。

第六十三条 已经登记的地役权，有下列情形之一的，当事人可以持不动产登记证明、证实地役权发生消灭的材料等必要材料，申请地役权注销登记：

（一）地役权期限届满；

（二）供役地、需役地归于同一人；

（三）供役地或者需役地灭失；

（四）人民法院、仲裁委员会的生效法律文书导致地役权消灭；

（五）依法解除地役权合同；

（六）其他导致地役权消灭的事由。

第六十四条 地役权登记，不动产登记机构应当将登记事项分别记载于需役地和供役地登记簿。

供役地、需役地分属不同不动产登记

机构管辖的，当事人应当向供役地所在地的不动产登记机构申请地役权登记。供役地所在地不动产登记机构完成登记后，应当将相关事项通知需役地所在地不动产登记机构，并由其记载于需役地登记簿。

地役权设立后，办理首次登记前发生变更、转移的，当事人应当提交相关材料，就已经变更或者转移的地役权，直接申请首次登记。

第九节 抵押权登记

第六十五条 对下列财产进行抵押的，可以申请办理不动产抵押登记：

（一）建设用地使用权；

（二）建筑物和其他土地附着物；

（三）海域使用权；

（四）以招标、拍卖、公开协商等方式取得的荒地等土地承包经营权；

（五）正在建造的建筑物；

（六）法律、行政法规未禁止抵押的其他不动产。

以建设用地使用权、海域使用权抵押的，该土地、海域上的建筑物、构筑物一并抵押；以建筑物、构筑物抵押的，该建筑物、构筑物占用范围内的建设用地使用权、海域使用权一并抵押。

第六十六条 自然人、法人或者其他组织为保障其债权的实现，依法以不动产设定抵押的，可以由当事人持不动产权属证书、抵押合同与主债权合同等必要材料，共同申请办理抵押登记。

抵押合同可以是单独订立的书面合同，也可以是主债权合同中的抵押条款。

第六十七条 同一不动产上设立多个抵押权的，不动产登记机构应当按照受理时间的先后顺序依次办理登记，并记载于不动产登记簿。当事人对抵押权顺位另有约定的，从其规定办理登记。

第六十八条 有下列情形之一的，当事人应当持不动产权属证书、不动产登记证明、抵押权变更等必要材料，申请抵押权变更登记：

（一）抵押人、抵押权人的姓名或者名称变更的；

（二）被担保的主债权数额变更的；

（三）债务履行期限变更的；

（四）抵押权顺位变更的；

（五）法律、行政法规规定的其他情形。

因被担保债权主债权的种类及数额、担保范围、债务履行期限、抵押权顺位发生变更申请抵押权变更登记时，如果该抵押权的变更将对其他抵押权人产生不利影响的，还应当提交其他抵押权人书面同意的材料与身份证或者户口簿等材料。

第六十九条 因主债权转让导致抵押权转让的，当事人可以持不动产权属证书、不动产登记证明、被担保主债权的转让协议、债权人已经通知债务人的材料等相关材料，申请抵押权的转移登记。

第七十条 有下列情形之一的，当事人可以持不动产登记证明、抵押权消灭的材料等必要材料，申请抵押权注销登记：

（一）主债权消灭；

（二）抵押权已经实现；

（三）抵押权人放弃抵押权；

（四）法律、行政法规规定抵押权消灭的其他情形。

第七十一条 设立最高额抵押权的，当事人应当持不动产权属证书、最高额抵押合同与一定期间内将要连续发生的债权的合同或者其他登记原因材料等必要材料，申请最高额抵押权首次登记。

当事人申请最高额抵押权首次登记时，同意将最高额抵押权设立前已经存在的债权转入最高额抵押担保的债权范围的，还应当提交已存在债权的合同以及当事人同意将该债权纳入最高额抵押权担保范围的书面材料。

第七十二条 有下列情形之一的，当事人应当持不动产登记证明、最高额抵押权发生变更的材料等必要材料，申请最高额抵押权变更登记：

（一）抵押人、抵押权人的姓名或者名称变更的；

（二）债权范围变更的；

（三）最高债权额变更的；

（四）债权确定的期间变更的；

（五）抵押权顺位变更的；

（六）法律、行政法规规定的其他情形。

因最高债权额、债权范围、债务履行期限、债权确定的期间发生变更申请最高额抵押权变更登记时，如果该变更将对其他抵押权人产生不利影响的，当事人还应当提交其他抵押权人的书面同意文件与身份证或者户口簿等。

第七十三条 当发生导致最高额抵押权担保的债权被确定的事由，从而使最高额抵押权转变为一般抵押权时，当事人应当持不动产登记证明、最高额抵押权担保的债权已确定的材料等必要材料，申请办理确定最高额抵押权的登记。

第七十四条 最高额抵押权发生转移的，应当持不动产登记证明、部分债权转移的材料、当事人约定最高额抵押权随同部分债权的转让而转移的材料等必要材料，申请办理最高额抵押权转移登记。

债权人转让部分债权，当事人约定最高额抵押权随同部分债权的转让而转移的，应当分别申请下列登记：

（一）当事人约定原抵押权人与受让人共同享有最高额抵押权的，应当申请最高额抵押权的转移登记；

（二）当事人约定受让人享有一般抵押权、原抵押权人就扣减已转移的债权数额后继续享有最高额抵押权的，应当申请一般抵押权的首次登记以及最高额抵押权的变更登记；

（三）当事人约定原抵押权人不再享有最高额抵押权的，应当一并申请最高额抵押权确定登记以及一般抵押权转移登记。

最高额抵押权担保的债权确定前，债权人转让部分债权的，除当事人另有约定外，不动产登记机构不得办理最高额抵押权转移登记。

第七十五条 以建设用地使用权以及全部或者部分在建建筑物设定抵押的，应当一并申请建设用地使用权以及在建建筑物抵押权的首次登记。

当事人申请在建建筑物抵押权首次登记时，抵押财产不包括已经办理预告登记的预购商品房和已经办理预售备案的商品房。

前款规定的在建建筑物，是指正在建造、尚未办理所有权首次登记的房屋等建筑物。

第七十六条 申请在建建筑物抵押权首次登记的，当事人应当提交下列材料：

（一）抵押合同与主债权合同；

（二）享有建设用地使用权的不动产权属证书；

（三）建设工程规划许可证；

（四）其他必要材料。

第七十七条 在建建筑物抵押权变更、转移或者消灭的，当事人应当提交下列材料，申请变更登记、转移登记、注销登记：

（一）不动产登记证明；

（二）在建建筑物抵押权发生变更、转移或者消灭的材料；

（三）其他必要材料。

在建建筑物竣工，办理建筑物所有权首次登记时，当事人应当申请将在建建筑物抵押权登记转为建筑物抵押权登记。

第七十八条 申请预购商品房抵押登记，应当提交下列材料：

（一）抵押合同与主债权合同；

（二）预购商品房预告登记材料；

（三）其他必要材料。

预购商品房办理房屋所有权登记后，当事人应当申请将预购商品房抵押预告登记转为商品房抵押权首次登记。

第五章 其他登记

第一节 更正登记

第七十九条 权利人、利害关系人认为不动产登记簿记载的事项有错误，可以申请更正登记。

权利人申请更正登记的，应当提交下列材料：

（一）不动产权属证书；

（二）证实登记确有错误的材料；

（三）其他必要材料。

利害关系人申请更正登记的，应当提交利害关系材料、证实不动产登记簿记载错误的材料以及其他必要材料。

第八十条 不动产权利人或者利害关系人申请更正登记，不动产登记机构认为不动产登记簿记载确有错误的，应当予以更正；但在错误登记之后已经办理了涉及不动产权利处分的登记、预告登记和查封登记的除外。

不动产权属证书或者不动产登记证明填制错误以及不动产登记机构在办理更正登记中，需要更正不动产权属证书或者不动产登记证明内容的，应当书面通知权利人换发，并把换发不动产权属证书或者不动产登记证明的事项记载于登记簿。

不动产登记簿记载无误的，不动产登记机构不予更正，并书面通知申请人。

第八十一条 不动产登记机构发现不

动产登记簿记载的事项错误,应当通知当事人在 30 个工作日内办理更正登记。当事人逾期不办理的,不动产登记机构应当在公告 15 个工作日后,依法予以更正;但在错误登记之后已经办理了涉及不动产权利处分的登记、预告登记和查封登记的除外。

第二节 异议登记

第八十二条 利害关系人认为不动产登记簿记载的事项错误,权利人不同意更正的,利害关系人可以申请异议登记。

利害关系人申请异议登记的,应当提交下列材料:

(一)证实对登记的不动产权利有利害关系的材料;

(二)证实不动产登记簿记载的事项错误的材料;

(三)其他必要材料。

第八十三条 不动产登记机构受理异议登记申请的,应当将异议事项记载于不动产登记簿,并向申请人出具异议登记证明。

异议登记申请人应当在异议登记之日起 15 日内,提交人民法院受理通知书、仲裁委员会受理通知书等提起诉讼、申请仲裁的材料;逾期不提交的,异议登记失效。

异议登记失效后,申请人就同一事项以同一理由再次申请异议登记的,不动产登记机构不予受理。

第八十四条 异议登记期间,不动产登记簿上记载的权利人以及第三人因处分权利申请登记的,不动产登记机构应当书面告知申请人该权利已经存在异议登记的有关事项。申请人申请继续办理的,应当予以办理,但申请人应当提供知悉异议登记存在并自担风险的书面承诺。

第三节 预告登记

第八十五条 有下列情形之一的,当事人可以按照约定申请不动产预告登记:

(一)商品房等不动产预售的;

(二)不动产买卖、抵押的;

(三)以预购商品房设定抵押权的;

(四)法律、行政法规规定的其他情形。

预告登记生效期间,未经预告登记的权利人书面同意,处分该不动产权利申请登记的,不动产登记机构应当不予办理。

预告登记后,债权未消灭且自能够进行相应的不动产登记之日起 3 个月内,当事人申请不动产登记的,不动产登记机构应当按照预告登记事项办理相应的登记。

第八十六条 申请预购商品房的预告登记,应当提交下列材料:

(一)已备案的商品房预售合同;

(二)当事人关于预告登记的约定;

(三)其他必要材料。

预售人和预购人订立商品房买卖合同后,预售人未按照约定与预购人申请预告登记,预购人可以单方申请预告登记。

预购人单方申请预购商品房预告登记,预售人与预购人在商品房预售合同中对预告登记附有条件和期限的,预购人应当提交相应材料。

申请预告登记的商品房已经办理在建建筑物抵押权首次登记的,当事人应当一并申请在建建筑物抵押权注销登记,并提交不动产权属转移材料、不动产登记证明。不动产登记机构应当先办理在建建筑物抵押权注销登记,再办理预告登记。

第八十七条 申请不动产转移预告登记的,当事人应当提交下列材料:

(一) 不动产转让合同;

(二) 转让方的不动产权属证书;

(三) 当事人关于预告登记的约定;

(四) 其他必要材料。

第八十八条 抵押不动产,申请预告登记的,当事人应当提交下列材料:

(一) 抵押合同与主债权合同;

(二) 不动产权属证书;

(三) 当事人关于预告登记的约定;

(四) 其他必要材料。

第八十九条 预告登记未到期,有下列情形之一的,当事人可以持不动产登记证明、债权消灭或者权利人放弃预告登记的材料,以及法律、行政法规规定的其他必要材料申请注销预告登记:

(一) 预告登记的权利人放弃预告登记的;

(二) 债权消灭的;

(三) 法律、行政法规规定的其他情形。

第四节 查封登记

第九十条 人民法院要求不动产登记机构办理查封登记的,应当提交下列材料:

(一) 人民法院工作人员的工作证;

(二) 协助执行通知书;

(三) 其他必要材料。

第九十一条 两个以上人民法院查封同一不动产的,不动产登记机构应当为先送达协助执行通知书的人民法院办理查封登记,对后送达协助执行通知书的人民法院办理轮候查封登记。

轮候查封登记的顺序按照人民法院协助执行通知书送达不动产登记机构的时间先后进行排列。

第九十二条 查封期间,人民法院解除查封的,不动产登记机构应当及时根据人民法院协助执行通知书注销查封登记。

不动产查封期限届满,人民法院未续封的,查封登记失效。

第九十三条 人民检察院等其他国家有权机关依法要求不动产登记机构办理查封登记的,参照本节规定办理。

第六章 不动产登记资料的查询、保护和利用

第九十四条 不动产登记资料包括:

(一) 不动产登记簿等不动产登记结果;

(二) 不动产登记原始资料,包括不动产登记申请书、申请人身份材料、不动产权属来源、登记原因、不动产权籍调查成果等材料以及不动产登记机构审核材料。

不动产登记资料由不动产登记机构管理。不动产登记机构应当建立不动产登记资料管理制度以及信息安全保密制度,建

设符合不动产登记资料安全保护标准的不动产登记资料存放场所。

不动产登记资料中属于归档范围的，按照相关法律、行政法规的规定进行归档管理，具体办法由国土资源部会同国家档案主管部门另行制定。

第九十五条 不动产登记机构应当加强不动产登记信息化建设，按照统一的不动产登记信息管理基础平台建设要求和技术标准，做好数据整合、系统建设和信息服务等工作，加强不动产登记信息产品开发和技术创新，提高不动产登记的社会综合效益。

各级不动产登记机构应当采取措施保障不动产登记信息安全。任何单位和个人不得泄露不动产登记信息。

第九十六条 不动产登记机构、不动产交易机构建立不动产登记信息与交易信息互联共享机制，确保不动产登记与交易有序衔接。

不动产交易机构应当将不动产交易信息及时提供给不动产登记机构。不动产登记机构完成登记后，应当将登记信息及时提供给不动产交易机构。

第九十七条 国家实行不动产登记资料依法查询制度。

权利人、利害关系人按照《条例》第二十七条规定依法查询、复制不动产登记资料的，应当到具体办理不动产登记的不动产登记机构申请。

权利人可以查询、复制其不动产登记资料。

因不动产交易、继承、诉讼等涉及的利害关系人可以查询、复制不动产自然状况、权利人及其不动产查封、抵押、预告登记、异议登记等状况。

人民法院、人民检察院、国家安全机关、监察机关等可以依法查询、复制与调查和处理事项有关的不动产登记资料。

其他有关国家机关执行公务依法查询、复制不动产登记资料的，依照本条规定办理。

涉及国家秘密的不动产登记资料的查询，按照保守国家秘密法的有关规定执行。

第九十八条 权利人、利害关系人申请查询、复制不动产登记资料应当提交下列材料：

（一）查询申请书；

（二）查询目的的说明；

（三）申请人的身份材料；

（四）利害关系人查询的，提交证实存在利害关系的材料。

权利人、利害关系人委托他人代为查询的，还应当提交代理人的身份证明材料、授权委托书。权利人查询其不动产登记资料无需提供查询目的的说明。

有关国家机关查询的，应当提供本单位出具的协助查询材料、工作人员的工作证。

第九十九条 有下列情形之一的，不动产登记机构不予查询，并书面告知理由：

（一）申请查询的不动产不属于不动产登记机构管辖范围的；

（二）查询人提交的申请材料不符合

规定的；

（三）申请查询的主体或者查询事项不符合规定的；

（四）申请查询的目的不合法的；

（五）法律、行政法规规定的其他情形。

第一百条 对符合本实施细则规定的查询申请，不动产登记机构应当当场提供查询；因情况特殊，不能当场提供查询的，应当在5个工作日内提供查询。

第一百零一条 查询人查询不动产登记资料，应当在不动产登记机构设定的场所进行。

不动产登记原始资料不得带离设定的场所。

查询人在查询时应当保持不动产登记资料的完好，严禁遗失、拆散、调换、抽取、污损登记资料，也不得损坏查询设备。

第一百零二条 查询人可以查阅、抄录不动产登记资料。查询人要求复制不动产登记资料的，不动产登记机构应当提供复制。

查询人要求出具查询结果证明的，不动产登记机构应当出具查询结果证明。查询结果证明应注明查询目的及日期，并加盖不动产登记机构查询专用章。

第七章 法律责任

第一百零三条 不动产登记机构工作人员违反本实施细则规定，有下列行为之一，依法给予处分；构成犯罪的，依法追究刑事责任：

（一）对符合登记条件的登记申请不予登记，对不符合登记条件的登记申请予以登记；

（二）擅自复制、篡改、毁损、伪造不动产登记簿；

（三）泄露不动产登记资料、登记信息；

（四）无正当理由拒绝申请人查询、复制登记资料；

（五）强制要求权利人更换新的权属证书。

第一百零四条 当事人违反本实施细则规定，有下列行为之一，构成违反治安管理行为的，依法给予治安管理处罚；给他人造成损失的，依法承担赔偿责任；构成犯罪的，依法追究刑事责任：

（一）采用提供虚假材料等欺骗手段申请登记；

（二）采用欺骗手段申请查询、复制登记资料；

（三）违反国家规定，泄露不动产登记资料、登记信息；

（四）查询人遗失、拆散、调换、抽取、污损登记资料的；

（五）擅自将不动产登记资料带离查询场所、损坏查询设备的。

第八章 附　　则

第一百零五条 本实施细则施行前，依法核发的各类不动产权属证书继续有效。不动产权利未发生变更、转移的，不动产登记机构不得强制要求不动产权利人更换不动产权属证书。

不动产登记过渡期内，农业部会同国土资源部等部门负责指导农村土地承包经营权的统一登记工作，按照农业部有关规定办理耕地的土地承包经营权登记。不动产登记过渡期后，由国土资源部负责指导农村土地承包经营权登记工作。

第一百零六条　不动产信托依法需要登记的，由国土资源部会同有关部门另行规定。

第一百零七条　军队不动产登记，其申请材料经军队不动产主管部门审核后，按照本实施细则规定办理。

第一百零八条　本实施细则自公布之日起施行。

不动产登记操作规范（试行）

（2016年5月30日　国土资规〔2016〕6号）

总　则

1　一般规定

1.1　总体要求

1.1.1　为规范不动产登记行为，保护不动产权利人合法权益，根据《不动产登记暂行条例》（简称《条例》）《不动产登记暂行条例实施细则》（简称《实施细则》），制定本规范。

1.1.2　不动产登记机构应严格贯彻落实《物权法》《条例》以及《实施细则》的规定，依法确定申请人申请登记所需材料的种类和范围，并将所需材料目录在不动产登记机构办公场所和门户网站公布。不动产登记机构不得随意扩大登记申请材料的种类和范围，法律、行政法规以及《实施细则》没有规定的材料，不得作为登记申请材料。

1.1.3　申请人的申请材料应当依法提供原件，不动产登记机构可以依据实时互通共享取得的信息，对申请材料进行核对。能够通过部门间实时共享取得相关材料原件的，不得要求申请人重复提交。

1.1.4　不动产登记机构应严格按照法律、行政法规要求，规范不动产登记申请、受理、审核、登簿、发证等环节，严禁随意拆分登记职责，确保不动产登记流程和登记职责的完整性。

没有法律、行政法规以及《实施细则》依据而设置的前置条件，不动产登记机构不得将其纳入不动产登记的业务流程。

1.1.5　不动产登记过渡期内，农业部会同国土资源部等部门负责指导农村土地承包经营权的统一登记工作，按照农业部有关规定办理耕地的土地承包经营权登记。耕地以外的承包经营权登记、国有农用地的使用权登记和森林、林木所有权登记，按照《条例》《实施细则》的有关规定办理。本规范不再另行规定。

1.2　登记原则

1.2.1　依申请登记原则

不动产登记应当依照当事人的申请进行，但下列情形除外：

1 不动产登记机构依据人民法院、人民检察院等国家有权机关依法作出的嘱托文件直接办理登记的；

2 不动产登记机构依据法律、行政法规或者《实施细则》的规定依职权直接登记的。

1.2.2 一体登记原则

房屋等建筑物、构筑物所有权和森林、林木等定着物所有权登记应当与其所附着的土地、海域一并登记，保持权利主体一致。

土地使用权、海域使用权首次登记、转移登记、抵押登记、查封登记的，该土地、海域范围内符合登记条件的房屋等建筑物、构筑物所有权和森林、林木等定着物所有权应当一并登记。

房屋等建筑物、构筑物所有权和森林、林木等定着物所有权首次登记、转移登记、抵押登记、查封登记的，该房屋等建筑物、构筑物和森林、林木等定着物占用范围内的土地使用权、海域使用权应当一并登记。

1.2.3 连续登记原则

未办理不动产首次登记的，不得办理不动产其他类型登记，但下列情形除外：

1 预购商品房预告登记、预购商品房抵押预告登记的；

2 在建建筑物抵押权登记的；

3 预查封登记的；

4 法律、行政法规规定的其他情形。

1.2.4 属地登记原则

1 不动产登记由不动产所在地的县级人民政府不动产登记机构办理，直辖市、设区的市人民政府可以确定本级不动产登记机构统一办理所属各区的不动产登记。

跨行政区域的不动产登记，由所跨行政区域的不动产登记机构分别办理。

不动产单元跨行政区域且无法分别办理的，由所跨行政区域的不动产登记机构协商办理；协商不成的，由先受理登记申请的不动产登记机构向共同的上一级人民政府不动产登记主管部门提出指定办理申请。

不动产登记机构经协商确定或者依指定办理跨行政区域不动产登记的，应当在登记完毕后将不动产登记簿记载的不动产权利人以及不动产坐落、界址、总面积、跨区域面积、用途、权利类型等登记结果书面告知不动产所跨区域的其他不动产登记机构；

2 国务院确定的重点国有林区的森林、林木和林地的登记，由国土资源部受理并会同有关部门办理，依法向权利人核发不动产权属证书。

3 国务院批准的项目用海、用岛的登记，由国土资源部受理，依法向权利人核发不动产权属证书。

4 中央国家机关使用的国有土地等不动产登记，依照国土资源部《在京中央国家机关用地土地登记办法》等规定办理。

1.3 不动产单元

1.3.1 不动产单元

不动产登记应当以不动产单元为基本单位进行登记。不动产单元是指权属界线封闭且具有独立使用价值的空间。独立使用价值的空间应当足以实现相应的用途，并可以独立利用。

1 没有房屋等建筑物、构筑物以及森林、林木定着物的，以土地、海域权属界线

封闭的空间为不动产单元。

2 有房屋等建筑物以及森林、林木定着物的，以该房屋等建筑物以及森林、林木

定着物与土地、海域权属界线封闭的空间为不动产单元。

3 有地下车库、商铺等具有独立使用价值的特定空间或者码头、油库、隧道、桥等构筑物的，以该特定空间或者构筑物与土地、海域权属界线封闭的空间为不动产单元。

1.3.2 不动产单元编码

不动产单元应当按照《不动产单元设定与代码编制规则》（试行）的规定进行设定与编码。不动产登记机构（国土资源主管部门）负责本辖区范围内的不动产单元代码编制、变更与管理工作，确保不动产单元编码的唯一性。

1.4 不动产权籍调查

1.4.1 不动产登记申请前，需要进行不动产权籍调查的，应当依据不动产权籍调查相关技术规定开展不动产权籍调查。不动产权籍调查包括不动产权属调查和不动产测量。

1 申请人申请不动产首次登记前，应当以宗地、宗海为基础，以不动产单元为基本单位，开展不动产权籍调查。其中，政府组织开展的集体土地所有权、宅基地使用权、集体建设用地使用权、土地承包经营权的首次登记所需的不动产权籍调查成果，由人民政府有关部门组织获取。

2 申请人申请不动产变更、转移等登记，不动产界址未发生变化的，可以沿用原不动产权籍调查成果；不动产界址发生变化，或界址无变化但未进行过权籍调查或无法提供不动产权籍调查成果的，应当补充或重新开展不动产权籍调查。

3 前期行业管理中已经产生或部分产生，并经行业主管部门或其授权机构确认的，符合不动产登记要求的不动产权籍调查成果，可继续沿用。

1.4.2 不动产登记机构（国土资源主管部门）应当加强不动产权籍调查成果确认工作，结合日常登记实时更新权籍调查数据库，确保不动产权籍调查数据的现势、有效和安全。

1.5 不动产登记簿

1.5.1 不动产登记簿介质

不动产登记簿应当采取电子介质，并具有唯一、确定的纸质转化形式。暂不具备条件的，可以采用纸质介质。

不动产登记机构应当配备专门的不动产登记电子存储设施，采取信息网络安全防护措施，保证电子数据安全，并定期进行异地备份。

1.5.2 建立不动产登记簿

不动产登记簿由不动产登记机构建立。不动产登记簿应当以宗地、宗海为单位编制，一宗地或者一宗海范围内的全部不动产编入一个不动产登记簿。宗地或宗海权属界线发生变化的，应当重新建簿，并实

现与原不动产登记簿关联。

1 一个不动产单元有两个以上不动产权利或事项的，在不动产登记簿中分别按照一个权利类型或事项设置一个登记簿页；

2 一个登记簿页按登簿时间的先后依次记载该权利或事项的相关内容。

1.5.3 更正不动产登记簿

不动产登记机构应当依法对不动产登记簿进行记载、保存和重建，不得随意更改。有证据证实不动产登记簿记载的事项确实存在错误的，应当依法进行更正登记。

1.5.4 管理和保存不动产登记簿

不动产登记簿由不动产登记机构负责管理，并永久保存。

1.6 不动产权证书和不动产登记证明

1.6.1 不动产权证书和不动产登记证明的格式

不动产权证书和不动产登记证明由国土资源部统一制定样式、统一监制、统一编号规则。不动产权证书和不动产登记证明的印制、发行、管理和质量监督工作由省级国土资源主管部门负责。

不动产权证书和不动产登记证明应当一证一号，更换证书和证明应当更换号码。

有条件的地区，不动产登记机构可以采用印制二维码等防伪手段。

1.6.2 不动产权证书的版式

不动产权证书分单一版和集成版两个版式。不动产登记原则上按一个不动产单元核发一本不动产权证书，采用单一版版本。农村集体经济组织拥有多个建设用地使用权或一户拥有多个土地承包经营权的，可以将其集中记载在一本集成版的不动产权证书，一本证书可以记载一个权利人在同一登记辖区内享有的多个不动产单元上的不动产权利。

1.6.3 不动产权证书和不动产登记证明的换发、补发、注销

不动产权证书和不动产登记证明换发、补发、注销的，原证号废止。换发、补发的新不动产权证书或不动产登记证明应当更换号码，并在不动产权证书或者不动产登记证明上注明"换发""补发"字样。

1.6.3.1 不动产权证书或者不动产登记证明破损、污损、填制错误的，当事人可以向不动产登记机构申请换发。符合换发条件的，不动产登记机构应当收回并注销原不动产权证书或者不动产登记证明，并将有关事项记载于不动产登记簿后，向申请人换发新的不动产权证书或者不动产登记证明，并注明"换发"字样。

1.6.3.2 不动产权证书或者不动产登记证明遗失、灭失，不动产权利人申请补发的，由不动产登记机构在其门户网站上刊发不动产权利人的遗失、灭失声明，15个工作日后，打印一份遗失、灭失声明页面存档，并将有关事项记载于不动产登记簿，向申请人补发新的不动产权证书或者不动产登记证明，并注明"补发"字样。

1.6.3.3 不动产被查封、抵押或存在异议登记、预告登记的，不影响不动产权证书和不动产登记证明的换发或补发。

1.6.4 不动产权证书和不动产登记证明的生效

不动产权证书和不动产登记证明应当按照不动产登记簿缮写，在加盖不动产登记机构不动产登记专用章后生效。

1.6.5　不动产权证书和不动产登记证明的管理

不动产登记机构应当加强对不动产权证书和不动产登记证明的管理，建立不动产权证书和不动产登记证明管理台账，采取有效措施防止空白、作废的不动产权证书和不动产登记证明外流、遗失。

1.7　登记的一般程序

1.7.1　依申请登记程序

依申请的不动产登记应当按下列程序进行：

（一）申请；

（二）受理；

（三）审核；

（四）登簿。

不动产登记机构完成登记后，应当依据法律、行政法规规定向申请人发放不动产权证书或者不动产登记证明。

1.7.2　依嘱托登记程序

依据人民法院、人民检察院等国家有权机关出具的相关嘱托文件办理不动产登记的，按下列程序进行：

（一）嘱托；

（二）接受嘱托；

（三）审核；

（四）登簿。

1.7.3　依职权登记程序

不动产登记机构依职权办理不动产登记事项的，按下列程序进行：

（一）启动；

（二）审核；

（三）登簿。

1.8　登记申请材料的一般要求

1.8.1　申请材料应当齐全，符合要求，申请人应当对申请材料的真实性负责，并做出书面承诺。

1.8.2　申请材料格式

1.8.2.1　申请材料应当提供原件。因特殊情况不能提供原件的，可以提交该材料的出具机构或职权继受机构确认与原件一致的复印件。

不动产登记机构留存复印件的，应经不动产登记机构工作人员比对后，由不动产登记机构工作人员签字并加盖原件相符章。

1.8.2.2　申请材料形式应当为纸质介质，申请书纸张和尺寸宜符合下列规定：

1 采用韧性大、耐久性强、可长期保存的纸质介质；

2 幅面尺寸为国际标准 297mm × 210mm（A4 纸）。

1.8.2.3　填写申请材料应使用黑色钢笔或签字笔，不得使用圆珠笔、铅笔。因申请人填写错误确需涂改的，需由申请人在涂改处签字（或盖章）确认。

1.8.2.4　申请材料所使用文字应符合下列规定：

1 申请材料应使用汉字文本。少数民族自治区域内，可选用本民族或本自治区域内通用文字；

2 少数民族文字文本的申请材料在非

少数民族聚居或者多民族共同居住地区使用，应同时附汉字文本；

3 外文文本的申请材料应当翻译成汉字译本，当事人应签字确认，并对汉字译本的真实性负责。

1.8.2.5 申请材料中的申请人（代理人）姓名或名称应符合下列规定：

1 申请人（代理人）应使用身份证明材料上的汉字姓名或名称。

2 当使用汉字译名时，应在申请材料中附记其身份证明记载的姓名或名称。

1.8.2.6 申请材料中涉及数量、日期、编号的，宜使用阿拉伯数字。涉及数量有计量单位的，应当填写与计量单位口径一致的数值。

1.8.2.7 当申请材料超过一页时，应按1、2、3……顺序排序，并宜在每页标注页码。

1.8.2.8 申请材料传递过程中，可将其合于左上角封牢。补充申请材料应按同种方式另行排序封卷，不得拆开此前已封卷的资料直接添加。

1.8.3 不动产登记申请书

1.8.3.1 申请人申请不动产登记，应当如实、准确填写不动产登记机构制定的不动产登记申请书。申请人为自然人的，申请人应当在不动产登记申请书上签字；申请人为法人或其他组织的，在不动产登记申请书上盖章。自然人委托他人申请不动产登记的，代理人应在不动产登记申请书上签字；法人或其他组织委托他人申请不动产登记的，代理人应在不动产登记申请书上签字，并加盖法人或其他组织的公章。

1.8.3.2 共有的不动产，申请人应当在不动产登记申请书中注明共有性质。按份共有不动产的，应明确相应具体份额，共有份额宜采取分数或百分数表示。

1.8.3.3 申请不动产登记的，申请人或者其代理人应当向不动产登记机构提供有效的联系方式。申请人或者其代理人的联系方式发生变动的，应当书面告知不动产登记机构。

1.8.4 身份证明材料

1.8.4.1 申请人申请不动产登记，提交下列相应的身份证明材料：

1 境内自然人：提交居民身份证或军官证、士官证；身份证遗失的，应提交临时身份证。未成年人可以提交居民身份证或户口簿；

2 香港、澳门特别行政区自然人：提交香港、澳门特别行政区居民身份证、护照，或者来往内地通行证；

3 台湾地区自然人：提交台湾居民来往大陆通行证；

4 华侨：提交中华人民共和国护照和国外长期居留身份证件；

5 外籍自然人：中国政府主管机关签发的居留证件，或者其所在国护照；

6 境内法人或其他组织：营业执照，或者组织机构代码证，或者其他身份登记证明；

7 香港特别行政区、澳门特别行政区、台湾地区的法人或其他组织：提交其在境内设立分支机构或代表机构的批准文件和注册证明；

8 境外法人或其他组织：提交其在境内设立分支机构或代表机构的批准文件和注册证明。

1.8.4.2 已经登记的不动产，因其权利人的名称、身份证明类型或者身份证明号码等内容发生变更的，申请人申请办理该不动产的登记事项时，应当提供能够证实其身份变更的材料。

1.8.5 法律文书

1.8.5.1 申请人提交的人民法院裁判文书、仲裁委员会裁决书应当为已生效的法律文书。提交一审人民法院裁判文书的，应当同时提交人民法院出具的裁判文书已经生效的证明文件等相关材料，即时生效的裁定书、经双方当事人签字的调解书除外。

1.8.5.2 香港特别行政区、澳门特别行政区、台湾地区形成的司法文书，应经境内不动产所在地中级人民法院裁定予以承认或执行。香港特别行政区形成的具有债权款项支付的民商事案件除外。

1.8.5.3 外国司法文书应经境内不动产所在地中级人民法院按国际司法协助的方式裁定予以承认或执行。

1.8.5.4 需要协助执行的生效法律文书应当由该法律文书作出机关的工作人员送达，送达时应当提供工作证件和执行公务的证明文件。人民法院直接送达法律文书有困难的，可以委托其他法院代为送达。

香港特别行政区、澳门特别行政区、台湾地区的公证文书以及与我国有外交关系的国家出具的公证文书按照司法部等国家有关规定进行认证与转递。

1.8.6 继承、受遗赠的不动产登记

因继承、受遗赠取得不动产申请登记的，申请人提交经公证的材料或者生效的法律文书的，按《条例》《实施细则》的相关规定办理登记。申请人不提交经公证的材料或者生效的法律文书，可以按照下列程序办理：

1.8.6.1 申请人提交的申请材料包括：

1 所有继承人或受遗赠人的身份证、户口簿或其他身份证明；

2 被继承人或遗赠人的死亡证明，包括医疗机构出具的死亡证明；公安机关出具的死亡证明或者注明了死亡日期的注销户口证明；人民法院宣告死亡的判决书；其他能够证明被继承人或受遗赠人死亡的材料等；

3 所有继承人或受遗赠人与被继承人或遗赠人之间的亲属关系证明，包括户口簿、婚姻证明、收养证明、出生医学证明，公安机关以及村委会、居委会、被继承人或继承人单位出具的证明材料，其他能够证明相关亲属关系的材料等；

4 放弃继承的，应当在不动产登记机构办公场所，在不动产登记机构人员的见证下，签署放弃继承权的声明；

5 继承人已死亡的，代位继承人或转继承人可参照上述材料提供；

6 被继承人或遗赠人享有不动产权利

的材料；

7 被继承人或遗赠人生前有遗嘱或者遗赠扶养协议的，提交其全部遗嘱或者遗赠扶养协议；

8 被继承人或遗赠人生前与配偶有夫妻财产约定的，提交书面约定协议。

1.8.6.2 受理登记前应由全部法定继承人或受遗赠人共同到不动产所在地的不动产登记机构进行继承材料查验。不动产登记机构应重点查验当事人的身份是否属实、当事人与被继承人或遗赠人的亲属关系是否属实、被继承人或遗赠人有无其他继承人、被继承人或遗赠人和已经死亡的继承人或受遗赠人的死亡事实是否属实、被继承人或遗赠人生前有无遗嘱或者遗赠扶养协议、申请继承的遗产是否属于被继承人或遗赠人个人所有等，并要求申请人签署继承（受遗赠）不动产登记具结书。不动产登记机构可以就继承人或受遗赠人是否齐全、是否愿意接受或放弃继承、就不动产继承协议或遗嘱内容及真实性是否有异议、所提交的资料是否真实等内容进行询问，并做好记录，由全部相关人员签字确认。

1.8.6.3 经查验或询问，符合本规范3.5.1规定的受理条件的，不动产登记机构应当予以受理。

1.8.6.4 受理后，不动产登记机构应按照本规范第4章的审核规则进行审核。认为需要进一步核实情况的，可以发函给出具证明材料的单位、被继承人或遗赠人原所在单位或居住地的村委会、居委会核实相关情况。

1.8.6.5 对拟登记的不动产登记事项在不动产登记机构门户网站进行公示，公示期不少于15个工作日。公示期满无异议的，将申请登记事项记载于不动产登记簿。

1.9 代理

1.9.1 受托人代为申请

申请人委托代理人申请不动产登记的，代理人应当向不动产登记机构提交申请人身份证明、授权委托书及代理人的身份证明。授权委托书中应当载明代理人的姓名或者名称、代理事项、权限和期间，并由委托人签名或者盖章。

1 自然人处分不动产的，可以提交经公证的授权委托书；授权委托书未经公证的，申请人应当在申请登记时，与代理人共同到不动产登记机构现场签订授权委托书；

2 境外申请人处分不动产的，其授权委托书应当经公证或者认证；

3 代理人为两人或者两人以上，代为处分不动产的，全部代理人应当共同代为申请，但另有授权的除外。

1.9.2 监护人代为申请

无民事行为能力人、限制民事行为能力人申请不动产登记的，应当由其监护人代为申请。监护人应当向不动产登记机构提交申请人身份证明、监护关系证明及监护人的身份证明，以及被监护人为无民事行为能力人、限制民事行为能力人的证明材料。处分被监护人不动产申请登记的，还应当出具为被监护人利益而处分不动产的书面保证。

监护关系证明材料可以是户口簿、监护关系公证书、出生医学证明，或所在单位、居民委员会、村民委员会或人民法院指定监护人的证明材料。父母之外的监护人处分未成年人不动产的，有关监护关系材料可以是人民法院指定监护的法律文书、监护人对被监护人享有监护权的公证材料或者其他材料。

1.10 其他

1.10.1 一并申请

符合以下情形之一的，申请人可以一并申请。申请人一并申请的，不动产登记机构应当一并受理，就不同的登记事项依次分别记载于不动产登记簿的相应簿页。

1 预购商品房预告登记与预购商品房抵押预告登记；

2 预购商品房预告登记转房屋所有权登记与预购商品房抵押预告登记转抵押权登记；

3 建筑物所有权首次登记与在建建筑物抵押权登记转建筑物抵押权登记；

4 不动产变更登记导致抵押权变更的，不动产变更登记与抵押权变更登记；

5 不动产变更、转移登记致使地役权变更、转移的，不动产变更登记、转移登记与地役权变更、转移登记；

6 不动产坐落位置等自然状况发生变化的，可以与前述情形发生后申请办理的登记一并办理；

7 本规范规定以及不动产登记机构认为可以合并办理的其他情形。

已办理首次登记的不动产，申请人因继承、受遗赠，或者人民法院、仲裁委员会的生效法律文书取得该不动产但尚未办理转移登记，又因继承、受遗赠，或者人民法院、仲裁委员会的生效法律文书导致不动产权利转移的，不动产登记机构办理后续登记时，应当将之前转移登记的事实在不动产登记簿的附记栏中记载。

1.10.2 撤回申请

申请登记事项在记载于不动产登记簿之前，全体登记申请人可共同申请撤回登记申请；部分登记申请人申请撤回申请的，不动产登记机构不予受理。

1.10.2.1 申请人申请撤回登记申请，应当向不动产登记机构提交下列材料：

1 不动产登记申请书；

2 申请人身份证明；

3 原登记申请受理凭证。

1.10.2.2 不动产登记机构应当在收到撤回申请时查阅不动产登记簿，当事人申请撤回的登记事项已经在不动产登记簿记载的，不予撤回；未在不动产登记簿上记载的，应当准予撤回，原登记申请材料在作出准予撤回的3个工作日内通知当事人取回申请材料。

1.10.3 申请材料退回

1 不动产登记机构准予撤回登记申请的，申请人应及时取回原登记申请材料，取回材料的清单应当由申请人签字确认。撤回登记申请的材料、取回材料的清单应一并归档保留。

2 不动产登记机构决定不予登记的，

不动产登记机构应当制作不予登记告知书、退回登记申请材料清单，由申请人签字确认后，将登记申请材料退还申请人。不动产登记机构应当留存申请材料复印件、退回登记申请材料清单、相关告知书的签收文件。

申请人应当自接到不予登记书面告知之日起30个工作日内取回申请材料。取回申请材料自申请人收到上述书面告知之日起，最长不得超过6个月。在取回申请材料期限内，不动产登记机构应当妥善保管该申请材料；逾期不取回的，不动产登记机构不负保管义务。

1.10.4　不动产登记机构内部管理机制

不动产登记机构应当建立与不动产登记风险相适宜的内部管理机制。

1.10.4.1　不动产登记机构应当依据登记程序和管理需要合理设置登记岗位。

1　不动产登记的审核、登簿应当由与其岗位相适应的不动产登记工作人员负责。

2　不动产登记机构宜建立不动产登记风险管理制度，设置登记质量管理岗位负责登记质量检查、监督和登记风险评估、控制工作。

1.10.4.2　不动产登记机构可以建立不动产登记会审制度，会审管辖范围内的不动产登记重大疑难事项。

1.10.4.3　不动产登记机构宜根据相关业务规则，通过信息化手段对相互冲突的业务进行限制或者提醒，以降低登记风险。

1.10.4.4　不动产登记机构宜通过以下方式对登记业务中发现的已失效的查封登记和异议登记进行有效管理：采用电子登记簿的，查封登记或者异议登记失效后，宜在信息系统中及时解除相应的控制或者提醒，注明相应的法律依据；采用纸质登记簿的，查封登记或者异议登记失效后，宜在不动产登记簿附记中注明相应的法律依据。

2　申请

2.1.1　申请是指申请人根据不同的申请登记事项，到不动产登记机构现场向不动产登记机构提交登记申请材料办理不动产登记的行为。

2.1.2　单方申请

属于下列情形之一的，可以由当事人单方申请：

1　尚未登记的不动产申请首次登记的；

2　继承、受遗赠取得不动产权利的；

3　人民法院、仲裁委员会生效的法律文书或者人民政府生效的决定等设立、变更、转让、消灭不动产权利的；

4　下列不涉及不动产权利归属的变更登记：

（1）不动产权利人姓名、名称、身份证明类型或者身份证明号码发生变更的；

（2）不动产坐落、界址、用途、面积等状况发生变化的；

（3）同一权利人分割或者合并不动产的；

（4）土地、海域使用权期限变更的。

5　不动产灭失、不动产权利消灭或者

权利人放弃不动产权利，权利人申请注销登记的；

6 异议登记；

7 更正登记；

8 预售人未按约定与预购人申请预购商品房预告登记，预购人申请预告登记的；

9 法律、行政法规规定的其他情形。

2.1.3 共同申请

共有不动产的登记，应当由全体共有人共同申请。

按份共有人转让、抵押其享有的不动产份额，应当与受让人或者抵押权人共同申请。受让人是共有人以外的人的，还应当提交其他共有人同意的书面材料。

属于下列情形之一的，可以由部分共有人申请：

1 处分按份共有的不动产，可以由占份额三分之二以上的按份共有人共同申请，但不动产登记簿记载共有人另有约定的除外；

2 共有的不动产因共有人姓名、名称发生变化申请变更登记的，可以由姓名、名称发生变化的权利人申请；

3 不动产的坐落、界址、用途、面积等自然状况发生变化的，可以由共有人中的一人或多人申请。

2.1.4 业主共有的不动产

建筑区划内依法属于业主共有的道路、绿地、其他公共场所、公用设施和物业服务用房及其占用范围内的建设用地使用权，在办理国有建设用地使用权及房屋所有权首次登记时由登记申请人一并申请登记为业主共有。

2.1.5 到场申请

申请不动产登记，申请人本人或者其代理人应当到不动产登记机构办公场所提交申请材料并接受不动产登记机构工作人员的询问。

具备技术条件的不动产登记机构，应当留存当事人到场申请的照片；具备条件的，也可以按照当事人申请留存当事人指纹或设定密码。

3 受理

受理是指不动产登记机构依法查验申请主体、申请材料，询问登记事项、录入相关信息、出具受理结果等工作的过程。

3.1 查验登记范围

不动产登记机构应查验申请登记的不动产是否属于本不动产登记机构的管辖范围；不动产权利是否属于《条例》《实施细则》规定的不动产权利；申请登记的类型是否属于《条例》《实施细则》规定的登记类型。

3.2 查验申请主体

3.2.1 不动产登记机构应当查验申请事项应当由双方共同申请还是可以单方申请，应当由全体共有人申请还是可以由部分共有人申请。

3.2.2 查验身份证明

申请人与其提交的身份证明指向的主体是否一致：

1 通过身份证识别器查验身份证是否真实；

2 护照、港澳通行证、台湾居民来往

大陆通行证等其他身份证明类型是否符合要求；

3 非自然人申请材料上的名称、印章是否与身份证明材料上的名称、印章一致。

3.2.3 查验申请材料形式

3.2.3.1 不动产登记机构应当查验申请人的身份证明材料规格是否符合本规范第1.7节的要求；

3.2.3.2 自然人处分不动产，委托代理人代为申请登记，其授权委托书未经公证的，不动产登记机构工作人员应当按下列要求进行见证：

1 授权委托书的内容是否明确，本登记事项是否在其委托范围内；

2 按本规范3.2.2的要求核验当事人双方的身份证明；

3 由委托人在授权委托书上签字；

4 不动产登记机构工作人员在授权委托书上签字见证。

具备技术条件的不动产登记机构应当留存见证过程的照片。

3.3 查验书面申请材料

3.3.1 查验申请材料是否齐全

不动产登记机构应当查验当事人提交的申请材料是否齐全，相互之间是否一致；不齐全或不一致的，应当要求申请人进一步提交材料。

3.3.2 查验申请材料是否符合法定形式

3.3.2.1 不动产登记机构应当查验申请人的其他申请材料规格是否符合本规范第1.8节的要求；有关材料是否由有权部门出具，是否在规定的有效期限内，签字和盖章是否符合规定。

3.3.2.2 不动产登记机构应当查验不动产权证书或者不动产登记证明是否真实、有效。对提交伪造、变造、无效的不动产权证书或不动产登记证明的，不动产登记机构应当依法予以收缴。属于伪造、变造的，不动产登记机构还应及时通知公安部门。

3.3.3 申请材料确认

申请人应当采取下列方式对不动产登记申请书、询问记录及有关申请材料进行确认：

1 自然人签名或摁留指纹。无民事行为能力人或者限制民事行为能力人由监护人签名或摁留指纹；没有听写能力的，摁留指纹确认。

2 法人或者其他组织加盖法人或者其他组织的印章。

3.4 询问

3.4.1 询问内容

不动产登记机构工作人员应根据不同的申请登记事项询问申请人以下内容，并制作询问记录，以进一步了解有关情况：

1 申请登记的事项是否是申请人的真实意思表示；

2 申请登记的不动产是否存在共有人；

3 存在异议登记的，申请人是否知悉存在异议登记的情况；

4 不动产登记机构需要了解的其他与登记有关的内容。

3.4.2 询问记录询问记录应当由询问

人、被询问人签名确认。

1 因处分不动产申请登记且存在异议登记的,受让方应当签署已知悉存在异议登记并自行承担风险的书面承诺;

2 不动产登记机构应当核对询问记录与申请人提交的申请登记材料、申请登记事项之间是否一致。

3.5 受理结果

3.5.1 受理条件

经查验或询问,符合下列条件的,不动产登记机构应当予以受理:

1 申请登记事项在本不动产登记机构的登记职责范围内;

2 申请材料形式符合要求;

3 申请人与依法应当提交的申请材料记载的主体一致;

4 申请登记的不动产权利与登记原因文件记载的不动产权利一致;

5 申请内容与询问记录不冲突;

6 法律、行政法规等规定的其他条件。

不动产登记机构对不符合受理条件的,应当当场书面告知不予受理的理由,并将申请材料退回申请人。

3.5.2 受理凭证

不动产登记机构予以受理的,应当即时制作受理凭证,并交予申请人作为领取不动产权证书或不动产登记证明的凭据。受理凭证上记载的日期为登记申请受理日。

不符合受理条件的,不动产登记机构应当当场向申请人出具不予受理告知书。告知书一式二份,一份交申请人,一份由不动产登记机构留存。

3.5.3 材料补正

申请人提交的申请材料不齐全或者不符合法定形式的,不动产登记机构应当当场书面告知申请人不予受理并一次性告知需要补正的全部内容。告知书一式二份,经申请人签字确认后一份交当事人,一份由不动产登记机构留存。

4 审核

4.1 适用

4.1.1 审核是指不动产登记机构受理申请人的申请后,根据申请登记事项,按照有关法律、行政法规对申请事项及申请材料做进一步审查,并决定是否予以登记的过程。

4.1.2 不动产登记机构应进一步审核上述受理环节是否按照本规范的要求对相关事项进行了查验、询问等。对于在登记审核中发现需要进一步补充材料的,不动产登记机构应当要求申请人补全材料,补全材料所需时间不计算在登记办理期限内。

4.2 书面材料审核

4.2.1 进一步审核申请材料,必要时应当要求申请人进一步提交佐证材料或向有关部门核查有关情况。

1 申请人提交的人民法院、仲裁委员会的法律文书,具备条件的,不动产登记机构可以通过相关技术手段查验法律文书编号、人民法院以及仲裁委员会的名称等是否一致,查询结果需打印、签字及存档;不一致或无法核查的,可进一步向出具法律文书的人民法院或者仲裁委员会进行核实或要求申请人提交其他具有法定证明力的文件。

2 对已实现信息共享的其他申请材料，不动产登记机构可根据共享信息对申请材料进行核验；尚未实现信息共享的，应当审核其内容和形式是否符合要求。必要时，可进一步向相关机关或机构进行核实，或要求申请人提交其他具有法定证明力的文件。

4.2.2 法律、行政法规规定的完税或者缴费凭证是否齐全。对已实现信息共享的，不动产登记机构应当通过相关方式对完税或者缴费凭证进行核验。必要时，可进一步向税务机关或者出具缴费凭证的相关机关进行核实，或者要求申请人提交其他具有法定证明力的文件。

4.2.3 不动产登记机构应当查验不动产界址、空间界限、面积等不动产权籍调查成果是否完备，权属是否清楚、界址是否清晰、面积是否准确。

4.2.4 不动产存在异议登记或者设有抵押权、地役权或被查封的，因权利人姓名或名称、身份证明类型及号码、不动产坐落发生变化而申请的变更登记，可以办理。因通过协议改变不动产的面积、用途、权利期限等内容申请变更登记，对抵押权人、地役权人产生不利影响的，应当出具抵押权人、地役权人同意变更的书面材料。

4.3 查阅不动产登记簿

除尚未登记的不动产首次申请登记的，不动产登记机构应当通过查阅不动产登记簿的记载信息，审核申请登记事项与不动产登记簿记载的内容是否一致：

1 申请人与不动产登记簿记载的权利人是否一致；

2 申请人提交的登记原因文件与登记事项是否一致；

3 申请人申请登记的不动产与不动产登记簿的记载是否一致；

4 申请登记事项与不动产登记簿记载的内容是否一致；

5 不动产是否存在抵押、异议登记、预告登记、预查封、查封等情形。

不动产登记簿采用电子介质的，查阅不动产登记簿时以已经形成的电子登记簿为依据。

4.4 查阅登记原始资料

经查阅不动产登记簿，不动产登记机构认为仍然需要查阅原始资料确认申请登记事项的，应当查阅不动产登记原始资料，并决定是否予以继续办理。

4.5 实地查看

4.5.1 适用情形和查看内容

属于下列情形之一的，不动产登记机构可以对申请登记的不动产进行实地查看：

1 房屋等建筑物、构筑物所有权首次登记，查看房屋坐落及其建造完成等情况；

2 在建建筑物抵押权登记，查看抵押的在建建筑物坐落及其建造等情况；

3 因不动产灭失申请的注销登记，查看不动产灭失等情况；

4 不动产登记机构认为需要实地查看的其他情形。

4.5.2 查看要求

实地查看应由不动产登记机构工作人

员参加，查看人员应对查看对象拍照，填写实地查看记录。现场照片及查看记录应归档。

4.6 调查

对可能存在权属争议，或者可能涉及他人利害关系的登记申请，不动产登记机构可以向申请人、利害关系人或者有关单位进行调查。不动产登记机构进行调查时，申请人、被调查人应当予以配合。

4.7 公告

4.7.1 不动产首次登记公告

4.7.1.1 除涉及国家秘密外，政府组织的集体土地所有权登记，以及宅基地使用权及房屋所有权，集体建设用地使用权及建筑物、构筑物所有权，土地承包经营权等不动产权利的首次登记，不动产登记机构应当在记载于不动产登记簿前进行公告。公告主要内容包括：申请人的姓名或者名称；不动产坐落、面积、用途、权利类型等；提出异议的期限、方式和受理机构；需要公告的其他事项。

4.7.1.2 不动产首次登记公告由不动产登记机构在其门户网站以及不动产所在地等指定场所进行，公告期不少于15个工作日。

4.7.1.3 公告期满无异议的，不动产登记机构应当将登记事项及时记载于不动产登记簿。公告期间，当事人对公告有异议的，应当在提出异议的期限内以书面方式到不动产登记机构的办公场所提出异议，并提供相关材料，不动产登记机构应当按下列程序处理：

（一）根据现有材料异议不成立的，不动产登记机构应当将登记事项及时记载于不动产登记簿。

（二）异议人有明确的权利主张，提供了相应的证据材料，不动产登记机构应当不予登记，并告知当事人通过诉讼、仲裁等解决权属争议。

4.7.2 依职权登记公告

不动产登记机构依职权办理登记的，不动产登记机构应当在记载于不动产登记簿前在其门户网站以及不动产所在地等指定场所进行公告，公告期不少于15个工作日。公告期满无异议或者异议不成立的，不动产登记机构应当将登记事项及时记载于不动产登记簿。

4.7.3 不动产权证书或者不动产登记证明作废公告

因不动产权利灭失等情形，无法收回不动产权证书或者不动产登记证明的，在登记完成后，不动产登记机构应当在其门户网站或者当地公开发行的报刊上公告作废。

4.8 审核结果

4.8.1 审核后，审核人员应当做出予以登记或不予登记的明确意见。

4.8.2 经审核，符合登记条件的，不动产登记机构应当予以登记。有下列情形之一的，不动产登记机构不予登记并书面通知申请人：

1 申请人未按照不动产登记机构要求进一步补充材料的；

2 申请人、委托代理人身份证明材料

以及授权委托书与申请人不一致的；

3 申请登记的不动产不符合不动产单元设定条件的；

4 申请登记的事项与权属来源材料或者登记原因文件不一致的；

5 申请登记的事项与不动产登记簿的记载相冲突的；

6 不动产存在权属争议的，但申请异议登记除外；

7 未依法缴纳土地出让价款、土地租金、海域使用金或者相关税费的；

8 申请登记的不动产权利超过规定期限的；

9 不动产被依法查封期间，权利人处分该不动产申请登记的；

10 未经预告登记权利人书面同意，当事人处分该不动产申请登记的；

11 法律、行政法规规定的其他情形。

5 登簿

5.1.1 经审核符合登记条件的，应当将申请登记事项记载于不动产登记簿。

1 记载于不动产登记簿的时点应当按下列方式确定：使用电子登记簿的，以登簿人员将登记事项在不动产登记簿上记载完成之时为准；使用纸质登记簿的，应当以登簿人员将登记事项在不动产登记簿上记载完毕并签名（章）之时为准。

2 不动产登记簿已建册的，登簿完成后应当归册。

5.1.2 不动产登记机构合并受理的，应将合并受理的登记事项依次分别记载于不动产登记簿的相应簿页。

6 核发不动产权证书或者不动产登记证明

6.1.1 登记事项记载于不动产登记簿后，不动产登记机构应当根据不动产登记簿，如实、准确填写并核发不动产权证书或者不动产登记证明，属本规范第 6.1.2 条规定情形的除外。

1 集体土地所有权，房屋等建筑物、构筑物所有权，森林、林木所有权，土地承包经营权，建设用地使用权，宅基地使用权，海域使用权等不动产权利登记，核发不动产权证书；

2 抵押权登记、地役权登记和预告登记、异议登记，核发不动产登记证明。

已经发放的不动产权证书或者不动产登记证明记载事项与不动产登记簿不一致的，除有证据证实不动产登记簿确有错误外，以不动产登记簿为准。

6.1.2 属以下情形的，登记事项只记载于不动产登记簿，不核发不动产权证书或者不动产登记证明：

1 建筑区划内依法属于业主共有的道路、绿地、其他公共场所、公用设施和物业服务用房等及其占用范围内的建设用地使用权；

2 查封登记、预查封登记。

6.1.3 共有的不动产，不动产登记机构向全体共有人合并发放一本不动产权证书；共有人申请分别持证的，可以为共有人分别发放不动产权证书。共有不动产权证书应当注明共有情况，并列明全体共有人。

6.1.4 发放不动产权证书或不动产登记证明时，不动产登记机构应当核对申请人（代理人）的身份证明，收回受理凭证。

6.1.5 发放不动产权证书或不动产登记证明后，不动产登记机构应当按规范将登记资料归档。

分　　则

7　集体土地所有权登记

7.1　首次登记

7.1.1　适用

尚未登记的集体土地所有权，权利人可以申请集体土地所有权首次登记。

7.1.2　申请主体

集体土地所有权首次登记，依照下列规定提出申请：

1 土地属于村农民集体所有的，由村集体经济组织代为申请，没有集体经济组织的，由村民委员会代为申请；

2 土地分别属于村内两个以上农民集体所有的，由村内各集体经济组织代为申请，没有集体经济组织的，由村民小组代为申请；

3 土地属于乡（镇）农民集体所有的，由乡（镇）集体经济组织代为申请。

7.1.3　申请材料

申请集体土地所有权首次登记，提交的材料包括：

1 不动产登记申请书；

2 申请人身份证明；

3 土地权属来源材料；

4 不动产权籍调查表、宗地图以及宗地界址点坐标；

5 法律、行政法规以及《实施细则》规定的其他材料。

7.1.4　审查要点

不动产登记机构在审核过程中应注意以下要点：

1 申请集体土地所有权首次登记的土地权属来源材料是否齐全、规范；

2 不动产登记申请书、权属来源材料等记载的主体是否一致；

3 不动产权籍调查成果资料是否齐全、规范，权籍调查表记载的权利人、权利类型及其性质等是否准确，宗地图、界址坐标、面积等是否符合要求；

4 权属来源材料与申请登记的内容是否一致；

5 公告是否无异议；

6 本规范第 4 章要求的其他审查事项。

不存在本规范第 4.8.2 条不予登记情形的，不动产登记机构在记载不动产登记簿后，向申请人核发不动产权属证书。

7.2　变更登记

7.2.1　适用

已经登记的集体土地所有权，因下列情形发生变更的，当事人可以申请变更登记：

1 农民集体名称发生变化的；

2 土地坐落、界址、面积等状况发生变化的；

3 法律、行政法规规定的其他情形。

7.2.2　申请主体

按本规范第 7.1.2 条的规定，由相关集体经济组织、村民委员会或村民小组代为申请。

7.2.3 申请材料

申请集体土地所有权变更登记，提交的材料包括：

1 不动产登记申请书；

2 申请人身份证明；

3 不动产权属证书；

4 集体土地所有权变更的材料；

5 法律、行政法规以及《实施细则》规定的其他材料。

7.2.4 审查要点

不动产登记机构在审核过程中应注意以下要点：

1 申请材料上的权利主体是否与不动产登记簿记载的农民集体一致；

2 集体土地所有权变更的材料是否齐全、有效；

3 申请变更事项与变更登记材料记载的变更事实是否一致；

4 土地面积、界址范围变更的，不动产权籍调查表、宗地图、宗地界址点坐标等是否齐全、规范，申请材料与不动产权籍调查成果是否一致；

5 申请登记事项是否与不动产登记簿的记载冲突；

6 本规范第 4 章要求的其他审查事项。

不存在本规范第 4.8.2 条不予登记情形的，将登记事项记载于不动产登记簿。

7.3 转移登记

7.3.1 适用

已经登记的集体土地所有权，因下列情形导致权属发生转移的，当事人可以申请转移登记：

1 农民集体之间互换土地的；

2 土地调整的；

3 法律、行政法规规定的其他情形。

7.3.2 申请主体

按本规范第 7.1.2 条的规定，由转让方和受让方所在的集体经济组织、村民委员会或村民小组代为申请。

7.3.3 申请材料

申请集体土地所有权转移登记，提交的材料包括：

1 不动产登记申请书；

2 申请人身份证明；

3 不动产权属证书；

4 集体土地所有权转移的材料，除应提交本集体经济组织三分之二以上成员或者三分之二以上村民代表同意的材料外，还应提交：

（1）农民集体互换土地的，提交互换土地的协议；

（2）集体土地调整的，提交土地调整文件；

（3）依法需要批准的，提交有关批准文件；

5 法律、行政法规以及《实施细则》规定的其他材料。

7.3.4 审查要点

不动产登记机构在审核过程中应注意以下要点：

1 转让方是否与不动产登记簿记载的

农民集体一致；受让方是否为农民集体；

2 申请事项是否属于因农民集体互换、土地调整等原因导致权属转移；

3 集体土地所有权转移的登记原因文件是否齐全、有效；

4 申请登记事项是否与不动产登记簿的记载冲突；

5 有异议登记的，受让方是否已签署知悉存在异议登记并自担风险的书面承诺；

6 本规范第 4 章要求的其他审查事项。

不存在本规范第 4.8.2 条不予登记情形的，将登记事项记载于不动产登记簿，并向权利人核发不动产权属证书。

7.4 注销登记

7.4.1 适用

已经登记的集体土地所有权，有下列情形之一的，当事人可以申请办理注销登记：

1 集体土地灭失的；

2 集体土地被依法征收的；

3 法律、行政法规规定的其他情形。

7.4.2 申请主体

按本规范第 7.1.2 条的规定，由相关集体经济组织、村民委员会或村民小组代为申请。

7.4.3 申请材料

申请集体土地所有权注销登记，提交的材料包括：

1 不动产登记申请书；

2 申请人身份证明；

3 不动产权属证书；

4 集体土地所有权消灭的材料，包括：

（1）集体土地灭失的，提交证实土地灭失的材料；

（2）依法征收集体土地的，提交有批准权的人民政府征收决定书；

5 法律、行政法规以及《实施细则》规定的其他材料。

7.4.4 审查要点

不动产登记机构在审核过程中应注意以下要点：

1 申请材料上的权利主体是否与不动产登记簿记载的农民集体相一致；

2 集体土地所有权消灭的材料是否齐全、有效；

3 土地灭失的，是否已按规定进行实地查看；

4 申请登记事项是否与不动产登记簿的记载冲突；

5 本规范第 4 章要求的其他审查事项。

不存在本规范第 4.8.2 条不予登记情形的，将登记事项以及不动产权属证明或者不动产登记证明收回、作废等内容记载于不动产登记簿。

8 国有建设用地使用权登记

8.1 首次登记

8.1.1 适用

依法取得国有建设用地使用权，可以单独申请国有建设用地使用权首次登记。

8.1.2 申请主体

国有建设用地使用权首次登记的申请主体应当为土地权属来源材料上记载的国有建设用地使用权人。

8.1.3 申请材料

申请国有建设用地使用权首次登记，提交的材料包括：

1 不动产登记申请书；

2 申请人身份证明；

3 土地权属来源材料，包括：

（1）以出让方式取得的，应当提交出让合同和缴清土地出让价款凭证等相关材料；

（2）以划拨方式取得的，应当提交县级以上人民政府的批准用地文件和国有建设用地使用权划拨决定书等相关材料；

（3）以租赁方式取得的，应当提交土地租赁合同和土地租金缴纳凭证等相关材料；

（4）以作价出资或者入股方式取得的，应当提交作价出资或者入股批准文件和其他相关材料；

（5）以授权经营方式取得的，应当提交土地资产授权经营批准文件和其他相关材料。

4 不动产权籍调查表、宗地图、宗地界址点坐标等不动产权籍调查成果；

5 依法应当纳税的，应提交完税凭证；

6 法律、行政法规以及《实施细则》规定的其他材料。

8.1.4 审查要点

不动产登记机构在审核过程中应注意以下要点：

1 不动产登记申请书、权属来源材料等记载的主体是否一致；

2 不动产权籍调查成果资料是否齐全、规范，权籍调查表记载的权利人、权利类型及其性质等是否准确，宗地图、界址坐标、面积等是否符合要求；

3 以出让方式取得的，是否已签订出让合同，是否已提交缴清土地出让价款凭证；以划拨、作价入股、出租、授权经营等方式取得的，是否已经有权部门批准或者授权；

4 权属来源材料与申请登记的内容是否一致；

5 国有建设用地使用权被预查封，权利人与被执行人一致的，不影响办理国有建设用地使用权首次登记；

6 依法应当缴纳土地价款的，是否已缴清土地价款；依法应当纳税的，是否已完税；

7 本规范第4章要求的其他审查事项。

不存在本规范第4.8.2条不予登记情形的，记载不动产登记簿后向申请人核发不动产权属证书。

8.2 变更登记

8.2.1 适用

已经登记的国有建设用地使用权，因下列情形发生变更的，当事人可以申请变更登记：

1 权利人姓名或者名称、身份证明类型或者身份证明号码发生变化的；

2 土地坐落、界址、用途、面积等状况发生变化的；

3 国有建设用地使用权的权利期限发生变化的；

4 同一权利人分割或者合并国有建设用地的；

5 共有性质变更的；

6 法律、行政法规规定的其他情形。

8.2.2 申请主体

国有建设用地使用权变更登记的申请主体应当为不动产登记簿记载的权利人。共有的国有建设用地使用权，因共有人的姓名、名称发生变化的，可以由发生变化的权利人申请；因土地面积、用途等自然状况发生变化的，可以由共有人一人或多人申请。

8.2.3 申请材料

申请国有建设用地使用权变更登记，提交的材料包括：

1 不动产登记申请书；

2 申请人身份证明；

3 不动产权属证书；

4 国有建设用地使用权变更材料，包括：

（1）权利人姓名或者名称、身份证明类型或者身份证明号码发生变化的，提交能够证实其身份变更的材料；

（2）土地面积、界址范围变更的，除应提交变更后的不动产权籍调查表、宗地图、宗地界址点坐标等不动产权籍调查成果外，还应提交：①以出让方式取得的，提交出让补充合同；②因自然灾害导致部分土地灭失的，提交证实土地灭失的材料；

（3）土地用途变更的，提交国土资源主管部门出具的批准文件和土地出让合同补充协议。依法需要补交土地出让价款的，还应当提交缴清土地出让价款的凭证；

（4）国有建设用地使用权的权利期限发生变化的，提交国土资源主管部门出具的批准文件、出让合同补充协议。依法需要补交土地出让价款的，还应当提交缴清土地出让价款的凭证；

（5）同一权利人分割或者合并国有建设用地的，提交国土资源主管部门同意分割或合并的批准文件以及变更后的不动产权籍调查表、宗地图以及宗地界址点坐标等不动产权籍调查成果；

（6）共有人共有性质变更的，提交共有性质变更合同书或生效法律文书。夫妻共有财产共有性质变更的，还应提交婚姻关系证明；

5 依法应当纳税的，应提交完税凭证；

6 法律、行政法规以及《实施细则》规定的其他材料。

8.2.4 审查要点

不动产登记机构在审核过程中应注意以下要点：

1 申请变更登记的国有建设用地使用权是否已经登记；

2 申请人是否为不动产登记簿记载的权利人；

3 国有建设用地使用权变更的材料是否齐全、有效；

4 申请变更事项与变更材料记载的变更事实是否一致。土地面积、界址范围变更的，不动产权籍调查表、宗地图、宗地界址点坐标等是否齐全、规范，申请材料与不动产权籍调查成果是否一致；

5 申请登记事项与不动产登记簿的记载是否冲突；

6 依法应当缴纳土地价款、纳税的，是否已缴清土地价款、已完税；

7 本规范第 4 章要求的其他审查事项。

不存在本规范第 4.8.2 条不予登记情形的，将登记事项记载于不动产登记簿。

8.3 转移登记

8.3.1 适用

已经登记的国有建设用地使用权，因下列情形导致权属发生转移的，当事人可以申请转移登记：

1 转让、互换或赠与的；

2 继承或受遗赠的；

3 作价出资（入股）的；

4 法人或其他组织合并、分立导致权属发生转移的；

5 共有人增加或者减少导致共有份额变化的；

6 分割、合并导致权属发生转移的；

7 因人民法院、仲裁委员会的生效法律文书等导致权属发生变化的；

8 法律、行政法规规定的其他情形。

8.3.2 申请主体

国有建设用地使用权转移登记应当由双方共同申请，转让方应当为不动产登记簿记载的权利人。属本规范第 8.3.1 条第 2、7 项情形的，可以由单方申请。

8.3.3 申请材料

国有建设用地使用权转移登记，提交的材料包括：

1 不动产登记申请书；

2 申请人身份证明；

3 不动产权属证书；

4 国有建设用地使用权转移的材料，包括：

（1）买卖的，提交买卖合同；互换的，提交互换合同；赠与的，提交赠与合同；

（2）因继承、受遗赠取得的，按照本规范 1.8.6 条的规定提交材料；

（3）作价出资（入股）的，提交作价出资（入股）协议；

（4）法人或其他组织合并、分立导致权属发生转移的，提交法人或其他组织合并、分立的材料以及不动产权属转移的材料；

（5）共有人增加或者减少的，提交共有人增加或者减少的协议；共有份额变化的，提交份额转移协议；

（6）分割、合并导致权属发生转移的，提交分割或合并协议书，或者记载有关分割或合并内容的生效法律文书。实体分割或合并的，还应提交国土资源主管部门同意实体分割或合并的批准文件以及分割或合并后的不动产权籍调查表、宗地图、宗地界址点坐标等不动产权籍调查成果；

（7）因人民法院、仲裁委员会的生效法律文书等导致权属发生变化的，提交人民法院、仲裁委员会的生效法律文书等材料。

5 申请划拨取得国有建设用地使用权转移登记的，应当提交有批准权的人民政府的批准文件；

6 依法需要补交土地出让价款、缴纳税费的，应当提交缴清土地出让价款凭证、税费缴纳凭证；

7 法律、行政法规以及《实施细则》规定的其他材料。

8.3.4 审查要点

不动产登记机构在审核过程中应注意以下要点：

1 国有建设用地使用权转移的登记原因文件是否齐全；

2 申请转移的国有建设用地使用权与登记原因文件记载的是否一致；

3 国有建设用地使用权被查封的，不予办理转移登记；

4 有异议登记的，受让方是否已签署知悉存在异议登记并自担风险的书面承诺；

5 申请登记事项与不动产登记簿的记载是否冲突；

6 申请登记事项是否与土地出让合同相关条款冲突；

7 依法应当缴纳土地价款、纳税的，是否已缴清土地价款、已完税；

8 本规范第4章要求的其他审查事项。

不存在本规范第4.8.2条不予登记情形的，将登记事项记载于不动产登记簿，并向权利人核发不动产权属证书。

8.4 注销登记

8.4.1 适用

已经登记的国有建设用地使用权，有下列情形之一的，当事人可以申请办理注销登记：

1 土地灭失的；

2 权利人放弃国有建设用地使用权的；

3 依法没收、收回国有建设用地使用权的；

4 因人民法院、仲裁委员会的生效法律文书致使国有建设用地使用权消灭的；

5 法律、行政法规规定的其他情形。

8.4.2 申请主体

国有建设用地使用权注销登记的申请主体应当是不动产登记簿记载的权利人。

8.4.3 申请材料

申请国有建设用地使用权注销登记，提交的材料包括：

1 不动产登记申请书；

2 申请人身份证明；

3 不动产权属证书；

4 国有建设用地使用权消灭的材料，包括：

（1）国有建设用地灭失的，提交其灭失的材料；

（2）权利人放弃国有建设用地使用权的，提交权利人放弃国有建设用地使用权的书面文件。被放弃的国有建设用地上设有抵押权、地役权或已经办理预告登记、查封登记的，需提交抵押权人、地役权人、预告登记权利人或查封机关同意注销的书面文件；

（3）依法没收、收回国有建设用地使用权的，提交人民政府的生效决定书；

（4）因人民法院或者仲裁委员会生效法律文书导致权利消灭的，提交人民法院或者仲裁委员会生效法律文书。

5 法律、行政法规以及《实施细则》规定的其他材料。

8.4.4 审查要点

不动产登记机构在审核过程中应注意

以下要点：

1 申请注销的国有建设用地使用权是否已经登记；

2 国有建设用地使用权注销的材料是否齐全、有效；

3 国有建设用地已设立抵押权、地役权或者已经办理预告登记、查封登记的，使用权人放弃权利申请注销登记的，是否已经提供抵押权人、地役权人、预告登记权利人、查封机关书面同意；

4 土地灭失的，是否已按规定进行实地查看；

5 申请登记事项与不动产登记簿的记载是否冲突；

6 本规范第4章要求的其他审查事项。

不存在本规范第4.8.2条不予登记情形的，将登记事项以及不动产权证书或者不动产登记证明收回、作废等内容记载于不动产登记簿。

9 国有建设用地使用权及房屋所有权登记

9.1 首次登记

9.1.1 适用

依法利用国有建设用地建造房屋的，可以申请国有建设用地使用权及房屋所有权首次登记。

9.1.2 申请主体

国有建设用地使用权及房屋所有权首次登记的申请主体应当为不动产登记簿或土地权属来源材料记载的国有建设用地使用权人。

9.1.3 申请材料

申请国有建设用地使用权及房屋所有权首次登记，提交的材料包括：

1 不动产登记申请书；

2 申请人身份证明；

3 不动产权属证书或者土地权属来源材料；

4 建设工程符合规划的材料；

5 房屋已经竣工的材料；

6 房地产调查或者测绘报告；

7 建筑物区分所有的，确认建筑区划内属于业主共有的道路、绿地、其他公共场所、公用设施和物业服务用房等材料；

8 相关税费缴纳凭证；

9 法律、行政法规以及《实施细则》规定的其他材料。

9.1.4 审查要点

不动产登记机构在审核过程中应注意以下要点：

1 国有建设用地使用权是否已登记。已登记的，建设工程符合规划、房屋竣工验收等材料记载的主体是否与不动产登记簿记载的权利主体一致；未登记的，建设工程符合规划、房屋竣工验收等材料记载的主体是否与土地权属来源材料记载的主体一致；

2 不动产权籍调查成果资料是否齐全、规范，权籍调查表记载的权利人、权利类型及其性质等是否准确，宗地图和房屋平面图、界址坐标、面积等是否符合要求；

3 建筑物区分所有的，申请材料是否已明确建筑区划内属于业主共有的道路、绿地、其他公共场所、公用设施和物业服务用房等的权利归属；

4 存在查封或者预查封登记的：

（1）国有建设用地使用权被查封或者预查封的，申请人与查封被执行人一致的，不影响办理国有建设用使用权及房屋所有权首次登记；

（2）商品房被预查封的，不影响办理国有建设用使用权及房屋所有权首次登记以及预购商品房预告登记转国有建设用使用权及房屋所有权转移登记。

5 是否已按规定进行实地查看；

6 本规范第4章要求的其他审查事项。

不存在本规范第4.8.2条不予登记情形的，记载不动产登记簿后向权利人核发不动产权属证书。

9.2 变更登记

9.2.1 适用

已经登记的国有建设用地使用权及房屋所有权，因下列情形发生变更的，当事人可以申请变更登记：

1 权利人姓名或者名称、身份证明类型或者身份证明号码发生变化的；

2 不动产坐落、界址、用途、面积等状况发生变化的；

3 国有建设用地使用权的权利期限发生变化的；

4 同一权利人名下的不动产分割或者合并的；

5 法律、行政法规规定的其他情形。

9.2.2 申请主体

国有建设用地使用权及房屋所有权变更登记的申请主体应当为不动产登记簿载的权利人。因共有人的姓名、名称发生变化的，可以由发生变更的权利人申请；面积、用途等自然状况发生变化的，可以由共有人一人或多人申请。

9.2.3 申请材料

申请房屋所有权变更登记，提交的材料包括：

1 不动产登记申请书；

2 申请人身份证明；

3 不动产权属证书；

4 国有建设用地使用权及房屋所有权变更的材料，包括：

（1）权利人姓名或者名称、身份证明类型或者身份证明号码发生变化的，提交能够证实其身份变更的材料；

（2）房屋面积、界址范围发生变化的，除应提交变更后的不动产权籍调查表、宗地图、宗地界址点坐标等不动产权籍调查成果外，还需提交：①属部分土地收回引起房屋面积、界址变更的，提交人民政府收回决定书；②改建、扩建引起房屋面积、界址变更的，提交规划验收文件和房屋竣工验收文件；③因自然灾害导致部分房屋灭失的，提交部分房屋灭失的材料；④其他面积、界址变更情形的，提交有权机关出具的批准文件。依法需要补交土地出让价款的，还应当提交土地出让合同补充协议和土地价款缴纳凭证；

（3）用途发生变化的，提交城市规划部门出具的批准文件、与国土资源主管部门签订的土地出让合同补充协议。依法需要补交土地出让价款的，还应当提交土价款以及相关税费缴纳凭证；

（4）国有建设用地使用权的权利期限发生变化的，提交国土资源主管部门出具的批准文件和出让合同补充协议。依法需要补交土地出让价款的，还应当提交土地价款缴纳凭证；

（5）同一权利人分割或者合并不动产的，应当按有关规定提交相关部门同意分割或合并的批准文件；

（6）共有性质变更的，提交共有性质变更协议书或生效法律文书。

5 法律、行政法规以及《实施细则》规定的其他材料。

9.2.4 审查要点

不动产登记机构在审核过程中应注意以下要点：

1 国有建设用地使用权及房屋所有权的变更材料是否齐全、有效；

2 申请变更事项与变更材料记载的变更内容是否一致；

3 不动产权籍调查成果资料是否齐全、规范，权籍调查表记载的权利人、权利类型及其性质等是否准确，宗地图和房屋平面图、界址坐标、面积等是否符合要求；

4 存在预告登记的，不影响不动产登记簿记载的权利人申请补发换发不动产权属证书以及其他不涉及权属的变更登记；

5 申请登记事项与不动产登记簿的记载是否冲突；

6 依法应当补交土地价款的，是否已提交补交土地价款凭证；

7 本规范第4章要求的其他审查事项。

不存在本规范第4.8.2条不予登记情形的，将登记事项记载于不动产登记簿。

9.3 转移登记

9.3.1 适用

已经登记的国有建设用地使用权及房屋所有权，因下列情形导致权属发生转移的，当事人可以申请转移登记。国有建设用地使用权转移的，其范围内的房屋所有权一并转移；房屋所有权转移，其范围内的国有建设用地使用权一并转移。

1 买卖、互换、赠与的；

2 继承或受遗赠的；

3 作价出资（入股）的；

4 法人或其他组织合并、分立等导致权属发生转移的；

5 共有人增加或者减少以及共有份额变化的；

6 分割、合并导致权属发生转移的；

7 因人民法院、仲裁委员会的生效法律文书等导致国有建设用地使用权及房屋所有权发生转移的；

8 法律、行政法规规定的其他情形。

9.3.2 申请主体

国有建设用地使用权及房屋所有权转移登记应当由当事人双方共同申请。属本规范第9.3.1条第2、7项情形的，可以由单方申请。

9.3.3 申请材料

国有建设用地使用权及房屋所有权转移登记，提交的材料包括：

1 不动产登记申请书；

2 申请人身份证明；

3 不动产权属证书；

4 国有建设用地使用权及房屋所有权转移的材料，包括：

（1）买卖的，提交买卖合同；互换的，提交互换协议；赠与的，提交赠与合同；

（2）因继承、受遗赠取得的，按照本规范1.8.6的规定提交材料；

（3）作价出资（入股）的，提交作价出资（入股）协议；

（4）法人或其他组织合并、分立导致权属发生转移的，提交法人或其他组织合并、分立的材料以及不动产权属转移的材料；

（5）共有人增加或者减少的，提交共有人增加或者减少的协议；共有份额变化的，提交份额转移协议；

（6）不动产分割、合并导致权属发生转移的，提交分割或合并协议书，或者记载有关分割或合并内容的生效法律文书。实体分割或合并的，还应提交有权部门同意实体分割或合并的批准文件以及分割或合并后的不动产权籍调查表、宗地图、宗地界址点坐标等不动产权籍调查成果；

（7）因人民法院、仲裁委员会的生效法律文书等导致权属发生变化的，提交人民法院、仲裁委员会的生效法律文书等材料；

5 已经办理预告登记的，提交不动产登记证明；

6 划拨国有建设用地使用权及房屋所有权转移的，还应当提交有批准权的人民政府的批准文件；

7 依法需要补交土地出让价款、缴纳税费的，应当提交土地出让价款缴纳凭证、税费缴纳凭证；

8 法律、行政法规以及《实施细则》规定的其他材料。

9.3.4 审查要点

不动产登记机构在审核过程中应注意以下要点：

1 国有建设用地使用权与房屋所有权转移的登记原因文件是否齐全、有效；

2 申请转移的国有建设用地使用权与房屋所有权与登记原因文件记载是否一致；

3 国有建设用地使用权与房屋所有权被查封的，不予办理转移登记；

4 涉及买卖房屋等不动产，已经办理预告登记的，受让人与预告登记权利人是否一致。

5 设有抵押权的，是否已经办理抵押权注销登记；

6 有异议登记的，受让方是否已签署知悉存在异议登记并自担风险的书面承诺；

7 依法应当缴纳土地价款、纳税的，是否已提交土地价款和税费缴纳凭证；

8 申请登记事项与不动产登记簿的记载是否冲突；

9 本规范第4章要求的其他审查事项。

不存在本规范第4.8.2条不予登记情形的，将登记事项记载于不动产登记簿，并向权利人核发不动产权属证书。

9.4 注销登记

9.4.1 适用

已经登记的国有建设用地使用权及房屋所有权，有下列情形之一的，当事人可以申请办理注销登记：

1 不动产灭失的；

2 权利人放弃权利的；

3 因依法被没收、征收、收回导致不动产权利消灭的；

4 因人民法院、仲裁委员会的生效法律文书致使国有建设用地使用权及房屋所有权消灭的；

5 法律、行政法规规定的其他情形。

9.4.2 申请主体

申请国有建设用地使用权及房屋所有权注销登记的主体应当是不动产登记簿记载的权利人或者其他依法享有不动产权利的权利人。

9.4.3 申请材料

申请国有建设用地使用权及房屋所有权注销登记，提交的材料包括：

1 不动产登记申请书；

2 申请人身份证明；

3 不动产权属证书；

4 国有建设用地使用权及房屋所有权消灭的材料，包括：

（1）不动产灭失的，提交其灭失的材料；

（2）权利人放弃国有建设用地使用权及房屋所有权的，提交权利人放弃权利的书面文件。设有抵押权、地役权或已经办理预告登记、查封登记的，需提交抵押权人、地役权人、预告登记权利人、查封机关同意注销的书面材料；

（3）依法没收、征收、收回不动产的，提交人民政府生效决定书；

（4）因人民法院或者仲裁委员会生效法律文书导致国有建设用地使用权及房屋所有权消灭的，提交人民法院或者仲裁委员会生效法律文书。

5 法律、行政法规以及《实施细则》规定的其他材料。

9.4.4 审查要点

不动产登记机构在审核过程中应注意以下要点：

1 国有建设用地使用权及房屋所有权的注销材料是否齐全、有效；

2 不动产灭失的，是否已按规定进行实地查看；

3 国有建设用地及房屋已设立抵押权、地役权或者已经办理预告登记、查封登记的，权利人放弃权利申请注销登记的，是否已经提供抵押权人、地役权人、预告登记权利人、查封机关书面同意；

4 申请登记事项与不动产登记簿的记载是否冲突；

5 本规范第4章要求的其他审查事项。

不存在本规范第4.8.2条不予登记情形的，将登记事项以及不动产权属证明或者不动产登记证明收回、作废等内容记载于不动产登记簿。

10 宅基地使用权及房屋所有权登记

10.1 首次登记

10.1.1 适用

依法取得宅基地使用权，可以单独申请宅基地使用权登记。

依法利用宅基地建造住房及其附属设施的，可以申请宅基地使用权及房屋所有权登记。

10.1.2　申请主体

申请宅基地使用权登记的主体为用地批准文件记载的宅基地使用权人。

申请宅基地使用权及房屋所有权登记的主体为用地批准文件记载的宅基地使用权人。

10.1.3　申请材料

申请宅基地使用权首次登记，提交的材料包括：

1 不动产登记申请书；

2 申请人身份证明；

3 有批准权的人民政府批准用地的文件等权属来源材料；

4 不动产权籍调查表、宗地图、宗地界址点坐标等有关不动产界址、面积等材料；

5 法律、行政法规以及《实施细则》规定的其他材料。

申请宅基地使用权及房屋所有权首次登记，提交的材料包括：

1 不动产登记申请书；

2 申请人身份证明；

3 不动产权属证书或者土地权属来源材料；

4 房屋符合规划或建设的相关材料；

5 不动产权籍调查表、宗地图、房屋平面图以及宗界址点坐标等有关不动产界址、面积等材料；

6 法律、行政法规以及《实施细则》规定的其他材料。

10.1.4　审查要点

不动产登记机构在审核过程中应注意以下要点：

申请宅基地使用权首次登记的：

1 是否有合法权属来源材料；

2 不动产登记申请书、权属来源材料等记载的主体是否一致；

3 不动产权籍调查成果资料是否齐全、规范，权籍调查表记载的权利人、权利类型及其性质等是否准确，宗地图、界址坐标、面积等是否符合要求；

4 是否已在不动产登记机构门户网站以及宅基地所在地进行公告；

5 本规范第4章要求的其他审查事项。

申请宅基地使用权及房屋所有权首次登记的：

1 宅基地使用权是否已登记。已登记的，审核不动产登记簿记载的权利主体与房屋符合规划或者建设的相关材料等记载的权利主体是否一致；未登记的，房屋符合规划或者建设的相关材料等记载的主体是否与土地权属来源材料记载的主体一致；

2 房屋等建筑物、构筑物是否符合规划或建设的相关要求；

3 不动产权籍调查成果资料是否齐全、规范，权籍调查表记载的权利人、权利类型及其性质等是否准确，宗地图和房屋平面图、界址坐标、面积等是否符合要求；

4 是否已按规定进行实地查看；

5 是否已按规定进行公告；

6 本规范第4章要求的其他审查事项。

不存在本规范第4.8.2条不予登记情形的，记载不动产登记簿后向权利人核发不动产权属证书。

10.2 变更登记

10.2.1 适用

已经登记的宅基地使用权及房屋所有权，有下列情形之一的，当事人可以申请变更登记：

1 权利人姓名或者名称、身份证明类型或者身份证明号码发生变化的；

2 不动产坐落、界址、用途、面积等状况发生变化的；

3 法律、行政法规规定的其他情形。

10.2.2 申请主体

宅基地使用权及房屋所有权变更登记的申请主体应当为不动产登记簿记载的权利人。

10.2.3 申请材料

申请宅基地使用权及房屋所有权变更登记，提交的材料包括：

1 不动产登记申请书；

2 申请人身份证明；

3 不动产权属证书；

4 宅基地使用权及房屋所有权变更的材料，包括：

（1）权利人姓名或者名称、身份证明类型或者身份证明号码发生变化的，提交能够证实其身份变更的材料；

（2）宅基地或房屋面积、界址范围变更的，提交有批准权的人民政府或其主管部门的批准文件以及变更后的不动产权籍调查表、宗地图、宗地界址点坐标等有关不动产界址、面积等材料。

5 法律、行政法规以及《实施细则》规定的其他材料。

10.2.4 审查要点

不动产登记机构在审核过程中应注意以下要点：

1 宅基地使用权及房屋所有权的变更材料是否齐全；

2 申请变更事项与变更登记文件记载的变更事实是否一致；

3 申请登记事项与不动产登记簿的记载是否冲突；

4 本规范第4章要求的其他审查事项。

不存在本规范第4.8.2条不予登记情形的，将登记事项记载于不动产登记簿。

10.3 转移登记

10.3.1 适用

已经登记的宅基地使用权及房屋所有权，有下列情形之一的，当事人可以申请转移登记：

1 依法继承；

2 分家析产；

3 集体经济组织内部互换房屋；

4 因人民法院、仲裁委员会的生效法律文书等导致权属发生变化的；

5 法律、行政法规规定的其他情形。

10.3.2 申请主体

宅基地使用权及房屋所有权转移登记应当由双方共同申请。因继承房屋以及人民法院、仲裁委员会生效法律文书等取得宅基地使用权及房屋所有权的，可由权利人单方申请。

10.3.3　申请材料

申请宅基地使用权及房屋所有权转移登记，提交的材料包括：

1　不动产登记申请书；

2　申请人身份证明；

3　不动产权属证书；

4　宅基地使用权及房屋所有权转移的材料，包括：

（1）依法继承的，按照本规范1.8.6的规定提交材料；

（2）分家析产的协议或者材料；

（3）集体经济组织内部互换房屋的，提交互换协议书。同时，还应提交互换双方为本集体经济组织成员的材料；

（4）因人民法院或者仲裁委员会生效法律文书导致权属发生转移的，提交人民法院或者仲裁委员会生效法律文书；

5　法律、行政法规以及《实施细则》规定的其他材料。

10.3.4　审查要点

不动产登记机构在审核过程中应注意以下要点：

1　受让方为本集体经济组织的成员且符合宅基地申请条件，但因继承房屋以及人民法院、仲裁委员会的生效法律文书等导致宅基地使用权及房屋所有权发生转移的除外；

2　宅基地使用权及房屋所有权转移材料是否齐全、有效；

3　申请转移的宅基地使用权及房屋所有权与登记原因文件记载是否一致；

4　有异议登记的，受让方是否已签署知悉存在异议登记并自担风险的书面承诺；

5　申请登记事项与不动产登记簿的记载是否冲突；

6　本规范第4章要求的其他审查事项。

不存在本规范第4.8.2条不予登记情形的，将登记事项记载于不动产登记簿，并向权利人核发不动产权属证书。

10.3.5　已拥有一处宅基地的本集体经济组织成员、非集体经济组织成员的农村或城镇居民，因继承取得宅基地使用权及房屋所有权的，在不动产权属证书附记栏记载该权利人为本农民集体原成员住宅的合法继承人。

10.4　注销登记

10.4.1　适用

已经登记的宅基地使用权及房屋所有权，有下列情形之一的，当事人可以申请办理注销登记：

1　不动产灭失的；

2　权利人放弃宅基地使用权及房屋所有权的；

3　依法没收、征收、收回宅基地使用权及房屋所有权的；

4　因人民法院、仲裁委员会的生效法律文书导致宅基地使用权及房屋所有权消灭的；

5　法律、行政法规规定的其他情形。

10.4.2　申请主体

宅基地使用权及房屋所有权注销登记的申请主体应当为不动产登记簿记载的权利人。

10.4.3　申请材料

申请宅基地使用权及房屋所有权注销登记,提交的材料包括:

1 不动产登记申请书;

2 申请人身份证明;

3 不动产权属证书;

4 宅基地使用权及房屋所有权消灭的材料,包括:

(1) 宅基地、房屋灭失的,提交其灭失的材料;

(2) 权利人放弃宅基地使用权及房屋所有权的,提交权利人放弃权利的书面文件。被放弃的宅基地、房屋设有地役权的,需提交地役权人同意注销的书面材料;

(3) 依法没收、征收、收回宅基地使用权或者房屋所有权的,提交人民政府做出的生效决定书;

(4) 因人民法院或者仲裁委员会生效法律文书导致权利消灭的,提交人民法院或者仲裁委员会生效法律文书。

5 法律、行政法规以及《实施细则》规定的其他材料。

10.4.4 审查要点

不动产登记机构在审核过程中应注意以下要点:

1 宅基地使用权及房屋所有权的注销材料是否齐全、有效;

2 宅基地、房屋灭失的,是否已按规定进行实地查看;

3 放弃的宅基地使用权及房屋所有权是否设有地役权;设有地役权的,应经地役权人同意;

4 本规范第4章要求的其他审查事项。

不存在本规范第4.8.2条不予登记情形的,将登记事项以及不动产权属证明或者不动产登记证明收回、作废等内容记载于不动产登记簿。

11 集体建设用地使用权及建筑物、构筑物所有权登记

11.1 首次登记

11.1.1 适用

依法取得集体建设用地使用权,可以单独申请集体建设用地使用权登记。

依法使用集体建设用地兴办企业,建设公共设施,从事公益事业等的,应当申请集体建设用地使用权及建筑物、构筑物所有权登记。

11.1.2 申请主体

申请集体建设用地使用权登记的主体为用地批准文件记载的集体建设用地使用权人。

申请集体建设用地使用权及建筑物、构筑物所有权登记的主体为用地批准文件记载的集体建设用地使用权人。

11.1.3 申请材料

申请集体建设用地使用权首次登记,提交的材料包括:

1 不动产登记申请书;

2 申请人身份证明;

3 有批准权的人民政府批准用地的文件等权属来源材料;

4 不动产权籍调查表、宗地图以及宗地界址点坐标等有关不动产界址、面积等材料;

5 法律、行政法规以及《实施细则》

规定的其他材料。

申请集体建设用地使用权及建筑物、构筑物所有权首次登记，提交的材料包括：

1 不动产登记申请书；

2 申请人身份证明；

3 不动产权属证书；

4 建设工程符合规划的材料；

5 不动产权籍调查表、宗地图、房屋平面图以及宗地界址点坐标等有关不动产界址、面积等材料；

6 建设工程已竣工的材料；

7 法律、行政法规以及《实施细则》规定的其他材料。

11.1.4 审查要点

不动产登记机构在审核过程中应注意以下要点：

申请集体建设用地使用权首次登记的：

1 是否已依法取得集体建设用地使用权；

2 不动产登记申请书、权属来源材料等记载的主体是否一致；

3 不动产权籍调查成果资料是否齐全、规范，权籍调查表记载的权利人、权利类型及其性质等是否准确，宗地图、界址坐标、面积等是否符合要求；

4 是否已按规定进行公告；

5 本规范第4章要求的其他审查事项。

申请集体建设用地使用权及建筑物、构筑物所有权首次登记的：

1 集体建设用地使用权是否已登记。已登记的，不动产登记簿记载的权利主体与建设工程符合规划的材料、建设工程竣工材料等记载的权利主体是否一致；未登记的，建设工程符合规划的材料、建设工程竣工材料等记载的主体是否与土地权属来源材料记载的主体一致；

2 房屋等建筑物、构筑物是否提交了符合规划、已竣工的材料；

3 不动产权籍调查成果资料是否齐全、规范，权籍调查表记载的权利人、权利类型及其性质等是否准确，宗地图和房屋平面图、界址坐标、面积等是否符合要求；

4 集体建设用地使用权被查封，申请人与被执行人一致的，不影响集体建设用地使用权及建筑物、构筑物所有权首次登记；

5 是否已按规定进行实地查看；

6 是否已按规定进行公告；

7 本规范第4章要求的其他审查事项。

不存在本规范第4.8.2条不予登记情形的，记载不动产登记簿后向申请人核发不动产权属证书。

11.2 变更登记

11.2.1 适用

已经登记的集体建设用地使用权及建筑物、构筑物所有权，有下列情形之一的，当事人可以申请变更登记：

1 权利人姓名或者名称、身份证明类型或者身份证明号码发生变化的；

2 不动产坐落、界址、用途、面积等状况发生变化的；

3 同一权利人名下的集体建设用地或者建筑物、构筑物分割或者合并的；

4 法律、行政法规规定的其他情形。

11.2.2 申请主体

集体建设用地使用权及建筑物、构筑物所有权变更登记的申请主体应当为不动产登记簿记载的权利人。因共有人的姓名、名称发生变化的，可以由姓名、名称发生变化的权利人申请；因土地或建筑物、构筑物自然状况变化的，可以由共有人一人或多人申请；夫妻共有财产变更的，应当由夫妻双方凭婚姻关系证明共同申请。

11.2.3 申请材料

申请集体建设用地使用权及建筑物、构筑物所有权变更登记，提交的材料包括：

1 不动产登记申请书；

2 申请人身份证明；

3 不动产权属证书；

4 集体建设用地使用权及建筑物、构筑物所有权变更的材料，包括：

（1）权利人姓名或者名称、身份证明类型或者身份证明号码发生变化的，提交能够证实其身份变更的材料；

（2）土地或建筑物、构筑物面积、界址范围变更的，提交有批准权的人民政府或其主管部门的批准文件以及变更后的不动产权籍调查表、宗地图、房屋平面图以及宗地界址点坐标等有关不动产界址、面积等材料；

（3）土地或建筑物、构筑物用途变更的，提交有批准权的人民政府或者主管部门的批准文件；

（4）同一权利人分割或者合并建筑物、构筑物的，提交有批准权限部门同意分割或者合并的批准文件以及分割或者合并后的不动产权籍调查表、宗地图、房屋平面图以及宗地界址点坐标等有关不动产界址、面积等材料；

5 法律、行政法规以及《实施细则》规定的其他材料。

11.2.4 审查要点

不动产登记机构在审核过程中应注意以下要点：

1 集体建设用地使用权及建筑物、构筑物所有权的变更材料是否齐全、有效；

2 申请变更事项与变更材料记载的变更事实是否一致；

3 申请登记事项与不动产登记簿的记载是否冲突；

4 本规范第4章要求的其他审查事项。

不存在本规范第4.8.2条不予登记情形的，将登记事项记载于不动产登记簿。

11.3 转移登记

11.3.1 适用

已经登记的集体建设用地使用权及建筑物、构筑物所有权，因下列情形之一导致权属发生转移的，当事人可以申请转移登记：

1 作价出资（入股）的；

2 因企业合并、分立、破产、兼并等情形，导致建筑物、构筑物所有权发生转移的；

3 因人民法院、仲裁委员会的生效法律文书等导致权属转移的；

4 法律、行政法规规定的其他情形。

11.3.2 申请主体

集体建设用地使用权及建筑物、构筑

物所有权转移登记应当由双方共同申请。因人民法院、仲裁委员会的生效法律文书等导致权属转移的，可由单方申请。

11.3.3 申请材料

集体建设用地使用权及建筑物、构筑物所有权转移登记，提交的材料包括：

1 不动产登记申请书；

2 申请人身份证明；

3 不动产权属证书；

4 集体建设用地使用权及建筑物、构筑物所有权转移的材料，包括：

（1）作价出资（入股）的，提交作价出资（入股）协议；

（2）因企业合并、分立、兼并、破产等情形导致权属发生转移的，提交企业合并、分立、兼并、破产的材料、集体建设用地使用权及建筑物、构筑物所有权权属转移材料、有权部门的批准文件。

（3）因人民法院、仲裁委员会的生效法律文书导致权属转移的，提交人民法院、仲裁委员会的生效法律文书。

5 依法需要缴纳税费的，应当提交税费缴纳凭证；

6 本集体经济组织三分之二以上成员或者三分之二以上村民代表同意的材料；

7 法律、行政法规以及《实施细则》规定的其他材料。

11.3.4 审查要点

不动产登记机构在审核过程中应注意以下要点：

1 集体建设用地使用权及建筑物、构筑物所有权转移的登记原因文件是否齐全、有效；

2 申请转移的集体建设用地使用权及建筑物、构筑物所有权与登记原因文件记载是否一致；

3 集体建设用地使用权及建筑物、构筑物所有权被查封的，不予办理转移登记；

4 有异议登记的，受让方是否已签署知悉存在异议登记并自担风险的书面承诺；

5 申请登记事项与不动产登记簿的记载是否冲突；

6 本规范第 4 章要求的其他审查事项。

不存在本规范第 4.8.2 条不予登记情形的，将登记事项记载于不动产登记簿，并向权利人核发不动产权属证书。

11.4 注销登记

11.4.1 适用

已经登记的集体建设用地使用权及建筑物、构筑物所有权，有下列情形之一的，当事人可以申请办理注销登记：

1 不动产灭失的；

2 权利人放弃集体建设用地使用权及建筑物、构筑物所有权的；

3 依法没收、征收、收回集体建设用地使用权及建筑物、构筑物所有权的；

4 因人民法院、仲裁委员会的生效法律文书等致使集体建设用地使用权及建筑物、构筑物所有权消灭的；

5 法律、行政法规规定的其他情形。

11.4.2 申请主体

集体建设用地使用权及建筑物、构筑物所有权注销登记的申请主体应当是不动产登记簿记载的权利人。

11.4.3 申请材料

申请集体建设用地使用权及建筑物、构筑物所有权注销登记，提交的材料包括：

1 不动产登记申请书；

2 申请人身份证明；

3 不动产权属证书；

4 集体建设用地使用权及建筑物、构筑物所有权消灭的材料，包括：

（1）土地或建筑物、构筑物灭失的，提交灭失的材料；

（2）权利人放弃集体建设用地使用权及建筑物、构筑物所有权的，提交权利人放弃权利的书面文件。设有抵押权、地役权或被查封的，需提交抵押权人、地役权人或查封机关同意注销的书面材料；

（3）依法没收、征收、收回集体建设用地使用权及建筑物、构筑物所有权的，提交人民政府的生效决定书；

（4）因人民法院或者仲裁委员会生效法律文书等导致集体建设用地使用权及建筑物、构筑物所有权消灭的，提交人民法院或者仲裁委员会生效法律文书等材料。

5 法律、行政法规以及《实施细则》规定的其他材料。

11.4.4 审查要点

不动产登记机构在审核过程中应注意以下要点：

1 集体建设用地使用权及建筑物、构筑物所有权的注销材料是否齐全、有效；

2 土地或建筑物、构筑物灭失的，是否已按规定进行实地查看；

3 集体建设用地及建筑物、构筑物已设立抵押权、地役权或者已经办理查封登记的，权利人放弃权利申请注销登记的，是否已经提供抵押权人、地役权人、查封机关书面同意的材料；

4 申请登记事项与不动产登记簿的记载是否冲突；

5 本规范第4章要求的其他审查事项。

不存在本规范第4.8.2条不予登记情形的，将登记事项以及不动产权属证明或者不动产登记证明收回、作废等内容记载于不动产登记簿。

12 海域使用权及建筑物、构筑物所有权登记

12.1 首次登记

12.1.1 适用

依法取得海域使用权，可以单独申请海域使用权登记。

依法使用海域，在海域上建造建筑物、构筑物的，应当申请海域使用权及建筑物、构筑物所有权登记。

12.1.2 申请主体

海域使用权及建筑物、构筑物所有权首次登记的申请主体应当为海域权属来源材料记载的海域使用权人。

12.1.3 申请材料

申请海域使用权首次登记，提交的材料包括：

1 不动产登记申请书；

2 申请人身份证明；

3 项目用海批准文件或者海域使用权出让合同；

4 宗海图（宗海位置图、界址图）以

及界址点坐标；

5 海域使用金缴纳或者减免凭证；

6 法律、行政法规以及《实施细则》规定的其他材料。

申请海域使用权及建筑物、构筑物所有权首次登记，提交的材料包括：

1 不动产登记申请书；

2 申请人身份证明；

3 不动产权属证书或不动产权属来源材料；

4 宗海图（宗海位置图、界址图）以及界址点坐标；

5 建筑物、构筑物符合规划的材料；

6 建筑物、构筑物已经竣工的材料；

7 海域使用金缴纳或者减免凭证；

8 法律、行政法规以及《实施细则》规定的其他材料。

12.1.4 审查要点

不动产登记机构在审核过程中应注意以下要点：

申请海域使用权首次登记的：

1 是否已依法取得海域使用权；

2 不动产登记申请书、权属来源材料等记载的主体是否一致；

3 申请材料中已有相应的调查成果，则审核调查成果资料是否齐全、规范，申请登记的项目名称、用海面积、类型、方式、期限等与批准文件或出让合同是否一致，宗海图（宗海位置图、界址图）以及界址坐标、面积等是否符合要求；

4 海域使用金是否按规定缴纳；

5 本规范第 4 章要求的其他审查事项。

申请海域使用权及建筑物、构筑物所有权登记的：

1 海域使用权是否已登记。已登记的，不动产登记簿记载的权利主体与建筑物、构筑物符合规划材料和建筑物、构筑物竣工材料等记载的权利主体是否一致；未登记的，建筑物、构筑物符合规划和建筑物、构筑物竣工材料等记载的主体是否与不动产权属来源材料记载的主体一致；

2 不动产权籍调查成果资料是否齐全、规范，权利人、权利类型及其性质等是否准确，宗海图（宗海位置图、界址图）及界址坐标、面积等是否符合要求；

3 是否已按规定进行实地查看；

4 本规范第 4 章要求的其他审查事项。

不存在本规范第 4.8.2 条不予登记情形的，记载不动产登记簿后向申请人核发不动产权属证书。

12.2 变更登记

12.2.1 适用

已经登记的海域使用权以及建筑物、构筑物所有权，因下列情形之一发生变更的，当事人可以申请变更登记：

1 权利人姓名或者名称、身份证明类型或者身份证明号码发生变化的；

2 海域坐落、名称发生变化的；

3 改变海域使用位置、面积或者期限的；

4 海域使用权续期的；

5 共有性质变更的；

6 法律、行政法规规定的其他情形。

12.2.2 申请主体

海域使用权以及建筑物、构筑物所有权变更登记的申请主体应当为不动产登记簿记载的权利人。因共有人的姓名、名称发生变化的，可以由发生变化的权利人申请；海域使用面积、用途等自然状况发生变化的，可以由共有人一人或多人申请。

12.2.3 申请材料

申请海域使用权以及建筑物、构筑物所有权变更登记，提交的材料包括：

1 不动产登记申请书；

2 申请人身份证明；

3 不动产权属证书；

4 海域使用权以及建筑物、构筑物所有权变更的材料，包括：

（1）权利人姓名或者名称、身份证明类型或者身份证明号码发生变化的，提交能够证实其身份变更的材料；

（2）海域或建筑物、构筑物面积、界址范围发生变化的，提交有批准权的人民政府或者主管部门的批准文件、海域使用权出让合同补充协议以及变更后的宗海图（宗海位置图、界址图）以及界址点坐标等成果。依法需要补交海域使用金的，还应当提交相关的缴纳凭证；

（3）海域或建筑物、构筑物用途发生变化的，提交有批准权的人民政府或其主管部门的批准文件、海域使用权出让合同补充协议。依法需要补交海域使用金的，还应当提交相关的缴纳凭证；

（4）海域使用期限发生变化或续期的，提交有批准权的人民政府或其主管部门的批准文件或者海域使用权出让合同补充协议。依法需要补交海域使用金的，还应当提交相关的缴纳凭证；

（5）共有性质变更的，应提交共有性质变更协议书或生效法律文书.

5 法律、行政法规以及《实施细则》规定的其他材料。

12.2.4 审查要点

不动产登记机构在审核过程中应注意以下要点：

1 申请变更登记的海域使用权以及建筑物、构筑物所有权是否已经登记；

2 海域使用权以及建筑物、构筑物所有权的变更材料是否齐全、有效；

3 申请变更事项与变更登记文件记载的变更事实是否一致；

4 依法应当缴纳海域使用金的，是否已按规定缴纳相应价款；

5 申请登记事项与不动产登记簿的记载是否冲突；

6 本规范第4章要求的其他审查事项。

不存在本规范第4.8.2条不予登记情形的，将登记事项记载于不动产登记簿。

12.3 转移登记

12.3.1 适用

已经登记的海域使用权以及建筑物、构筑物所有权，因下列情形之一导致权属发生转移的，当事人可以申请转移登记：

1 企业合并、分立或者与他人合资、合作经营、作价入股的；

2 依法转让、赠与的；

3 继承、受遗赠取得的；

4 人民法院、仲裁委员会生效法律文

书导致权属转移的；

5 法律、行政法规规定的其他情形。

12.3.2 申请主体

海域使用权以及建筑物、构筑物所有权转移登记应当由双方共同申请。属本规范第12.3.1条第3、4项情形的，可由单方申请。

12.3.3 申请材料

海域使用权以及建筑物、构筑物所有权转移登记，提交的材料包括：

1 不动产登记申请书；

2 申请人身份证明；

3 不动产权属证书；

4 海域使用权以及建筑物、构筑物所有权转移的材料，包括：

（1）法人或其他组织合并、分立或者与他人合资、合作经营，导致权属发生转移的，提交法人或其他组织合并、分立的材料以及不动产权属转移的材料；

（2）作价出资（入股）的，提交作价出资（入股）协议；

（3）买卖的，提交买卖合同；赠与的，提交赠与合同；

（4）因继承、受遗赠取得的，按照本规范1.8.6的规定提交材料；

（5）因人民法院、仲裁委员会的生效法律文书等导致权属发生变化的，提交人民法院、仲裁委员会的生效法律文书等材料；

（6）转让批准取得的海域使用权，提交原批准用海的海洋行政主管部门批准转让的文件。

5 依法需要补交海域使用金、缴纳税费的，应当提交缴纳海域使用金缴款凭证、税费缴纳凭证；

6 法律、行政法规以及《实施细则》规定的其他材料。

12.3.4 审查要点

不动产登记机构在审核过程中应注意以下要点：

1 海域使用权以及建筑物、构筑物所有权转移的登记原因文件是否齐全、有效；

2 申请转移的海域使用权以及建筑物、构筑物所有权与登记原因文件记载是否一致；

3 海域使用权以及建筑物、构筑物所有权被查封的，不予办理转移登记；

4 有异议登记的，受让方是否已签署知悉存在异议登记并自担风险的书面承诺；

5 申请登记事项与不动产登记簿的记载是否冲突；

6 依法应当缴纳海域使用金、纳税的，是否已缴纳海域使用金和有关税费；

7 本规范第4章要求的其他审查事项。

不存在本规范第4.8.2条不予登记情形的，将登记事项记载于不动产登记簿，并向权利人核发不动产权属证书。

12.4 注销登记

12.4.1 适用

已经登记的海域使用权以及建筑物、构筑物所有权，有下列情形之一的，当事人可以申请办理注销登记：

1 不动产灭失的；

2 权利人放弃海域使用权以及建筑物、

构筑物所有权的；

3 因人民法院、仲裁委员会的生效法律文书等导致海域使用权以及建筑物、构筑物所有权消灭的；

4 法律、行政法规规定的其他情形。

12.4.2 申请主体

海域使用权以及建筑物、构筑物所有权注销登记的申请主体应当为不动产登记簿记载的权利人。

12.4.3 申请材料

申请海域使用权以及建筑物、构筑物所有权注销登记，提交的材料包括：

1 不动产登记申请书；

2 申请人身份证明；

3 不动产权属证书；

4 海域使用权以及建筑物、构筑物所有权消灭的材料，包括：

（1）不动产灭失的，提交证实灭失的材料；

（2）权利人放弃海域使用权以及建筑物、构筑物所有权的，提交权利人放弃权利的书面文件。设立抵押权、地役权或者已经办理预告登记、查封登记的，需提交抵押权人、地役权人、预告登记权利人、查封机关同意注销的书面材料；

（3）因人民法院或者仲裁委员会生效法律文书等导致海域使用权以及建筑物、构筑物所有权消灭的，提交人民法院或者仲裁委员会生效法律文书等材料；

5 法律、行政法规以及《实施细则》规定的其他材料。

12.4.4 审查要点

不动产登记机构在审核过程中应注意以下要点：

1 申请注销的海域使用权以及建筑物、构筑物所有权是否已经登记；

2 海域使用权以及建筑物、构筑物所有权的注销材料是否齐全、有效；

3 不动产灭失的，是否已实地查看；

4 海域使用权以及建筑物、构筑物所有权已设立抵押权、地役权或者已经办理预告登记、查封登记的，权利人放弃权利申请注销登记的，是否提供抵押权人、地役权人、预告登记权利人、查封机关书面同意；

5 申请登记事项与不动产登记簿的记载是否冲突；

6 本规范第4章要求的其他审查事项。

不存在本规范第4.8.2条不予登记情形的，将登记事项以及不动产权证书或者不动产登记证明收回、作废等内容记载于不动产登记簿。

申请无居民海岛登记的，参照海域使用权及建筑物、构筑物所有权登记的有关规定办理。

13 地役权登记

13.1 首次登记

13.1.1 适用

按照约定设定地役权利用他人不动产，有下列情形之一的，当事人可以申请地役权首次登记。地役权设立后，办理首次登记前发生变更、转移的，当事人应当就已经变更或转移的地役权，申请首次登记。

1 因用水、排水、通行利用他人不动

产的；

2 因铺设电线、电缆、水管、输油管线、暖气和燃气管线等利用他人不动产的；

3 因架设铁塔、基站、广告牌等利用他人不动产的；

4 因采光、通风、保持视野等限制他人不动产利用的；

5 其他为提高自己不动产效益，按照约定利用他人不动产的情形。

13.1.2 申请主体

地役权首次登记应当由地役权合同中载明的需役地权利人和供役地权利人共同申请。

13.1.3 申请材料

申请地役权首次登记，提交的材料包括：

1 不动产登记申请书；

2 申请人身份证明；

3 需役地和供役地的不动产权属证书；

4 地役权合同；

5 地役权设立后，办理首次登记前发生变更、转移的，还应提交相关材料；

6 法律、行政法规以及《实施细则》规定的其他材料。

13.1.4 审查要点

不动产登记机构在审核过程中应注意以下要点：

1 供役地、需役地是否已经登记；

2 不动产登记申请书、不动产权属证书、地役权合同等材料记载的主体是否一致；

3 是否为利用他人不动产而设定地役权；

4 当事人约定的利用方法是否属于其他物权的内容；

5 地役权内容是否违反法律、行政法规的强制性规定；

6 供役地被抵押的，是否已经抵押权人书面同意；

7 本规范第4章要求的其他审查事项。

不存在本规范第4.8.2条不予登记情形的，记载不动产登记簿后向权利人核发不动产登记证明。地役权首次登记，不动产登记机构应当将登记事项分别记载于需役地和供役地不动产登记簿。

13.2 变更登记

13.2.1 适用

已经登记的地役权，因下列变更情形之一的，当事人应当申请变更登记：

1 需役地或者供役地权利人姓名或者名称、身份证明类型或者身份证明号码发生变化的；

2 共有性质变更的；

3 需役地或者供役地自然状况发生变化；

4 地役权内容变更的；

5 法律、行政法规规定的其他情形。

13.2.2 申请主体

地役权变更登记的申请主体应当为需役地权利人和供役地权利人。因共有人的姓名、名称发生变化的，可以由姓名、名称发生变化的权利人申请；因不动产自然状况变化申请变更登记的，可以由共有人一人或多人申请。

13.2.3 申请材料

申请地役权变更登记，提交的材料包括：

1 不动产登记申请书；

2 申请人身份证明；

3 不动产登记证明；

4 地役权变更的材料，包括：

（1）权利人姓名或者名称、身份证明类型或者身份证明号码发生变化的，提交能够证实其身份变更的材料；

（2）需役地或者供役地的面积发生变化的，提交有批准权的人民政府或其主管部门的批准文件以及变更后的权籍调查表、宗地图和宗地界址坐标等不动产权籍调查成果；

（3）共有性质变更的，提交共有性质变更协议；

（4）地役权内容发生变化的，提交地役权内容变更的协议。

5 法律、行政法规以及《实施细则》规定的其他材料。

13.2.4 审查要点

不动产登记机构在审核过程中应注意以下要点：

1 申请变更登记的地役权是否已经登记；

2 地役权的变更材料是否齐全、有效；

3 申请变更事项与变更登记文件记载的变更事实是否一致；

4 本规范第4章要求的其他审查事项。

不存在本规范第4.8.2条不予登记情形的，将登记事项记载于不动产登记簿。地役权变更登记，不动产登记机构应当将登记事项分别记载于需役地和供役地的不动产登记簿。

13.3 转移登记

13.3.1 适用

已经登记的地役权不得单独转让、抵押。因土地承包经营权、建设用地使用权等转让发生转移的，当事人应当一并申请地役权转移登记。申请需役地转移登记，需役地权利人拒绝一并申请地役权转移登记的，还应当提供相关的书面材料。

13.3.2 申请主体

地役权转移登记应当由双方共同申请。

13.3.3 申请材料

地役权转移登记与不动产转移登记合并办理，提交的材料包括：

1 不动产登记申请书；

2 申请人身份证明；

3 不动产登记证明；

4 地役权转移合同；

5 法律、行政法规以及《实施细则》规定的其他材料。

13.3.4 审查要点

不动产登记机构在审核过程中应注意以下要点：

1 申请转移登记的地役权是否已经登记；

2 地役权转移的登记原因文件是否齐全、有效；

3 地役权是否为单独转让；

4 按本规范第4章的要求的其他审查事项。

不存在本规范第4.8.2条不予登记情

形的,将登记事项记载于不动产登记簿,并向权利人核发不动产登记证明。单独申请地役权转移登记的,不予办理。地役权转移登记,不动产登记机构应当将登记事项分别记载于需役地和供役地不动产登记簿。

13.4 注销登记

13.4.1 适用

已经登记的地役权,有下列情形之一的,当事人可以申请地役权注销登记:

1 地役权期限届满的;
2 供役地、需役地归于同一人的;
3 供役地或者需役地灭失的;
4 人民法院、仲裁委员会的生效法律文书等导致地役权消灭的;
5 依法解除地役权合同的;
6 其他导致地役权消灭的事由。

13.4.2 申请主体

当事人依法解除地役权合同的,应当由供役地、需役地双方共同申请,其他情形可由当事人单方申请。

13.4.3 申请材料

申请地役权注销登记,提交的材料包括:

1 不动产登记申请书;
2 申请人身份证明;
3 不动产登记证明;
4 地役权消灭的材料,包括:

（1）地役权期限届满的,提交地役权期限届满的材料;
（2）供役地、需役地归于同一人的,提交供役地、需役地归于同一人的材料;
（3）供役地或者需役地灭失的,提交供役地或者需役地灭失的材料;
（4）人民法院、仲裁委员会效法律文书等导致地役权消灭的,提交人民法院、仲裁委员会的生效法律文书等材料;
（5）依法解除地役权合同的,提交当事人解除地役权合同的协议。

5 法律、行政法规以及《实施细则》规定的其他材料。

13.4.4 审查要点

不动产登记机构在审核过程中应注意以下要点:

1 注销的地役权是否已经登记;
2 地役权消灭的材料是否齐全、有效;
3 供役地或者需役地灭失的,是否已按规定进行实地查看;
4 本规范第4章要求的其他审查事项。

不存在本规范第4.8.2条不予登记情形的,将登记事项以及不动产登记证明收回、作废等内容记载于不动产登记簿。地役权注销登记,不动产登记机构应当将登记事项分别记载于需役地和供役地不动产登记簿。

14 抵押权登记

14.1 首次登记

14.1.1 适用

在借贷、买卖等民事活动中,自然人、法人或其他组织为保障其债权实现,依法设立不动产抵押权的,可以由抵押人和抵押权人共同申请办理不动产抵押登记。以建设用地使用权、海域使用权抵押的,该土地、海域上的建筑物、构筑物一并抵押;

以建筑物、构筑物抵押的，该建筑物、构筑物占用范围内的建设用地使用权、海域使用权一并抵押。

1 为担保债务的履行，债务人或者第三人不转移不动产的占有，将该不动产抵押给债权人的，当事人可以申请一般抵押权首次登记；

2 为担保债务的履行，债务人或者第三人对一定期间内将要连续发生的债权提供担保不动产的，当事人可以申请最高额抵押权首次登记；

3 以正在建造的建筑物设定抵押的，当事人可以申请建设用地使用权及在建建筑物抵押权首次登记。

14.1.2 抵押财产范围

以下列财产进行抵押的，可以申请办理不动产抵押登记：

1 建设用地使用权；

2 建筑物和其他土地附着物；

3 海域使用权；

4 以招标、拍卖、公开协商等方式取得荒地等的土地承包经营权；

5 正在建造的建筑物；

6 法律、行政法规未禁止抵押的其他不动产。

14.1.3 不得办理抵押登记的财产范围

对于法律禁止抵押的下列财产，不动产登记机构不得办理不动产抵押登记：

1 土地所有权、海域所有权；

2 耕地、宅基地等集体所有的土地使用权，但法律规定可以抵押的除外；

3 学校、幼儿园、医院等以公益为目的的事业单位、社会团体的教育设施、医疗卫生设施和其他社会公益设施；

4 所有权、使用权不明或者有争议的不动产；

5 依法被查封的不动产；

6 法律、行政法规规定不得抵押的其他不动产。

14.1.4 申请主体

抵押权首次登记应当由抵押人和抵押权人共同申请。

14.1.5 申请材料

申请抵押权首次登记，提交的材料包括：

1 不动产登记申请书；

2 申请人身份证明；

3 不动产权属证书。

4 主债权合同。最高额抵押的，应当提交一定期间内将要连续发生债权的合同或者其他登记原因文件等必要材料；

5 抵押合同。主债权合同中包含抵押条款的，可以不提交单独的抵押合同书。最高额抵押的，应当提交最高额抵押合同。

6 下列情形还应当提交以下材料：

（1）同意将最高额抵押权设立前已经存在的债权转入最高额抵押担保的债权范围的，应当提交已存在债权的合同以及当事人同意将该债权纳入最高额抵押权担保范围的书面材料；

（2）在建建筑物抵押的，应当提交建设工程规划许可证；

7 法律、行政法规以及《实施细则》

规定的其他材料。

14.1.6 审查要点

不动产登记机构在审核过程中应注意以下要点：

1 抵押财产是否已经办理不动产登记；

2 抵押财产是否属于法律、行政法规禁止抵押的不动产；

3 抵押合同上记载的抵押人、抵押权人、被担保主债权的数额或种类、担保范围、债务履行期限、抵押不动产是否明确；最高额抵押权登记的，最高债权额限度、债权确定的期间是否明确；

4 申请人与不动产权证书或不动产登记证明、主债权合同、抵押合同、最高额抵押合同等记载的主体是否一致；

5 在建建筑物抵押的，抵押财产不包括已经办理预告登记的预购商品房和已办理预售合同登记备案的商品房；

6 在建建筑物抵押，应当实地查看的，是否已实地查看；

7 有查封登记的，不予办理抵押登记，但在商品房抵押预告登记后办理的预查封登记，不影响商品房抵押预告登记转抵押权首次登记；

8 办理抵押预告登记转抵押权首次登记，抵押权人与抵押预告登记权利人是否一致；

9 同一不动产上设有多个抵押权的，应当按照受理时间的先后顺序依次办理登记；

10 登记申请是否违反法律、行政法规的规定；

11 本规范第 4 章要求的其他审查事项。

不存在本规范第 4.8.2 条不予登记情形的，记载不动产登记簿后向抵押权人核发不动产登记证明。

14.2 变更登记

14.2.1 适用

已经登记的抵押权，因下列情形发生变更的，当事人可以申请抵押权变更登记：

1 权利人姓名或者名称、身份证明类型或者身份证明号码发生变化的；

2 担保范围发生变化的；

3 抵押权顺位发生变更的；

4 被担保的主债权种类或者数额发生变化的；

5 债务履行期限发生变化的；

6 最高债权额发生变化的；

7 最高额抵押权债权确定的期间发生变化的；

8 法律、行政法规规定的其他情形。

14.2.2 申请主体

申请抵押权变更登记，应当由抵押人和抵押权人共同申请。因抵押人或抵押权人姓名、名称发生变化的，可由发生变化的当事人单方申请；不动产坐落、名称发生变化的，可由抵押人单方申请。

14.2.3 申请材料

申请抵押权变更登记，提交的材料包括：

1 不动产登记申请书；

2 申请人身份证明；

3 不动产权证书和不动产登记证明；

4 抵押权变更的材料，包括：

（1）抵押权人或者抵押人姓名、名称变更的，提交能够证实其身份变更的材料；

（2）担保范围、抵押权顺位、被担保债权种类或者数额、债务履行期限、最高债权额、债权确定期间等发生变更的，提交抵押人与抵押权人约定相关变更内容的协议；

5 因抵押权顺位、被担保债权数额、最高债权额、担保范围、债务履行期限发生变更等，对其他抵押权人产生不利影响的，还应当提交其他抵押权人的书面同意文件和身份证明文件；

6 法律、行政法规以及《实施细则》规定的其他材料。

14.2.4 审查要点

不动产登记机构在审核过程中应注意以下要点：

1 申请变更登记的抵押权是否已经登记；

2 抵押权变更的材料是否齐全、有效；

3 申请变更的事项与变更登记文件记载的变更事实是否一致；

4 抵押权变更影响其他抵押权人利益的，是否已经其他抵押权人书面同意；

5 本规范第4章要求的其他审查事项。

不存在本规范第4.8.2条不予登记情形的，将登记事项记载于不动产登记簿。

14.3 转移登记

14.3.1 适用

因主债权转让导致抵押权转让的，当事人可以申请抵押权转移登记。

最高额抵押权担保的债权确定前，债权人转让部分债权的，除当事人另有约定外，不得办理最高额抵押权转移登记。债权人转让部分债权，当事人约定最高额抵押权随同部分债权的转让而转移的，应当分别申请下列登记：

1 当事人约定原抵押权人与受让人共同享有最高额抵押权的，应当申请最高额抵押权转移登记和最高额抵押权变更登记；

2 当事人约定受让人享有一般抵押权、原抵押权人就扣减已转移的债权数额后继续享有最高额抵押权的，应当一并申请一般抵押权转移登记和最高额抵押权变更登记；

3 当事人约定原抵押权人不再享有最高额抵押权的，应当一并申请最高额抵押权确定登记和一般抵押权转移登记。

14.3.2 申请主体

抵押权转移登记应当由不动产登记簿记载的抵押权人和债权受让人共同申请。

14.3.3 申请材料

申请抵押权转移登记，提交的材料包括：

1 不动产登记申请书；

2 申请人身份证明；

3 不动产权证书和不动产登记证明；

4 抵押权转移的材料，包括：

（1）申请一般抵押权转移登记的，还应当提交被担保主债权的转让协议；

（2）申请最高额抵押权转移登记的，还应当提交部分债权转移的材料、当事人约定最高额抵押权随同部分债权的转让而转移的材料；

（3）债权人已经通知债务人的材料。

5 法律、行政法规以及《实施细则》规定的其他材料。

14.3.4 审查要点

不动产登记机构在审核过程中应注意以下要点：

1 申请转移登记的抵押权是否已经登记；

2 申请转移登记的材料是否齐全、有效；

3 申请转移的抵押权与抵押权转移登记申请材料的记载是否一致；

4 本规范第4章要求的其他审查事项。

不存在本规范第4.8.2条不予登记情形的，将登记事项记载于不动产登记簿，并向权利人核发不动产登记证明。

14.4 注销登记

14.4.1 适用

已经登记的抵押权，发生下列情形之一的，当事人可以申请抵押权注销登记：

1 主债权消灭的；

2 抵押权已经实现的；

3 抵押权人放弃抵押权的；

4 因人民法院、仲裁委员会的生效法律文书致使抵押权消灭的；

5 法律、行政法规规定抵押权消灭的其他情形。

14.4.2 申请主体

不动产登记簿记载的抵押权人与抵押人可以共同申请抵押权的注销登记。

债权消灭或抵押权人放弃抵押权的，抵押权人可以单方申请抵押权的注销登记。

人民法院、仲裁委员会生效法律文书确认抵押权消灭的，抵押人等当事人可以单方申请抵押权的注销登记。

14.4.3 申请材料

申请抵押权注销登记，提交的材料包括：

1 不动产登记申请书；

2 申请人身份证明；

3 抵押权消灭的材料；

4 抵押权人与抵押人共同申请注销登记的，提交不动产权证书和不动产登记证明；抵押权人单方申请注销登记的，提交不动产登记证明；抵押人等当事人单方申请注销登记的，提交证实抵押权已消灭的人民法院、仲裁委员会作出的生效法律文书；

5 法律、行政法规以及《实施细则》规定的其他材料。

14.4.4 审查要点

不动产登记机构在审核过程中应注意以下要点：

1 申请注销的抵押权是否已经登记；

2 申请抵押权注销登记的材料是否齐全、有效；

3 申请注销的抵押权与抵押权注销登记申请材料的记载是否一致；

4 本规范第4章要求的其他审查事项。

不存在本规范第4.8.2条不予登记情形的，将登记事项以及不动产登记证明收回、作废等内容记载于不动产登记簿。

15 预告登记

15.1 预告登记的设立

15.1.1 适用

有下列情形之一的，当事人可以按照约定申请不动产预告登记：

1 商品房等不动产预售的；

2 不动产买卖、抵押的；

3 以预购商品房设定抵押权的；

4 法律、行政法规规定的其他情形。

15.1.2 申请主体

预告登记的申请主体应当为买卖房屋或者其他不动产物权的协议的双方当事人。预购商品房的预售人和预购人订立商品房买卖合同后，预售人未按照约定与预购人申请预告登记时，预购人可以单方申请预告登记。

15.1.3 申请材料

申请预告登记，申请人提交的材料包括：

1 不动产登记申请书；

2 申请人身份证明；

3 当事人关于预告登记的约定；

4 属于下列情形的，还应当提交下列材料：

（1）预购商品房的，提交已备案的商品房预售合同。依法应当备案的商品房预售合同，经县级以上人民政府房产管理部门或土地管理部门备案，作为登记的申请材料。

（2）以预购商品房等不动产设定抵押权的，提交不动产登记证明以及不动产抵押合同、主债权合同；

（3）不动产转移的，提交不动产权属证书、不动产转让合同；

（4）不动产抵押的，提交不动产权属证书、不动产抵押合同和主债权合同。

5 预售人与预购人在商品房预售合同中对预告登记附有条件和期限的，预购人应当提交相应材料。

6 法律、行政法规以及《实施细则》规定的其他材料。

买卖房屋或者其他不动产物权的协议中包括预告登记的约定或对预告登记附有条件和期限的约定，可以不单独提交相应材料。

15.1.4 审查要点

不动产登记机构在审核过程中应注意以下要点：

1 申请预购商品房预告登记的，其预售合同是否已经备案；申请预购商品房抵押预告登记的，是否已经办理预购商品房预告登记；申请其他预告登记的，不动产物权是否已经登记；

2 申请人与申请材料记载的主体是否一致；

3 申请登记的内容与登记原因文件或者权属来源材料是否一致；

4 不动产买卖、抵押的，预告登记内容是否与不动产登记簿记载的有关内容冲突；

5 不动产被查封的，不予办理；

6 本规范第4章要求的其他审查事项。

不存在本规范第4.8.2条不予登记情形的，记载不动产登记簿后向申请人核发不动产登记证明。

15.2 预告登记的变更

15.2.1 适用

因当事人的姓名、名称、身份证明类型或者身份证明号码等发生变更的，当事人可申请预告登记的变更。

15.2.2 申请主体

预告登记变更可以由不动产登记簿记载的当事人单方申请。

15.2.3 申请材料

申请预告登记的变更，申请人提交的材料包括：

1 不动产登记申请书；

2 申请人身份证明；

3 预告登记内容发生变更的材料；

4 法律、行政法规以及《实施细则》规定的其他材料。

15.2.4 审查要点

不动产登记机构在审核过程中应注意以下要点：

1 申请变更登记的材料是否齐全、有效；

2 申请人与申请材料记载的主体是否一致；

3 变更登记的事项与申请变更登记的材料记载的内容是否一致；

4 申请登记事项与不动产登记簿的记载是否冲突；

5 本规范第4章要求的其他审查事项。

不存在本规范第4.8.2条不予登记情形的，将登记事项记载于不动产登记簿。

15.3 预告登记的转移

15.3.1 适用

有下列情形之一的，当事人可申请预告登记的转移：

1 因继承、受遗赠导致不动产预告登记转移的；

2 因人民法院、仲裁委员会生效法律文书导致不动产预告登记转移的；

3 因主债权转移导致预购商品房抵押预告登记转移的；

4 因主债权转移导致不动产抵押预告登记转移的；

5 法律、行政法规规定的其他情形。

15.3.2 申请主体

预告登记转移的申请人由不动产登记簿记载的预告登记权利人和该预告登记转移的受让人共同申请。因继承、受遗赠、人民法院、仲裁委员会生效法律文书导致不动产预告登记转移的可以单方申请。

15.3.3 申请材料

申请预告登记的转移，申请人提交的材料包括：

1 不动产登记申请书；

2 申请人身份证明；

3 按照不同情形，提交下列材料：

（1）继承、受遗赠的，按照本规范1.8.6的规定提交材料；

（2）人民法院、仲裁委员会生效法律文书；

（3）主债权转让的合同和已经通知债务人的材料；

4 法律、行政法规以及《实施细则》规定的其他材料。

15.3.4 审查要点

不动产登记机构在审核过程中应注意以下要点：

1 预告登记转移的登记原因文件是否齐全、有效；

2 申请转移的预告登记与登记申请材料的记载是否一致；

3 申请登记事项与不动产登记簿记载的事项是否冲突；

4 本规范第4章要求的其他审查事项。

不存在本规范第4.8.2条不予登记情形的，将登记事项记载于不动产登记簿，并向权利人核发不动产登记证明。

15.4 预告登记的注销

15.4.1 适用

有下列情形之一的，当事人可申请注销预告登记：

1 买卖不动产物权的协议被认定无效、被撤销、被解除等导致债权消灭的；

2 预告登记的权利人放弃预告登记的；

3 法律、行政法规规定的其他情形。

15.4.2 申请主体

申请人为不动产登记簿记载的预告登记权利人或生效法律文书记载的当事人。预告当事人协议注销预告登记的，申请人应当为买卖房屋或者其他不动产物权的协议的双方当事人。

15.4.3 申请材料

申请注销预告登记，申请人提交的材料包括：

1 不动产登记申请书；

2 申请人身份证明；

3 不动产登记证明；

4 债权消灭或者权利人放弃预告登记的材料；

5 法律、行政法规以及《实施细则》规定的其他材料。

15.4.4 审查要点

不动产登记机构在审核过程中应注意以下要点：

1 预告登记的注销材料是否齐全、有效；

2 不动产作为预告登记权利人的财产被预查封的，不予办理；

3 本规范第4章要求的其他审查事项。

不存在本规范第4.8.2条不予登记情形的，将登记事项以及不动产登记证明收回、作废等内容记载于不动产登记簿。

16 更正登记

16.1 依申请更正登记

16.1.1 适用

权利人、利害关系人认为不动产登记簿记载的事项有错误，或者人民法院、仲裁委员会生效法律文书等确定的不动产权利归属、内容与不动产登记簿记载的权利状况不一致的，当事人可以申请更正登记。

16.1.2 申请主体

依申请更正登记的申请人应当是不动产的权利人或利害关系人。利害关系人应当与申请更正的不动产登记簿记载的事项存在利害关系。

16.1.3 申请材料

申请更正登记提交的材料包括：

1 不动产登记申请书；

2 申请人身份证明；

3 证实不动产登记簿记载事项错误的材料，但不动产登记机构书面通知相关权利人申请更正登记的除外；

4 申请人为不动产权利人的，提交不动产权属证书；申请人为利害关系人的，证实与不动产登记簿记载的不动产权利存在利害关系的材料；

5 法律、行政法规以及《实施细则》规定的其他材料。

16.1.4 审查要点

不动产登记机构在审核过程中应注意以下要点：

1 申请人是否是不动产的权利人或利害关系人；利害关系人申请更正的，利害关系材料是否能够证实申请人与被更正的不动产有利害关系；

2 申请更正的登记事项是否已在不动产登记簿记载；错误登记之后是否已经办理了该不动产转移登记，或者办理了抵押权或地役权首次登记、预告登记和查封登记且未注销的；

3 权利人同意更正的，在权利人出具的书面材料中，是否已明确同意更正的意思表示，并且申请人是否提交了证明不动产登记簿确有错误的证明材料；更正事项由人民法院、仲裁委员会法律文书等确认的，法律文书等材料是否已明确不动产权利归属，是否已经发生法律效力；

4 本规范第 4 章要求的其他审查事项。

不存在本规范第 4.8.2 条不予登记情形的，将更正事项记载不动产登记簿，涉及不动产权证书或者不动产登记证明记载内容的，向权利人换发不动产权证书或者不动产登记证明。

16.2 依职权更正登记

16.2.1 适用

不动产登记机构发现不动产登记簿记载的事项有错误，不动产登记机构应书面通知当事人在 30 个工作日内申请办理更正登记，当事人逾期不办理的，不动产登记机构应当在公告 15 个工作日后，依法予以更正；但在错误登记之后已经办理了涉及不动产权利处分的登记、预告登记和查封登记的除外。

16.2.2 登记材料

不动产登记机构依职权更正登记应当具备下列材料：

1 证实不动产登记簿记载事项错误的材料；

2 通知权利人在规定期限内办理更正登记的材料和送达凭证；

3 法律、行政法规以及《实施细则》规定的其他材料。

16.2.3 审查要点

不动产登记机构启动更正登记程序后，还应该按照以下要点进行审核：

1 不动产登记机构是否已书面通知相关权利人在规定期限内申请办理更正登记，而当事人无正当理由逾期不申请办理；

2 查阅不动产登记资料，审查登记材料或者有效的法律文件是否能证实不动产登记簿记载错误；

3 在错误登记之后是否已经办理了涉

及不动产权利处分的登记、预告登记和查封登记；

4 书面通知的送达对象、期限及时间是否符合规定；

5 更正登记事项是否已按规定进行公告；

6 本规范第4章要求的其他审查事项。

17 异议登记

17.1 异议登记

17.1.1 适用

利害关系人认为不动产登记簿记载的事项有错误，权利人不同意更正的，利害关系人可以申请异议登记。

17.1.2 申请主体

异议登记申请人应当是利害关系人。

17.1.3 申请材料

申请异议登记需提交下列材料：

1 不动产登记申请书；

2 申请人身份证明；

3 证实对登记的不动产权利有利害关系的材料；

4 证实不动产登记簿记载的事项错误的材料；

5 法律、行政法规以及《实施细则》规定的其他材料。

17.1.4 审查要点

不动产登记机构在审核过程中应注意以下要点：

1 利害关系材料是否能够证实申请人与被异议的不动产权利有利害关系；

2 异议登记事项的内容是否已经记载于不动产登记簿；

3 同一申请人是否就同一异议事项提出过异议登记申请；

4 不动产被查封、抵押或设有地役权的，不影响该不动产的异议登记；

5 本规范第4章要求的其他审查事项。

不存在本规范第4.8.2条不予登记情形的，不动产登记机构应即时办理。在记载不动产登记簿后，向申请人核发不动产登记证明。

17.2 注销异议登记

17.2.1 适用

1 异议登记期间，异议登记申请人可以申请注销异议登记；

2 异议登记申请人自异议登记之日起15日内，未提交人民法院受理通知书、仲裁委员会受理通知书等提起诉讼、申请仲裁的，异议登记失效。

17.2.2 申请主体

注销异议登记申请人是异议登记申请人。

17.2.3 申请材料

申请注销异议登记提交的材料包括：

1 不动产登记申请书；

2 申请人身份证明；

3 异议登记申请人申请注销登记的，提交不动产登记证明；或者异议登记申请人的起诉被人民法院裁定不予受理或者予以驳回诉讼请求的材料；

4 法律、行政法规以及《实施细则》规定的其他材料。

17.2.4 审查要点

不动产登记机构在审核过程中应注意

以下要点：

1 申请注销异议登记的材料是否齐全、有效；

2 本规范第 4 章要求的其他审查事项。

不存在本规范第 4.8.2 条不予登记情形的，不动产登记机构应即时办理，将登记事项内容记载于不动产登记簿。

18 查封登记

18.1 查封登记

18.1.1 适用

不动产登记机构依据国家有权机关的嘱托文件依法办理查封登记的，适用查封登记。

18.2 嘱托查封主体

嘱托查封的主体应当为人民法院、人民检察院或公安机关等国家有权机关。

18.2.1 嘱托材料

办理查封登记需提交下列材料：

1 人民法院、人民检察院或公安机关等国家有权机关送达人的工作证和执行公务的证明文件。委托其他法院送达的，应当提交委托送达函；

2 人民法院查封的，应提交查封或者预查封的协助执行通知书；人民检察院查封的，应提交查封函；公安等国家有权机关查封的，应提交协助查封的有关文件。

18.2.2 审查要点

不动产登记机构接收嘱托文件后，应当要求送达人签名，并审查以下内容：

1 查看嘱托机关送达人的工作证和执行公务的证明文件，并与嘱托查封单位进行核实。委托送达的，委托送达函是否已加盖委托机关公章，是否注明委托事项、受委托机关等；

2 嘱托文件是否齐全、是否符合规定；

3 嘱托文件所述查封事项是否清晰，是否已注明被查封的不动产的坐落名称、权利人及有效的不动产权属证书号。被查封不动产的内容与不动产登记簿的记载是否一致；

4 本规范第 4 章要求的其他审查事项。

不动产登记机构不对查封机关送达的嘱托文件进行实体审查。不动产登记机构认为登记事项存在异议的，不动产登记机构应当办理查封登记，并向嘱托机关提出审查建议。不动产登记机构审查后符合登记条件的，应即时将查封登记事项记载于不动产登记簿。

18.2.3 因两个或以上嘱托事项查封同一不动产的，不动产登记机构应当为先送达查封通知书的嘱托机关办理查封登记，对后送达的嘱托机关办理轮候查封登记。轮候查封登记的顺序按照嘱托机关嘱托文书依法送达不动产登记机构的时间先后进行排列。

不动产在预查封期间登记在被执行人名下的，预查封登记自动转为查封登记，预查封转为正式查封后，查封期限从预查封之日起计算。

18.3 注销查封登记

18.3.1 适用

1 查封期间，查封机关解除查封的，不动产登记机构应当根据其嘱托文件办理注销查封登记。

2 不动产查封、预查封期限届满，查封机关未嘱托解除查封、解除预查封或续封的，查封登记失效。

18.3.2 登记材料

办理注销查封登记需提交下列材料：

1 人民法院、人民检察院或公安机关等国家有权机关送达人的工作证和执行公务的证明文件。委托其他法院送达的，应提交委托送达函；

2 人民法院解除查封的，提交解除查封或解除预查封的协助执行通知书；公安机关等人民政府有权机关解除查封的，提交协助解除查封通知书；人民检察院解除查封的，提交解除查封函。

3 法律、行政法规以及《实施细则》规定的其他材料。

18.3.3 审查要点

不动产登记机构接收嘱托文件时，应当要求送达人签名，并审查以下内容：

1 查看嘱托机关送达人的工作证和执行公务的证明文件。委托其他法院送达的，委托送达函是否已加盖委托机关公章、是否注明委托事项、受委托机关等；

2 嘱托文件是否齐全、是否符合规定；

3 嘱托文件所述解除查封事项是否清晰，包括是否注明了解封不动产的名称、权利人及有效的不动产权属证书号。解除查封不动产的内容与不动产登记簿的记载是否一致；

4 本规范第4章要求的其他审查事项。

不动产登记机构审查后符合登记条件的，应将解除查封登记事项记载于不动产登记簿。

19 登记资料管理

19.1 一般规定

19.1.1 登记资料的范围

不动产登记资料包括：

1 不动产登记簿等不动产登记结果；

2 不动产登记原始资料，包括不动产登记申请书、申请人身份证明、不动产权属来源材料、登记原因文件、不动产权籍调查表等申请材料；不动产登记机构查验、询问、实地查看或调查、公告等形成的审核材料；其他有关机关出具的复函、意见以及不动产登记过程中产生的其他依法应当保存的材料等。

不动产登记资料应当由不动产登记机构管理。不动产登记资料中属于归档范围的，应当按照法律、行政法规的规定进行归档管理。

19.1.2 登记资料管理

不动产登记资料由不动产登记机构管理。不动产登记机构应按照以下要求确保不动产登记信息的绝对安全：

1 不动产登记簿等不动产登记结果及权籍图应当永久保存；不动产权籍图包括宗地图、宗海图（宗海位置图、界址图）和房屋平面图等；

2 不动产登记原始资料应当按照规定整理后归档保存和管理；

3 不动产登记资料应当逐步电子化，不动产登记电子登记资料应当通过统一的不动产登记信息管理基础平台进行管理、开发和利用；

4 任何单位和个人不得随意损毁登记资料、不得泄露登记信息；

5 不动产登记机构应当建立符合防火、防盗、防潮、防有害生物等安全保护要求的专门场所，存放不动产登记簿和权籍图等；

6 除法律、行政法规另有规定或者因紧急情况为避免不动产登记簿毁损、灭失外，任何单位或个人不得将不动产登记簿携出不动产登记机构。

19.2 纸质资料管理

19.2.1 保管

不动产登记机构应妥善保管登记资料，防止登记资料污损、遗失，确保登记资料齐全、完整。

19.2.2 移交

登记事项登簿后，不动产登记人员应整理登记资料，填写统一制式的移交清单，将不动产登记原始资料和具有保存价值的其他材料收集、整理，并及时、完整地移交至资料管理部门。

19.2.3 接收

资料管理部门应比对移交清单对移交材料进行检查验收，对符合要求的，资料管理部门应予接收。

19.2.4 立卷

资料立卷宜采用1件1卷的原则，即每办理1件登记所形成的材料立1个卷。资料的立卷应包括：卷内材料的排列与编号、卷内目录和备考表的编制、卷皮和资料盒或资料袋的编写工作，并应符合下列规定：

1 卷内材料应按下列顺序排列：

（1）目录；

（2）结论性审核材料；

（3）过程性审核材料；

（4）当事人提供的登记申请材料；

（5）图纸；

（6）其他；

（7）备考表。

2 卷内材料应每1页材料编写1个页号。单面书写的材料应在右上角编写页号；双面书写的材料，应在正面右上角、背面左上角编写页号。图表、照片可编在与此相应位置的空白处或其背面；卷内目录、备考表可不编页号。编写页号应使用阿拉伯数字，起始号码从"1"开始。

3 卷内目录编制应符合下列规定：

（1）顺序号应按卷内材料的排列顺序，每份材料应编1个顺序号，不得重复、遗漏；

（2）材料题名应为材料自身的标题，不得随意更改和省略。如材料没有标题，应根据材料内容拟写一个标题；

（3）页次应填写该材料所在的起始页，最后页应填起止页号；

（4）备注应填写需注明的内容。

4 备考表的编制应符合下列规定：

（1）立卷人应为负责归档材料立卷装订的人员；

（2）检查人应为负责检查归档材料立卷装订质量的人员；

（3）日期应为归档材料立卷装订完毕的日期。

5 卷皮与资料盒或资料袋项目的填写可采用计算机打印或手工填写。手工填写时应使用黑色墨水或墨汁填写，字体工整，不得涂改。

19.2.5 编号

资料编号可采用归档流水号统一制定编号规则。

19.2.6 装订

资料装订应符合下列规定：

1 材料上的金属物应全部剔除干净，操作时不得损坏材料，不得对材料进行剪裁；

2 破损的或幅面过小的材料应采用 A4 白衬纸托裱，1 页白衬纸应托裱 1 张材料，不得托裱 2 张及以上材料；字迹扩散的应复制并与原件一起存档，原件在前，复制件在后；

3 幅面大于 A4 的材料，应按 A4 大小折叠整齐，并预留出装订边际；

4 卷内目录题名与卷内材料题名、卷皮姓名或名称与卷内材料姓名或名称应保持一致。姓名或名称不得用同音字或随意简化字代替；

5 卷内材料应向左下角对齐，装订孔中心线距材料左边际应为 12.5mm；

6 应在材料左侧采用线绳装订；

7 材料折叠后过厚的，应在装订线位置加入垫片保持其平整；

8 卷内材料与卷皮装订在一起的，应整齐美观，不得压字、掉页，不得妨碍翻阅。

19.2.7 入库

纸质资料整理装订完毕，宜消毒除尘后入库。

19.2.8 上架

纸质资料入库后，宜及时上架，以备查验和利用。

19.2.9 保管

不动产登记资料保管，应符合下列规定：

1 资料库房应安装温湿度记录仪、配备空调及去湿、增湿设备，并应定期进行检修、保养；库房的温度应控制在 14℃ ~ 24℃，相对湿度应控制在 45% ~ 60%；

2 资料库房应配备消防器材，并应按要求定期进行检查和更换；应安全使用电器设备，并应定期检查电器线路；库房内严禁明火装置和使用电炉及存放易燃易爆物品；库房内应安装防火及防盗自动报警装置，并应定期检查；

3 资料库房人工照明光源宜选用白炽灯，照度不宜超过 100Lx；当采用荧光灯时，应对紫外线进行过滤；不宜采用自然光源，当有外窗时应采取遮阳措施，资料在任何情况下均应避免阳光直射；

4 资料密集架应与地面保持 80mm 以上距离，其排列应便于通风降湿；

5 应检查虫霉、鼠害。当发现虫霉、鼠害时，应及时投放药剂，灭菌杀虫；

6 应配备吸尘器，加装密封门。有条件的可设置空气过滤装置。

19.3 电子资料管理

19.3.1 一般规定

电子资料的范围应包括电子资料目录、

电子登记簿和纸质资料的数字化加工处理成果。

 1 电子资料应以1次登记为1件，按件建立电子资料目录；

 2 电子登记簿应按宗地（宗海）为单位建立并应与电子资料目录形成关联；

 3 不动产登记纸质资料宜进行数字化处理。

19.3.2 纸质资料数字化处理

数字化处理基本流程应包括案卷整理、资料扫描、图像处理、图像存储、数据挂接、数据关联、数据验收、数据备份与异地保存。

数字化扫描处理应符合下列规定：

 1 扫描应根据资料幅面的大小选择相应规格的扫描设备，大幅面资料可采用大幅面扫描仪，也可采用小幅面扫描后的图像拼接方式处理；

 2 对页面为黑白二色且字迹清晰、不带插图的资料，可采用黑白二值模式进行扫描；对页面为黑白二色，但字迹清晰度差或带有插图的资料，以及页面为多色文字的资料，可采用灰度模式扫描；对页面中有红头、印章或插有黑白照片、彩色照片、彩色插图的资料，可采用彩色模式进行扫描；

 3 当采用黑白二值、灰度、彩色等模式对资料进行扫描时，其分辨率宜选择大于或等于100dpi；在文字偏小、密集、清晰度较差等特殊情况下，可适当提高分辨率；

 4 对粘贴折页，可采用大幅面扫描仪扫描，或先分部扫描后拼接；对部分字体很小、字迹密集的情况，可适当提高扫描分辨率，选择灰度扫描或彩色扫描，采用局部深化技术解决；对字迹与表格颜色深度不同的，采用局部淡化技术解决；对页面中有黑白或彩色照片的材料，可采用JPEG、TIF等格式储存，应确保照片清晰度。

数字化图像处理应符合下列规定：

 1 对出现偏斜的图像应进行纠偏处理；对方向不正确的图像应进行旋转还原；

 2 对图像页面中出现的影响图像质量的杂质，应进行去污处理。处理过程中应遵循在不影响可懂度的前提下展现资料原貌的原则；

 3 对大幅面资料进行分区扫描形成的多幅图像，应进行拼接处理，合并为一个完整的图像；

 4 彩色模式扫描的图像应进行裁边处理，去除多余的白边。

数字化图像存储应符合下列规定：

 1 采用黑白二值模式扫描的图像材料，宜采用TIF格式存储；采用灰度模式和彩色模式扫描的材料，宜采用JPEG格式存储。存储时的压缩率的选择，应以保证扫描的图像清晰可读为前提。提供网络查询的扫描图像，也可存储为CEB、PDF或其他格式；

 2 图像材料的命名应确保其唯一性，并应与电子资料目录形成对应。

数字化成果汇总应当符合下列规定：

资料数字化转换过程中形成的电子资

料目录与数字化图像，应通过网络及时加载到数据服务器端汇总、验收，并应实现目录数据对相关联的数字图像的自动搜索，数字图像的排列顺序与地质资料相符。

19.3.3 电子资料数据验收

电子资料数据验收应符合下列规定：

1 对录入的目录数据和不动产登记簿数据应进行抽查，抽查率不得低于10%，错误率不得高于3%；

2 对纸质材料扫描后形成的图像材料应进行清晰度、污渍、黑边、偏斜等图像质量问题的控制；

3 对图像和目录数据挂接应进行抽查，抽查率不得低于10%，错误率不得高于3%。

19.3.4 电子资料备份和异地保存

电子资料备份和异地保存应符合下列规定：

1 电子资料目录、电子登记簿以及纸质资料的数字化加工处理成果均应进行备份；

2 可选择在线增量备份、定时完全备份以及异地容灾备份的备份方式；

3 应至少每天1次做好增量数据和材料备份；

4 应至少每周1次定时做好完全备份，并应根据自身条件，应至少每年1次离线存放。存放地点应符合防火、防盗、防高温、防尘、防光、防潮、防有害气体和防有害生物的要求，还应采用专用的防磁柜；

5 应建立异地容灾体系，应对可能的灾害事故。异地容灾的数据存放地点与源数据存放地点距离不得小于20km，在地震灾害频发地区，间隔距离不宜小于800km；

6 备份数据应定期进行检验。备份数据检验的主要内容宜包括备份数据正常打开、数据信息完整、材料数量准确等；

7 数据与灾备机房的设计应符合现行国家标准《电子信息系统机房设计规范》GB50174的规定。

20 登记资料查询

20.1 查询主体

下列情形可以依法查询不动产登记资料：

1 权利人可以查询、复制其全部的不动产登记资料；

2 因不动产交易、继承、诉讼等涉及的利害关系人可以查询、复制不动产自然状况、权利人及其不动产查封、抵押、预告登记、异议登记等状况；

3 人民法院、人民检察院、国家安全机关、监察机关以及其他因执行公务需要的国家机关可以依法查询、复制与调查和处理事项有关的不动产登记资料；

4 法律、行政法规规定的其他情形。

查询不动产登记资料的单位和个人应当向不动产登记机构说明查询目的，不得将查询获得的不动产登记资料用于其他目的；未经权利人同意，不得泄露查询获得的不动产登记信息。

20.2 申请材料

申请人申请查询不动产登记资料，应当填写不动产登记机构制定的不动产登记

资料查询申请书,并应当到不动产登记机构现场提出申请。查询不动产登记资料提交的材料包括:

1 查询申请书;

2 申请人身份证明材料。委托查询的,应当提交授权委托书和代理人的身份证明材料,境外委托人的授权委托书还需经公证或者认证;

3 利害关系人查询的,提交存在利害关系的材料;

4 人民法院、人民检察院、国家安全机关、监察机关以及其他因执行公务需要的国家机关查询的,应当提供本单位出具的协助查询材料和工作人员的工作证和执行公务的证明文件;

5 法律、行政法规规定的其他材料。

不动产登记簿上记载的权利人通过设置在具体办理不动产登记的不动产登记机构的终端自动系统查询登记结果的,可以不提交上述材料。

20.3 查询条件

符合下列条件的,不动产登记机构应当予以查询或复制不动产登记资料:

1 查询主体到不动产登记机构来查询的;

2 查询的不动产属于本不动产登记机构的管辖范围;

3 查询申请材料齐全,且符合形式要求;

4 查询主体及其内容符合本规范第20.1条的规定;

5 查询目的明确且不违反法律、行政法规规定;

6 法律、行政法规规定的其他条件。

20.4 出具查询结果

查询人要求出具查询结果证明的,不动产登记机构应当审查申请人的查询目的是否明确,审查是否符合本规范第20.3条规定的查询条件。经审查符合查询条件的,按下列程序办理:

1 申请人签字确认申请材料,并承诺查询结果的使用目的和使用范围;

2 向申请人出具查询结果,并在查询结果或者登记资料复印材料上加盖登记资料查询专用章。

20.5 办理时限

符合查询条件的,不动产登记机构应当当场向申请人提供查询结果。因情况特殊,不能当场提供的,应当在5个工作日内向申请人提供查询结果。

附录(略)

最高人民法院关于适用《中华人民共和国物权法》若干问题的解释(一)

(2015年12月10日最高人民法院审判委员会第1670次会议通过 2016年2月22日最高人民法院公告公布 自2016年3月1日起施行 法释〔2016〕5号)

为正确审理物权纠纷案件,根据《中华人民共和国物权法》的相关规定,结合民事审判实践，制定本解释。

第一条　因不动产物权的归属，以及作为不动产物权登记基础的买卖、赠与、抵押等产生争议，当事人提起民事诉讼的，应当依法受理。当事人已经在行政诉讼中申请一并解决上述民事争议，且人民法院一并审理的除外。

第二条　当事人有证据证明不动产登记簿的记载与真实权利状态不符、其为该不动产物权的真实权利人，请求确认其享有物权的，应予支持。

第三条　异议登记因物权法第十九条第二款规定的事由失效后，当事人提起民事诉讼，请求确认物权归属的，应当依法受理。异议登记失效不影响人民法院对案件的实体审理。

第四条　未经预告登记的权利人同意，转移不动产所有权，或者设定建设用地使用权、地役权、抵押权等其他物权的，应当依照物权法第二十条第一款的规定，认定其不发生物权效力。

第五条　买卖不动产物权的协议被认定无效、被撤销、被解除，或者预告登记的权利人放弃债权的，应当认定为物权法第二十条第二款所称的"债权消灭"。

第六条　转让人转移船舶、航空器和机动车等所有权，受让人已经支付对价并取得占有，虽未经登记，但转让人的债权人主张其为物权法第二十四条所称的"善意第三人"的，不予支持，法律另有规定的除外。

第七条　人民法院、仲裁委员会在分割共有不动产或者动产等案件中作出并依法生效的改变原有物权关系的判决书、裁决书、调解书，以及人民法院在执行程序中作出的拍卖成交裁定书、以物抵债裁定书，应当认定为物权法第二十八条所称导致物权设立、变更、转让或者消灭的人民法院、仲裁委员会的法律文书。

第八条　依照物权法第二十八条至第三十条规定享有物权，但尚未完成动产交付或者不动产登记的物权人，根据物权法第三十四条至第三十七条的规定，请求保护其物权的，应予支持。

第九条　共有份额的权利主体因继承、遗赠等原因发生变化时，其他按份共有人主张优先购买的，不予支持，但按份共有人之间另有约定的除外。

第十条　物权法第一百零一条所称的"同等条件"，应当综合共有份额的转让价格、价款履行方式及期限等因素确定。

第十一条　优先购买权的行使期间，按份共有人之间有约定的，按照约定处理；没有约定或者约定不明的，按照下列情形确定：

（一）转让人向其他按份共有人发出的包含同等条件内容的通知中载明行使期间的，以该期间为准；

（二）通知中未载明行使期间，或者载明的期间短于通知送达之日起十五日的，为十五日；

（三）转让人未通知的，为其他按份共有人知道或者应当知道最终确定的同等条件之日起十五日；

（四）转让人未通知，且无法确定其他按份共有人知道或者应当知道最终确定的同等条件的，为共有份额权属转移之日起六个月。

第十二条　按份共有人向共有人之外的人转让其份额，其他按份共有人根据法律、司法解释规定，请求按照同等条件购买该共有份额的，应予支持。

其他按份共有人的请求具有下列情形之一的，不予支持：

（一）未在本解释第十一条规定的期间内主张优先购买，或者虽主张优先购买，但提出减少转让价款、增加转让人负担等实质性变更要求；

（二）以其优先购买权受到侵害为由，仅请求撤销共有份额转让合同或者认定该合同无效。

第十三条　按份共有人之间转让共有份额，其他按份共有人主张根据物权法第一百零一条规定优先购买的，不予支持，但按份共有人之间另有约定的除外。

第十四条　两个以上按份共有人主张优先购买且协商不成时，请求按照转让时各自份额比例行使优先购买权的，应予支持。

第十五条　受让人受让不动产或者动产时，不知道转让人无处分权，且无重大过失的，应当认定受让人为善意。

真实权利人主张受让人不构成善意的，应当承担举证证明责任。

第十六条　具有下列情形之一的，应当认定不动产受让人知道转让人无处分权：

（一）登记簿上存在有效的异议登记；

（二）预告登记有效期内，未经预告登记的权利人同意；

（三）登记簿上已经记载司法机关或者行政机关依法裁定、决定查封或者以其他形式限制不动产权利的有关事项；

（四）受让人知道登记簿上记载的权利主体错误；

（五）受让人知道他人已经依法享有不动产物权。

真实权利人有证据证明不动产受让人应当知道转让人无处分权的，应当认定受让人具有重大过失。

第十七条　受让人受让动产时，交易的对象、场所或者时机等不符合交易习惯的，应当认定受让人具有重大过失。

第十八条　物权法第一百零六条第一款第一项所称的"受让人受让该不动产或者动产时"，是指依法完成不动产物权转移登记或者动产交付之时。

当事人以物权法第二十五条规定的方式交付动产的，转让动产法律行为生效时为动产交付之时；当事人以物权法第二十六条规定的方式交付动产的，转让人与受让人之间有关转让返还原物请求权的协议生效时为动产交付之时。

法律对不动产、动产物权的设立另有规定的，应当按照法律规定的时间认定权利人是否为善意。

第十九条　物权法第一百零六条第一款第二项所称"合理的价格"，应当根据转让标的物的性质、数量以及付款方式等具体情况，参考转让时交易地市场价格以及交易习惯等因素综合认定。

第二十条 转让人将物权法第二十四条规定的船舶、航空器和机动车等交付给受让人的，应当认定符合物权法第一百零六条第一款第三项规定的善意取得的条件。

第二十一条 具有下列情形之一，受让人主张根据物权法第一百零六条规定取得所有权的，不予支持：

（一）转让合同因违反合同法第五十二条规定被认定无效；

（二）转让合同因受让人存在欺诈、胁迫或者乘人之危等法定事由被撤销。

第二十二条 本解释自2016年3月1日起施行。

本解释施行后人民法院新受理的一审案件，适用本解释。

本解释施行前人民法院已经受理、施行后尚未审结的一审、二审案件，以及本解释施行前已经终审、施行后当事人申请再审或者按照审判监督程序决定再审的案件，不适用本解释。

后 记

2006年至今,"土地矿产典型案例评析与实务操作指南"系列丛书已经出版了八辑,陪伴广大读者走过了十个春秋。在这十年的时间里,丛书几经改版,始终围绕国土资源管理中的难点问题,侧重地方关注、群众关心的热点问题进行解答评析,以不断适应国土资源管理工作实际需求,力求为国土资源主管部门解决实际工作中常见的疑惑提供思路和方法,为各级政府、法院等依法、及时、有效地调处土地矿产争议或处理实务问题提供参考和帮助,为研究机构、高校、法律服务机构、不动产登记机构以及致力于研究土地矿产问题的人士提供工具书和教学参考资料,为土地矿产权利人了解和掌握有关制度和政策、维护自身合法权益提供学习资料。

2015年3月1日《不动产登记暂行条例》正式颁布实施,各地基本完成不动产登记职责整合工作,不动产登记理论与实践迈入新篇章。2016年不动产统一登记制度全面实施,各地年底前要"颁发新证、停发旧证"。目前,各地不动产统一登记工作正在有序推进,但由于缺乏实践经验等原因,也出现了一些问题亟待解决。为了更好地支撑服务不动产统一登记工作,我们将系列丛书第五辑至第八辑中对不动产登记实践仍有较强指导意义的问题进行了摘录、修订,并对实践中出现的新的疑难问题进行了解答,编写形成了本书。

本书重点就各种不动产权利登记、各种类型不动产登记、其他与登记有关的问题等方面所涉及的114个问题进行了深入分析解读;同时收录了近年来国家最新出台的相关法规、文件以及司法解释。可以说本书解答评析有理有据,内容覆盖全面,紧密结合当前实践,具有很强的针对性和指导性。

在本书编写过程中,得到了许多领导、同仁、专家学者的大力支持和无私帮助,从实务问题的收集整理到问题解答,无不凝聚着每一位编写者的智慧和力量,无不倾注着每一位参与者的心血和汗水。于振龙、叶红玲、庄澜、许锋、李红艳、吴永高、段伟、康俊亮、程卫军、滕恩荣、田磊、朱广印、柳陈胜、刘锐、李军晶、步小萌、张耀、陈建、孟磊、郭开颜、黄志凌等专家对书稿的修改完善提出了宝贵意见。在此，谨向为本书提供支持和帮助的各位领导和同志们致以诚挚的谢意！

"锲而舍之，朽木不折；锲而不舍，金石可镂。"我们将继续以创新的理念、务实的精神、不懈的努力，为不动产统一登记事业，为国土资源法治实施，为建设法治国土贡献绵薄之力！

本书观点仅为作者个人观点，并不代表官方。此外，受各方面条件的限制，书中难免存在疏漏与不足，欢迎广大读者批评指正。

本书编写组

2017 年 3 月

图书在版编目（CIP）数据

土地矿产法律实务操作指南. 第9辑，不动产登记专辑／国土资源部不动产登记中心（国土资源部法律事务中心）编著. —北京：中国法制出版社，2017.3
ISBN 978-7-5093-8312-4

Ⅰ.①土… Ⅱ.①国… Ⅲ.①土地法-案例-中国②矿产资源法-案例-中国③不动产-产权登记-房地产法-案例-中国 Ⅳ.①D922.305②D922.625③D922.385

中国版本图书馆CIP数据核字（2017）第048491号

责任编辑：戴　蕊（dora6322@sina.com）　　　　封面设计：周黎明

土地矿产法律实务操作指南（第九辑）
TUDI KUANGCHAN FALÜ SHIWU CAOZUO ZHINAN（DIJIUJI）

编著／国土资源部不动产登记中心（国土资源部法律事务中心）
经销／新华书店
印刷／河北省三河市汇鑫印务有限公司
开本／710毫米×1000毫米　16开　　　　印张／21.5　字数／285千
版次／2017年4月第1版　　　　　　　　　2017年4月第1次印刷

中国法制出版社出版
书号 ISBN 978-7-5093-8312-4　　　　　　　　　　　　定价：55.00元

北京西单横二条2号　　　　　　　　　　　　值班电话：010-66026508
邮政编码 100031　　　　　　　　　　　　　　传真：010-66031119
网址：http://www.zgfzs.com　　　　　　　　编辑部电话：010-66065921
市场营销部电话：010-66033393　　　　　　　邮购部电话：010-66033288

（如有印装质量问题，请与本社编务印务管理部联系调换。电话：010-66032926）